沪江公益项目"互+计划"全国英语教师培训指定用书

揭秘英语学习

沪江名指导

张嵩 著

机械工业出版社
CHINA MACHINE PRESS

你的英语学习为何停滞不前？

为什么你学英语这么久了，还是中式发音？

到底要不要学英语语法？

词汇量的积累，真的就只能靠时间堆砌来实现吗？

听力怎么学才靠谱？

如何阅读对英语学习更高效？

张嘴就说英语，怎么这么难？

一到写作就短路，是什么原因？

翻译，与你无关吗？

你是带着什么心情上英语课的？这和能否学好英语有必然联系吗？

都说双语、都在强调"语言学习环境"，真的有用吗？

何为"师"，何为"教"，何为"学"，何为"用"呢？

你的英语学习是冲着什么目标去的，需要有实际意义吗？

自学、上课或找培训班，怎么学才会对自己更有利呢？

……

作为英语学习者的你，可以先自己梳理出一大堆关于英语学习的问题，然后在本书中寻找答案。无论你是否在"坑"中，都会对你的英语学习有很大的帮助。

更多的"坑"，英语学习者可扫二维码，也给本书作者"挖挖坑"。只有在不断交流中，你的英语学习才会更有发展。衷心祝愿所有英语学习者，能早日跳出自己的"坑"，充分提升自己的英语学习能力！

图书在版编目（CIP）数据

揭秘英语学习50"坑"/张嵩著．—北京：机械工业出版社，2017.12
（沪江名指导）
ISBN 978-7-111-58832-0

Ⅰ．①揭…　Ⅱ．①张…　Ⅲ．①英语—学习方法　Ⅳ．①H319.3

中国版本图书馆CIP数据核字（2017）第319218号

机械工业出版社（北京市百万庄大街22号　邮政编码100037）
策划编辑：唐绮峰　　　责任编辑：唐绮峰
版式设计：墨格文慧　　　责任印制：孙　炜
保定市中画美凯印刷有限公司印刷
2018年1月第1版第1次印刷
169mm×239mm・24印张・305千字
0 001—5 000册
标准书号：ISBN 978-7-111-58832-0
定价：59.80元

为"你"写书

写本真正体现自己想法的书挺难的！因为书籍的内容来自于生活的积累；零散的内容需要合理地组合；打磨语言自然不在话下……其实这些都很正常，也并不难。但当我把书稿的第一个章节拿给国家督学李涵女士审阅并求序的时候，她给我提出了一个我觉得不好回答的问题：这本书是给谁写的呢？"不好回答"不是"不能回答"，更不是"回答不好"。自己的事情做多了、思考过细了，确实经常收到"不容易被理解"的感觉。所以以我觉得，是时候给大家讲讲故事、说说"书"了。

1. 致英语学习者：发现与积累

我们可能确实需要更多的勇气面对现实：因为省去"糖衣溶解"过程的学习方法才算高效。

—— 引自本书第 50 坑

78、89、98 这三个数字完美地概括我的"英语人生"：笔者 1978 年生人，1989 年（即 11 岁，五年级）开始学习英语，1998 年开始课堂教学至今。近 30 年与英语"贴身肉搏"的经历让我无限感慨：作为一名英语学习者，我亲身体会了外语学习道路上的困难和收获；而作为一名老师，我有动力去探索语言和教学这两个广博无边的领域。

中国人正式学习英语的时间，其实就是我学英语的初始时间。改革开放让中国走向世界，作为"世界语"的英语也走入了国人的视野。40 年间，国人英语学习者前赴后继，教学机构及培训机构也是你方唱罢我登场，教学环境更是从死板的教室迁移到了丰富多彩的网络直播平台。没有变化的只有一个：各个时代的群体好像都没有太多"针对国人把英语作为外语学习"的成功经验。

"因为国人探索了 40 年无果，老张（学员对我的"官称"）在学习英语 30 年、教学 20 年的过程中没有发现'快捷简便有成效'的学习方法，证明了'英语学习不能更加科学、高效'，"这个说法在逻辑上是根本不成立的。但是我们是否可以换个角度想一下：在研究学习内容和学习方法的同时，我们是否应该拿出一些时间，剖析一下英语学习者"力争高效"的学习态度呢？

"探索无限"，这个说法是没有问题的，但"牛顿的苹果"毕竟是小概率事件，绝大多数有成果的探索都是以时间和投入为基础的。一名身为眼科医学研究者的学员告诉我，她的专业相关研究的方向和课题其实不少，但是最终能转化成为有效临床疗法的研究，却是少之又少。而这些为数不多的研究最终取得实效，无不需要三到四代研究者的接力。

本书 15 章，共计 50 节，涉及总计 260 个英语学习（相关）的话题。在此，我只想通过这些内容告诉国人英语学习者：语言学习需要时间，学习经验和方法来之不易。为了让大家的自己学习更有方向，请大家给予这些总结足够的关注。

2. 致年轻读者：锁定方向、借鉴经验

那个男生找错了问题的核心，他应该想的是"如何吸引（女神）"而不是"如何追求"。

——引自本书第一章

打个比方：如果"入土为安"是人生的终点，我觉得土已经到了我的胯部了……所以我有一定的资本去和"土还在脚脖子、腿肚子"的学员或后辈们聊聊人生。考虑到我三岁不到的女儿已经可以熟练操作我的 iPhone，考虑到"事无不可对人言"的古训，我觉得中学或者以上学历的在校生和毕业生都是可以理解本书的。所以，我这本书也是写给年轻人、青少年读者的（"别把我们当小孩儿"是你们自己说的），所以，你们看不懂，也得想办法看懂。

不是所有的事情你都要做一遍，因为每个人的生命有限。如果大家拿出休闲的时间学习英语，大家是不是很有可能当上了翻译或者成了我的同行（教师）？如果大家拿出学英语的时间去健身，大家是不是可能已经当上了模特或者健身教练？但有多少人能够同时具备做好这些迥异的工作的条件呢？就算有，是不是我们分身乏术、无法身兼数职呢？

不是所有的事情你都要做一遍，因为生活的进程无可逆转。"只有你有了孩子，才能理解爹妈的做法，"这句话我的父母和我说过很多遍，但我在女儿出生之前，对此说法是不屑一顾的。因为，有些事情不需要经验就知道结果，例如，让孩子远离危险物品，加强对孩子的看护，理解这些事情都是不需要经验的。但是，抱着孩子的家长永远无法理解丢了孩子的家长有多痛心，莫非我真的要丢一次孩子，才知道痛心，才知道拉紧孩子小手的重要，才决定狠狠教训一下在人多的地方乱跑的小朋友吗？

学不学英语、怎么学英语、学习英语有哪些大家尚未经历的困难，乃至英语学习和大家的生活、职业、未来的相关性，我在本书中都有讲述，是否能理解书中的"陈词滥调"、听不听这些"唠叨碎念"，全看大家自己了……

3. 致青年家长：学习与运用

扎克伯格以本田"飞度"代步是低调；而我们开"飞度"则是因为囊中羞涩……如果我们无法与扎克伯格比较财富的多寡，我们为什么可以用"母语法"学习外语呢？

——引自本书第 30 坑

在父母改变孩子之前，孩子已经改变了父母。我想说的是，在 2013 年，与其说沪江 CCTalk 直播平台在微博上找到了我、约我开课，还不如说我尚未出世的孩子改变了我的职业轨迹——为了避免校区奔波，有时间照顾家人，我开始有意识地转向网络教学，并最终在 2014 年彻底放弃了实体培训学校的工作，专职从事网络教学。从 2013 年年底至今，我在沪江平台创建的在线教育品牌"华丽学院"，及旗下"华丽英音""华丽美音""华丽语法""华丽词汇"等品牌培训课程，覆盖了数十万在线英语学习者。

2014 年夏天，我的女儿如期而至，我成为了父亲。借此机会，我要郑重感谢

下我的太太，不光因为怀胎十月、一朝分娩这些虽自然、但痛苦到我无法想象的过程，更是因为我太太为了迎接女儿所做的巨量的"准备工作"：大到儿童家具，小到尿布奶粉，国内淘宝不断，国际代购没完；看公众号推送，刷育儿微博，购母婴书籍……她是一个优秀的太太，更是一个尽职的母亲。

相比之下，我逊色了很多。可能是工作繁忙，可能是我的话都写成了字、讲成了课，我和女儿相处的时间远不及太太对女儿的陪伴，因此，我和女儿的交流也不是很多。此外，网络教学要求的投入比起实地教学可谓有过之而无不及，"人在家中，身在书房，心在网络"是我这几年真实的写照。但是我还是尽量以我所长去培养孩子的英语能力。渐渐地，我对女儿的培养有了一些小收获，等我有了大收获，我就让女儿去把我的"华丽英音"变成"华丽婴音"。

如果太太不能在信息浩如烟海、言论此起彼伏的育儿领域孜孜不倦；如果我没有专业技能傍身、没有教授过不同年龄段学员的经验，我的家庭育儿尝试应该是失败的。身为年轻的家长，我们有太多的事情不知道，太多的不了解，太多的没做过……这些经验没有人拱手相送，就算有，也需要家长们身体力行。

如果当父母这件正常到人之常情的事情都这么困难，大家哪来的信心去教好像一张白纸似的孩子的英语呢？我在教自己孩子英语的过程中，也还需要不断地摸索、修正、总结心得，那没学过英语的家长呢？当孩子拿着学校老师出错的、讲错的、有争议的英语题目来问我，我会后怕，因为有可能还有更多的我没见到过的问题，那作为非英语教师的您，怎么敢碰孩子的英语学习呢？

在此，我可以很自豪地告诉各位已经不寒而栗的家长：本书可以给大家带来不少温暖的助力。

4. 致青年英语教师：精专、传承和发展

其实"教书"本应该和"治病"一样，是"专业人"做的"专业事"。之所以老师好当、行医困难，是因为当不好老师不会直接伤及性命。

——引自本书第 35 坑

"传道授业解惑"的教师职能，在当今的网络社会似乎已经无法成立了。思维多元、观点求新让"传道"似乎显得多余；当获取无限知识的速度基本取决于点击鼠标、敲击键盘的频率的时候，"授业"变成了"获业"；而社交平台和知识经济的发展也让无法登上讲台的人们过了一把"解惑"的瘾。现实如此，那老师的工作，尤其是社会培训老师的工作是什么呢？

对于上面的问题，凭借几近年龄半数的从教经验，我已经找到了答案——无限探索最有效、最高效的学习方法，并用于教学实践之中，让学生更加轻松地学习。

我相信这个答案是正确的，因为作为老师，哪怕是体制内的老师，我们都可能无法左右学生的学习，因为天资、因为努力、因为环境、因为……就像再好的医院也有"站着进去、躺着出来"的病人。老师是人，不是神。

但正像摩西拿着石板子和上帝讨价还价、拿回"十诫"救了追随他的那群人一样，

确实有些事情不到最后不能放弃；我们好像总能做得更多一点、更好一点，去延续那渺茫但可能辽源的火种。当老师可能就是一件这样"悲催"但伟大的事情。且不说教学不成功，就算教学成功，有多少老师面对"胜于蓝的青"能泰然自若？又有多少老师明知"教会徒弟，饿死师傅"而继续"舍生取义"？

但如果我们换个角度，同仁们可以顿时释然。知识获取的本质是"传承"，受益者是有义务把好的知识传递下去的。知识的更新是无法避免的，掌握具体知识数量较多、质量较高的老师势必也会经历"后浪推前浪"的更迭。知识更是公平的，因为在现今社会，每个人都有弥补知识缺陷的条件，每个人都有探索未知的自由。身为老师，从业于这个年代，我们难道不应心存感激、喜不自胜、倍加努力、全心授业、献身传承吗？

友情提醒：同行，你今天备课了吗？

5. 致出版方和华丽拥趸：思考、坚持、回报

"我们还有时间，再想想！"　　　　　　　　　　　　——本书策划编辑

这是印上我名字的第七本书了。此前，我写过三本，与他人合著过一本，还有两本书，我出任主编。除了合著的那本书，为我出书的机构都是机械工业出版社，与我合作的编辑都是唐绮峰老师。

对于机工社的实力，我就不赘言了。相比之下，机工社对出版的严谨态度倒是给了我更加深刻的、直接的感受：获得社内选题会的评审通过、收到来自专业人士的书稿意见、看到书稿上被审校圈出的中文文字问题（详见本书第九章第二节），每本书的编辑过程给我带来的各种心情可谓历历在目。感谢机工社给了我这么多、这么好的机会，让我成为了一个"情感丰富"的作者！

我的编辑、唐绮峰老师被我称作"唐哥"。除了他年龄长我并负责我的稿件这些明显的原因，我认他为兄长是因为他给了我"包容的激励"：他体恤我工作和生活的忙碌，延期收稿，我无法不挑灯夜战、不让他更加为难；他能够接受我的意见，然后拿出更专业、更靠谱的方案，弄得我"外焦里嫩"；他对于书稿及相关事项不满意的时候，他会说"我们还有时间，再想想"，而这句话的真意是我写到这本书的时候才明白的……谢谢您，唐哥！

在此我要特别感谢那些名字可能永远不会出现在书稿中，但一字一句地塑造着、影响着本书的华丽学员们——是你们像"复读机"一样地重复提问，给了我总结学习问题的动力；是你们像"钻井机"一样追求学习效果，让我知道了研究这些学习问题的必要性；是你们像"永动机"一样对外语学习的"执念"，让我挤出时间、一期期地把问题的回答写成公共号推送、总结成网络课程，并最终转化成了这部书稿！

感谢所有帮助了本书的人！感谢所有需要看这本书的人！

因为，这本书为"你"而作！

THE ROAD NOT TAKEN

——沪江首席教育官·吴虹

刚刚过去的这个暑假，500 名来自中国乡村的英语老师在高温中经受了一场特别"烤"验。在乡村英语教学多年的他们，或许从未想过，竟然会在这个夏天里重温这样一段学生生涯，不为雅思托福考试、不为职称晋级加薪、不为学生升学成绩；这一次的学习只为提升自己的英语水准。

与以往无数次的学习一样，老师们多半以为培训就是来听听课，何况还是网络学习，就可以轻松地为自己贴上暑期参与进修学习的标签。或许他们会认为，网上的老师又不认识我，哪里会管我是否认真学习呢？这一次，他们彻底错了。

从选择这次参加"乡村英语教师提升计划"开始，他们才知道，这不是张嵩老师给他们挖的"英语学习 50 坑"，而是他们自己给自己挖了坑：我们为什么要到这里来学习？这个"老张"为什么教学这么严格？为什么免费公益的课程比我之前所有的培训都要吃力？这个坑，太深了！

你一旦深陷这个坑，你就会发现时间不是你自己的了！为了每天严格训练自己，你需要大量的时间来纠音、查资料、做练习，有的老师说"因为学习太忙，这是我唯一没有追剧的暑假"……

你一旦深陷这个坑，你就会发现你原有的那点英语自信被狠狠打击了："原来我说的根本不是英语，还教了学生这么多年！"手心里捏着冷汗的同时，还是决定：打铁需要自身硬，就从自己开始吧，不再以忙碌为借口、不再以没有资源为理由。确实，当你需要的一切资源和条件都放在你面前的时候，你还好意思退缩吗？既然是自己的选择，咬牙坚持吧！

你一旦深陷这个坑，你就要做好全家总动员的准备。原本在家陪孩子的好妈妈，竟然能放下孩子躲在屋里一遍遍地练习发音；每天按时下厨房的爸爸为了修改一份作业而忘了给孩子做饭……时隔多年才感受到真正的学习需要全身心地投入，并不是所谓碎片化学习所能取代的，而你学习的状态，就是给孩子最好的榜样。

认识张嵩老师多年，对他的教学严谨一向敬畏，甚至有点不理解，你的学生都是成年人，为什么要那么严格？你做乡村教师提升计划本来就是公益，为什么这么较真？当你真正走近他的时候，你会发现他说的最多的一句就是："能做点啥就做点啥！"

正是这一句"能做点啥就做点啥"的承诺，让他在 2015 年春天开始为山东淄博桓台荆家镇中心中学的学生远程上课长达半年时间。

正是这一句承诺，他接受了国家督学李涵校长的重托，无偿把自己 20 多年的英语教学经验分享给中国偏远乡村地区的英语教师。在这本《揭秘英语学习50"坑"》即将完稿之时，李涵校长突发意外病逝，在我们痛心之时，此书也是对李涵校长最好的纪念。

正是这一句承诺，作为沪江平台上最资深的人气名师，他全身心投入沪江"互+计划"公益助学项目，无偿为全国乡村教师与学生上课，本次暑期"全国乡村英语教师成长计划"的成果让参训老师都不敢相信自己可以有如此巨大的蜕变。

为《揭秘英语学习50"坑"》作序让我感慨万千！作为教师，我看过太多孩子在英语学习中的痛苦，而那些老师又何尝不痛苦呢？英语在很多老师和孩子眼中只是一门考试科目，只要做题背词，几乎没有享受到英语学习的真正乐趣。在这里。你可以换个心态重新开始你的英语学习之旅，只是这一次，在正式打开这本书之前，你需要做好充分的思想准备——

你愿意为自己的英语学习挖个坑，然后，义无反顾地跳下去吗？

《The Road Not Taken》是美国诗人 Robert Frost 的知名作品。同时，这首诗也是本次培训中一次作业的朗读文本。这份作业贴收获了 7980 次阅读、716 条回复、333 份朗读录音。诗中最后三句意味深长：

> Two roads diverged in a wood, and I——（两条路在林中各奔东西）
> I took the one less traveled by,（而我——选择了人迹罕至的那一条）
> And that has made all the difference.（我的选择改变了我的一生）

"能做点啥就做点啥！"张老师的这句话送给大家，与大家共勉！期待张老师的《揭秘英语学习50"坑"》新书精彩出炉！

停止没有前途的跋涉之后，才有可能走出迈向成功的第一步！

能做点啥就做点啥

总觉得所有该写的、该说的都已经放在纸上了，但总有一些记忆消匿于字里行间。我很高兴能有这个机会重拾记忆，记载那些安静但重要的人和事。

2013年，我与"沪江"结缘；并于2014年彻底离开了站了十多年的讲台，在麦克风前长坐不起。我的在线教育生涯开始了。也就是在这一年，我结识了现任沪江首席教育官——吴虹女士。2015年，沪江推出的支持中小学公益项目"互＋计划"，旨在通过互联网学习方式改变传统教育，实现优质网络课程在全国各地的共建共享，让偏远地区的学校也能享有优质的教育资源。当我得知吴虹女士是负责人，便毫不犹疑地加入了这个公益项目。

我是一个思想很朴素的人，我坚信"能做点啥做点啥"。我觉得：好人有好报；做好事儿就像种树一样，我这辈子乘不上凉，我的子孙也可以乘凉。本着这个想法，支撑我和同事春天老师为山东省淄博市桓台县荆家镇中心中学，以每周三天的频率上了一个学期的免费课。而随后，由于与吴洪女士代表的互＋团队的交流越来越多，于是就有了2017年暑假以本书课程为主题的"互＋华丽全国乡村教师培训计划"。

还有一位值得尊敬的人，不得不书，她就是国家督学李涵女士。2017年4月，我和李涵女士在深圳互＋项目发布会上短暂相聚，她在答应给本书作序之后不停地嘱咐我，让我好好做，争取成为中国英语教学的教父。让我无法接受的是，2017年7月2日，李涵女士带着她的教育梦想离开了这个世界。

知识，启迪心智、开创未来，让人类成为万物之灵长；没有知识就没有我们的今天。然而，学习知识、传递知识的过程并不总是和风日丽，而且时常让人觉得疲惫、无助——如何让更多学习者享受公平的教育环境？为什么教育经常以教育者的健康甚至生命为代价？为什么国人学习英语数十年之后还不能自如交谈？中国乡村教师一边要坚守陪伴乡村的后代，一边要提高自身能力完成教学工作，他们忙得过来吗？

现在想来，这些问题才是我为什么把"能做点啥就做点啥"当成口头禅的原因。

作为一名英语培训教师，我在努力，因为我知道自己不做，就不要指望别人做；大家都不做，我们就什么都没有了。

本书总结了我所有的教学经验，为求真而逆耳；经过了学员学习（同名网课）和教师培训（2017暑期师训）的双重检验。如果能够得到读者"中肯"二字的评价，我心足矣。

还是希望读者能够摒弃成见、思考书中的想法；再次诚意邀请读者和我沟通内容的长短。"勤劳一日，可得一夜安眠。"我希望所有学习者、教育者都能以这句话对待教学，只有这样我们才能传承知识、更新知识；只有这样，我们才能不负教、学之名；只有这样，我们才有权期待更好的明天。

张 嵩

2017年9月14日星期四

老师老说我逻辑不清，怎样才算逻辑清晰啊？

有什么好的写作练习方法吗？

考试没完没了，老师有考试的"瘾"吗？

考试和学习有什么关系？

我是那种"学得好、考不好"的人，怎么破？

考试好的人不就是会死读书吗？

雅思、托福考试只有出国的人才能考吗？

30
母语法学外语，好似一梦 / 215

是不是只要像小孩子一样学语言，进步就会很快？
我没有语言环境，怎么办？
为什么有人外语学得快，我却进步很慢？
母语能力和外语学习有关吗？
我如何才能做到地道表达？
有没有高效学习外语的教学理论？
外语学习到底能不能速成？

31
语言环境，远超交友出国 / 222

是不是有外国人和你说英语就算有语言环境？
语言环境是学好英语的快车道？
和母语人士交朋友、谈恋爱是不是学习外语的捷径？
为什么有的人学习外语很快，而我却做不到？
我如何在中国的生活环境中营造英语语言环境？

32
谈语感可以，但你凭什么 / 228

是不是英语好的人都有英语语感？
是不是有的英语题目或者知识点只能用语感解释？
语感是不是一种毫无根据的感觉？
语感是天生的还是后天培养的？
有了语感就能用好英语吗？
如何培养语感？
为什么总有人不相信语感？

教学 / 235

33
没有老师，你就不学习吗 / 236

世界上第一个老师的老师是谁？

是不是有外教的英语培训中心才可信？

机构、老师的教学效率是不是越高越好？

培训质量和培训费用到底有没有关系？

分班评测可以反映学习者的真实水平吗？

如何看待各种各样的课程承诺？

是不是使用新教材、新方法的机构更好？

"知道"和"做到"哪个更难？

为什么"知道了"却"做不到"？

我觉得我"做到了"，但为什么没效果？

我怎样才能找到"靠谱"的老师？

我为什么不想开始我没接触过的学习过程？

老师们讲得不一样，我应该听谁的？

为什么一定要按照某种"套路"进行学习和练习？

鼓励不就是"别人对我说好话"吗？

如何鼓励他人最"给力"？

为什么有的老师不爱鼓励学生？

我怎样才能获得鼓励？

兴趣不就是"我喜欢做什么"吗？

为什么我的兴趣天天换，别人的兴趣能成事？

是不是有了兴趣，什么事情我都能成功？

到底可不可以、应该不应该改换兴趣？

如果我对某事没有兴趣，我能在这个领域成功吗？

导 学

ATTENTION

在本书阅读过程中，

你会看到一些 反常规、扎耳朵 的观点和例子。

此时，请先暂停阅读，思考一下：

是内容出了问题，还是你之前想错了？

请不要轻易断言：这节和我无关，那节的内容我看不懂。

多给自己一点时间，放下个人立场进行阅读，给自己一个读懂本书的机会。

只有这样，你的（英语）学习才有进步的可能。

"逻辑"是个既熟悉又陌生的概念；
我们经常使用这个概念，但严密的逻辑却不常见，
因为事情经常受到人情的牵绊，
让自己理性思考更是难上加难！
虽然"人非草木，孰能无情"，
但"什么事情都大不过一个'理'字"。
生活需要逻辑，学习也需要逻辑。

01 没逻辑生活苦，何谈学习

"逻辑""理性""批判思维"从本质上讲是一码事，是当今社会大众稀缺的一种能力，网上、生活中五花八门的用语都印证了这个真相。诸如"短路了""一脑袋糨糊""拎不清""秀逗了""脑子进水了"等说法，不管是风趣玩笑还是中肯提示，亦或是尖酸讥讽，都是在说某人"逻辑不清晰"或者干脆"没逻辑"。

逻辑理不清，日子过不好！你可能都不知道自己为什么不高兴，或者你认为重要的事情其实对你影响不大。生活是这样，学习也不例外。在学习过程中，最难的不是知识点，而是学习思维的转变。**在此，我们将以最直接的形式讲述什么是逻辑，以及逻辑在生活和学习中的作用。**

什么是逻辑

其实逻辑有很多别名：高大上版本的叫"批判性思维"，玄秘难测的说法叫"理性思维"，但是我更倾向于给大家最为简单直接的说法，那就是——"想

清楚"。

如果要"想清楚"，我们先要确定：想什么！我们来看一个例子。有一个男同学曾经问过我这个很多年轻朋友关心的问题：

> "张老师，我怎样才能追到我心中的女神？"

"想什么"是思考的核心问题。那个男生找错了问题的核心，他应该想的是"如何吸引"而不是"如何追求"。如果女神最终点头接受，是因为那个男生的性格、特点、优势等吸引了她。所以，尽管大家都说"女生都是要追的"，而且追求者表达爱慕和诚意也是必要的，但最终决定情场能否得意的关键还是："人家看上了你"，也就是你有优势，而且你的优势是对方的需求。因此，一味的追求是无谓的，因为你"想错了"。

除了大家不知道或者不确定自己在想什么之外，逻辑还被一个天然的障碍包围着。人是感性动物，但逻辑却是黑白分明的，理性到有些不近人情。举个例子：

> 一宗轰动舆论的恶性杀人案的唯一嫌疑人终于被警方团团围住，但是在抓捕过程中，愤怒的群众不仅帮助警方抓捕了嫌疑人，还义愤填膺地一哄而上置其于死地。这是大快人心的义举吗？

答案是否定的，因为嫌疑人的罪行需要审判确认，不管什么刑罚都要由法律裁定。虽然"杀之而后快"是一种普遍心理，但民众动手就是"私刑"，就是对这个嫌疑人的犯罪；动手的民众也因此会受到法律的制裁。由此看来，"讲理"真的很难。

生活中的逻辑

在日常生活中，由于理性的缺失，大家也承受了太多的困扰。成绩不给力、工作不好找、房子买不起、单位不加薪、工作没成绩、岳母看不上、老公冷漠脸、孩子不听话……这些问题时时刻刻困扰着大家。对于这些问题，束手无策是常态，就算处理起来也通常只是"头疼医头，脚疼医脚"。

就拿买房来说，房子买不起可以父母出钱、父母钱不够可以亲戚凑钱。这里有三个事实需要认清：第一，房子作为不动产，具有保值增值的特点，就不应该便宜；第二，住房不一定要购房，你也可以租房过日子；第三，有房价便宜的城市和区域，但是你看不上。由于房价涉及传统、国情、政策、经济、炒作等诸多个人无法控制的因素，"嘴上说贵、心里想买、手上没钱"这个问题在个人层面是无解的，因为逻辑不通。

其实问题的关键是：个人能力和个人财富。在现实生活中，有不少有能力买房的人不买房、有房子的人卖了房子去环游世界，除了价值观的差别之外，这些人有一个共同点：人家有足够的钱买房。所以，如果大家决定购房，提高自身价值、积累财富才是问题的关键，不然你可能连房贷都要借钱去还。

英语学习中的逻辑思考

∧ 设想 ∨

我们以"参加英语培训班"这个话题来谈谈英语学习中的逻辑。每当大家一次次重拾信心、决定"回炉再造"开始英语学习的时候，第一个反应就是：我去哪里报个什么班呢？

停！

我叫停是因为大家跳过了一个极为重要的思考环节。这个问题大家几乎都没有想过，就算大家去想，也不能立刻就答上来，而实际上很多学习者根本答不上来。"你打算学英语真的是为了一个十分具体的目标，还是因为别人学你也学？或者是纯粹的业余爱好、打发时间？"如果扪心自问之后，你说："我学习是有具体目标的，不是盲从，也不是消磨时间。"那我就要确认一下——

你的学习目标明确吗？

谈到目标，简单的确实简单，复杂的却需要仔细思考。有些英语学习者的想法很具体，例如大学英语四、六级考试能过分数线，雅思考试总分能达到 6.5 分或以上，这些都是非常明确的目标。但是有些就不好说了，例如，几乎所有的英语学习者都希望"英语口语交流无障碍"，但是：话题内容千差万别、交流对象形形色色、个人状态也有好坏之分。因此，我更希望听到的说法是："老师，我想用英语搞定西餐厅就餐的整个过程，并做到只要正常发挥，就能无障碍地和服务生交流。"这个说法就很好、很具体，而且具有可操作性。

"目标明确了，我可以去报班了吧？"可以，你的时间和金钱你做主，但是从心疼你的角度出发，我必须指出你的思路中的问题，即：你为什么假设报班是学习英语的唯一方法呢？是不是应该弄清下面这些问题的答案之后才开始行动呢？

> "学习英语除了报班还有别的方法吗？"
> "报班是不是（众多）英语学习方法中最好的？"

如果你说："参加培训班学习课程可以借用老师的自学、教学经验让我高效学习。"我又要替大家发问了：

> "真的有课程能够针对我的需求吗？课上教的我能用上多少？"
> "这次报班和我之前 N 次参加培训课程会有什么区别？"
> "讲课的老师不是培训班教出来的吧？那我为什么要参加培训班？"

大家看到这里，是不是产生了疑问："张老师，您还做培训吗？您一定要把本来想报班的同学逼到自学成才的道路上吗？您不想收学生也就罢了，为什么还要砸其他培训老师的饭碗呢？"对此，我只想说："有理走遍天下，无理寸步难行。有些钱能赚，有些钱赚到也是为了买药。'元芳们'，你们怎么看呢？"

⌃ 反思 ⌄

看到这里，大家会问："这是逻辑吗？这不就是没事自己找麻烦吗？学英语哪有这么复杂？"那我反问大家一句："我的方法麻烦，你的方法没用，你怎么选呢？"我其实也不怪大家这么想，因为现在的英语培训——无论线上还是线下，都参差不齐，令人很难选择。

当你看到"一年零基础到流利"的广告宣传的时候，你应该问一下授课老师："您学习英语用了多少时间啊？如果您用了不止一年的时间，那您推出的课程是在嘲笑我们学员智商低下让您骗，还是您教学突破后找到了新方法、自己无法验证只能用在我们这些学生身上呢？"大家有没有想过出国考试培训机构为什么只有"分数不达标免费重学"而没有"分数不达标全额退款"的说法呢？如果你也认可分数和个人努力有关，那么机构的教学和你个人的努力，哪个更重要呢？真的是个人努力已经到了极限，就差培训机构帮你踢出那"临门一脚"吗？

我承认：很多事情不能细想，越想越可怕；但此时我还要追问：你不想，事情就变得不那么可怕了吗？是不是你想了才有可能想清楚，才有可能解决？不然你肯定还是在被英语老师当韭菜一茬一茬割的路上，是吧？

英语学习中的逻辑操作

如果说整个思考过程是"开方子"的过程，剩下的就是"抓药"了。相信看了上文，你已经决定自学成才了，那我们就来看看自学如何具体操作。

我们继续西餐厅的话题：大家可以在脑海中过一下所有可能遇上的流程——进门报名入座、餐厅只接待有预约的客人让你无奈离开、无预约

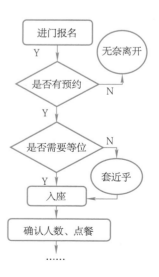

可用餐需要找座位、确认人数顺利就座、可能需要等位、向领位服务员解释、拉关系（私下给小费）希望尽快用餐……

如果你看到这里就觉得麻烦，那你别吃饭了，因为说到这里还没开始点餐呢……我承认，话题分支很多，需要准备的内容也确实很多。但是除了一步步地准备话题，你还有更好的办法让自己在餐厅"无障碍交流"吗？查找语言素材的方法也很多：找菜单、搜网络、问高人、查字典……不管怎样，你都是可以自行准备的。我和真正的零起点学员试验过，他们可以，你也可以。对，是麻烦，但只是可以解决的麻烦。

如果大家说："我去的餐厅绝对不会有等位的情况，领位也认识我了！"那好，你跳过这个阶段，继续仔细地逐项准备后续的用餐步骤就好了嘛！然后呢，西餐搞定了，就去研究中餐；吃饭搞定了，就可以准备就医；病看完了去趟银行；路遇歹徒你要报警……如果所有可能遇到的对话场景，你都思考过、准备过，你的口语水平就能到达"日常交流无障碍"了。方法是有的，也可以自行操作，但是为什么几乎没有人可以完成准备的过程呢？你能回答这个问题，就找到了英语口语水平徘徊不前的根本原因。

怎样才能更符合逻辑

逻辑是一种思维习惯和生活态度，逻辑的思考虽然有时候会显得有些不近人情，但是当尊重逻辑、找到问题症结并解决问题之后，我相信不管是你自己，还是当初可能怀疑你、否定你的人，都会认可你的做法。要想变得逻辑清晰、条理分明，虽然有点麻烦，但并不是你力所不及的，你需要做的只是去确认：问题是什么；为什么这是个问题；这个问题如何真正解决。如果你的行动也能跟上，那解决问题就只是时间问题了。

思考

（1）

> 你为什么要学习英语？
>
> 你的英语学习目标具体吗？
>
> 你觉得你的英语学习有前途吗？

（2）

> 　　一个小男孩被一对夫妇领养，其在幼年时期受到了酗酒养母的虐待，但养父发现问题之后立刻抚慰他，并助其妻寻医问药进行身体和心理治疗。不久后养母彻底戒酒，三口人重新开始了幸福的生活。孩子成年后，沾染酒瘾。一日酒醉后，下意识地回到他和养父母早期的住宅，翻墙入室，杀死了住宅中的新主人——一对熟睡的老夫妇。你如果是陪审团成员，你会：
>
> A. 判定他杀人吗？
>
> B. 因为他的犯罪动机加重、减轻刑罚吗？

注：欢迎读者扫描本书封面的二维码，加入读者 QQ 群，讨论节末思考题。

好的开始是成功的一半，
但是大家经常忽略了"好的"这两个字。
只有"好的开始"才是成功的保证
但"好的开始"绝对不是"好的！开始！"
虽然国人大多认为英语是"必修课"，
但很多人无从下手，或者是胡乱开工。
我们的英语学习，到底应该如何开始呢？

学习，不是你想开始就行 02

学习有其一定之规，英语学习自然也不例外。所以在本书伊始，我要跟大家好好说说学习这件事情。在本节中，我将从学习的目的、方法、态度、操作四个层面入手，帮助大家理清"理性学习"的思路。

在此，我还是要强调一下"清空个人观点"的重要性：如果你想评论观点的优劣，就应该摘掉有色眼镜，尽量用你的双眼再现观点的原貌、理清观点的脉络。当然，我的观点和理论可能都有提升的空间，所以也请大家将自己认为是"糟粕"的地方找出来，和我在 QQ 社群互动、进行开诚布公的沟通，这将是我们双方提升认知的有效途径。

学习的目的

︿ 因果恒长 ﹀

《教学七律》是西方经典的教学理论之一，也是我最喜欢的一本教学理论著作。该书开篇说：

> "如星辰运转、万物滋长，教学有其自然法则。教学是用确定的动因产生确定效果的过程；动因产生效果，其律有如日夜交替一般恒长。"

虽然这本书的目标读者是教师，但是其中"教学是用确定的动因产生确定效果的过程"这句话用在我们今天的话题中再适合不过了。学习过程中各种细碎因素的总和决定了学习的成败，一个很小的点就能影响大家的学习效果，这其中的因果关系是确定的。如果我没记错的话，早期的 GRE 考试中有字母全部大写的题目。根据测试，国人阅读全部大写的英语内容的速度只有阅读正常大小写文段的 30% 左右。

这个例子告诉我们：大小写这个不起眼的考点是影响我们某个题目作答、甚至整场考试成败的重要因素。如果大家有幸把所有影响考试成绩的负面因素都排除了，是不可能考不好的。因此，如果大家弄不清楚自己为什么学习英语，大家的英语学习是不会有效果的。这个问题的答案是我们前进的第一步，所以我在本节中会再次强调。

⌃ 纷繁复杂 ⌄

英语学习的目的五花八门：考试、升职、留学、拿证，这些都是司空见惯的原因；兴趣爱好、消磨时间、跟风而上等也是常见原因。在近 20 年的教学生涯中，我遇到了很多动机十分特殊的学习者：有个女生参加线下培训班只是为了"晒"穿不完的漂亮衣服；有位父亲学习英语是为了戒掉喝酒、打牌的不良习惯，让自己在国外学习的女儿刮目相看；另一个父亲为自己十岁的女儿连续报名"华丽学院"（我在 2013 年创建的在线教育品牌）的课程，是希望女儿从小有个良好的学习环境……

我在下节将更加具体地分析学习目的，但在这里我要提醒所有正准备开始学习或者正在学习英语的读者们，请大家关注自己学习目的的设定，一定要反复问自己"我为什么需要学""我要学到什么程度"，直到你得出非常清晰的答案。因为学费是小事，但初衷不明则会造成不可弥补的损失，因为说到底，时间就是生命。

⌃ 两种不靠谱的"目的" ⌄

在确认英语学习目的的过程中，大家可能会遇到两种情况。第一种比较常见，学习目的本身问题不大，不过大家"常立志但次次败"：我这次一定要如何如何，但实际却和上次一样惨淡收场，自己的败绩又增加了一次。多一次失败看起来不是什么大事，但是，小升初、中高考、四六级、雅思托福或者职称英语考试，基本就是国人一辈子可能经历的所有重大英语考试，加在一起，大家能失败几次？就算考试成绩也是小事，但英语给大家心理上留下的伤害和大家对英语的厌恶、排斥甚至是恐惧，却是挥之不去的阴影。我还见过因为英语学习长久不见收效，某位同学甚至对个人能力产生了怀疑。毕竟，夜路走多了，眼睛就看不得光了。

第二种情况"套路很深"。很多同学以通过考试为目的进行学习，考试结果不甚理想，却对自己说："我专注过程，我体验了学习的快乐！"在这里，我只想对这些同学说一句：学习不能、也不会"东边不亮西边亮"，世界上没有"天天抄单词虽然记不住却练出了速记"的道理；专注过程是失败者的说辞，因为成功的人没时间回顾来路，因为他们早已踏上奔赴更高目标的征程。

学习的方法

不管目的是否清晰确认了，大家可能都会匆匆上路，或者开始奔向更高水平英语能力的跋涉。有人徒步、有人骑单车、有人自驾游、当然还有人搭飞机、乘高铁上路。在听到我列举这些交通工具的例子之后，大家不要误认为，"自驾游"比"徒步"更加舒适、快捷、高端。在这里，我列举各种方法，只是希望强调方法不同，各种方法的优劣对比将在后续章节中推出。面对众多的方法，学习者其实是"先入为主"——最早知道哪种方法就用哪种方法；或者"跟风而动"——谁的方法火爆、吆喝得响就用哪种方法。有多少学习者考虑过，你采用的方法原理有问题吗？就算方法原理没问题，但是适合"你"使用吗？

其实，语言教学或者语言学习的过程大家已经非常熟悉了，大家想想自己怎样学习语文就好了。我们有什么诀窍吗？但大家不知道的、让大家更加束手无策的是：国人学习英语是外语学习，那些母语学习的经验我们可能用不上。

此外，英语作为外语的教学理论层出不穷，传统的文本分析法、语言结构固化法、声音先行的听说法是"你方唱罢我登场"，但好像谁也说服不了谁。而且，国内正式的英语教学和改革开放同龄，大约 40 年，各种视听教学、外教主导、实用倾向、碎片学习等用于中国英语教学的理念层出不穷，它们有效吗？应该没有吧？因为大家不仅依旧在学，而且好像是永远在学，但结果却一直不理想。普遍适合中国人的英语学习方法到底是什么呢？我会在后面的章节中为大家慢慢道来。

学习的态度

大家在学习的时候，总是喜欢把不是事儿的事儿看得很重，例如大家总是喜欢强调自己学习英语的困难：我岁数大了、基础不好、情况特殊……同时大家却会忽略一些无时无刻不在影响自己学习进步的因素，例如大家的母语水平以及通用学习能力。其实大家考虑一下，作为中国人，如果我们用中文聊天言之无物，写文章提笔忘字，那我们的英语水平能有多高呢？如果大家学习了这么多年，没有一次学习成功、考试拔尖的经历，怎么能指望自己的英语学习一定取得成功呢？

此外，没有逻辑、不尊重事实也是国人英语学习的一大问题。很多同学对我说："老师，我一定可以的！一定要把英语学到某种程度！"我个人认为，就算大家有百分百的把握，是否在说话时还要留下余地？如果你认为"置之于死地而后生"是唯一的办法，那你是否做好了所有的学习准备，并且能够承受达成目标过程中的压力呢？而且"置之于死地然后挂了"的经历，大家少吗？

事实是：很多人只是说说而已。其实我不怪大家，因为人就是各有所长、各有不足——大家可能本来就是羞涩内敛，有可能使用母语都不善言辞。我在此只是说大家"学不好英语"，而不是"什么都学不好"，更不是否定大家的人生，因为英语学习并不是大家生活的全部和唯一。我只想对那些认为"一定可以"的同学说：人生总有遗憾，英语学习可能就是其中之一。身为英语老师，我"自砸饭碗"追求真理，大家就不要反驳我了。

学习的操作

我的大学本科是英语专业，我的毕业论文以"英语角"为题，研究英语角对国人英语学习的助力到底有多大。我在发放几百份问卷、偷偷录下聊天内容、进行严谨的数据分析之后得出的结论是：英语角基本无法帮助国人提高英语口语水平。"为什么？张老师错了吧？"在此，我简单列举一下接受调查的英语角的参与者和英语角的实际情况：

1. 每周英语课寥寥无几、作业不多、作业质量不高；
2. 去英语角之前不准备话题；
3. 聊天过程中很难遇到高水平对话参与者；
4. 有母语人士、英语高手参与的讨论中，说话的人就那一两个；
5. 说错了别人不纠正、不会说的自己不查证；
6. 表达质量普遍欠佳，连"练习听力"的副效用都无法获得；
7. （最关键的是）参与者除了上课点卯、敷衍作业、逛英语角之外，并没有努力学习英语。

由此可见，通过英语角提高英语口语水平的效率极低；试问：去英语角难道不是浪费时间吗？

"同样一句话，有人说暖心，别人说坏事"也是这个道理。在很多情况下，怎么做和做什么同样重要。这时候，对英语学习者的要求一下提升了：学习的时间、频率、专注度、坚持程度、成果评定等因素是绝大多数学习者自己无法兼顾的。就算在学校、培训班内，由于教师无法关注每个人在学习上的困难和问题，广大英语学习者虽然身在课堂，但是学习最终还得靠自己。"师傅领进门，修行在个人"就是这个道理。怎么修行是大家自己的事情，不是老师不负责任，是因为人和人不一样，而且老师的某些要求你也做不到。这个时候如何扬长避短，特别是及时修正自己的学习路线，真的要靠大家自己。这一点，我在后面的章节也会详细地剖析。

总结

请大家把下面这句话反复读五遍，并且牢牢记住：

"我无意阻止大家学习英语，我更没有任何理由打消大家学习英语的积极性。"

之所以不让大家随意开始英语学习，是因为我替大家在意你们的学习投入，不管是时间还是金钱。学习的目标、方法、态度、操作，都会影响大家的学习效果——这是不争的事实，大家也无法回避只有知道了困难，才能规避困难、克服困难，学习才能有出路。

思考

(1) 你在英语学习的目的、方法、态度、操作这四个方面中，哪里出了问题？我列举了四个方面常见观点各一种，旨在抛砖引玉。

A. 目的：我要学得比某人更好！

B. 方法：我了解自己，我现在的方法就是最有效的。

C. 态度：这种方法是某人说的，一定管用！

D. 操作：语法我自己搞不定，不看了……

(2) 看过本节之后，你"摸到英语学习的门路"了吗？请总结你的心得。（为了防止大家思维过度发散，要求使用 20 字以内中文作答）

大家学习英语的过程通常很"飘忽"，

想着 A，做着 B，

收获 C 之后才发现自己想要的其实是 D。

这是国人英语学习的常态，

但这样的过程并不理想。

如果你希望你的英语没有"白学"，

你还是应该冷静下来，

看完本节内容，再做决定。

如果你希望你的英语没有"白学"，

你还是应该冷静下来，看完本节内容，再做决定。

为什么学英语，你不确定03

在上一节中，我已经为大家分析了学习目的、方法、态度和操作对英语学习整体效果的影响。由于学习的目的在整个学习过程中极为重要，所以我将把"英语学习目的"这部分的内容独立成节。

大家一定会有疑问：这有什么可聊的啊！学好英语就是目标啊！有必要用一节来讲这件事情吗？但大家不知道的是："学好"这种说法太宽泛了，任何学习目的的细微差别都可能造成学习收效甚微，或者根本没有效果。而最关键的是，大家的学习目标可能都选错了。本节我将剖析"应对考试""工具信仰""文化角度""兴趣方向""专注实用""职场功能"这 6 类常见英语学习目标。你准备好了吗？

应对考试

最常见的、需求量最大的英语学习目标应该是"逢考必过"。但考试也可以分为以下两种：

A. "升学考试"，例如中考、高考等；

B. "通过上培训班应对的考试"，例如大学英语四六级、雅思、托福、考研英语等。

首先，学校考试的目标很清晰，分数越高越好。在此提醒所有要面对中、高考的学生们：虽然学校有三六九等之分，但是我可以比较负责地说，凡是能够被委任负责毕业班的老师，都是在学校可选范围内的最佳老师。所以大家要配合这些有经验的老师，心无旁骛地准备考试，把各种英语兴趣学习先放在一边，顺利度过考试这道关卡。我要郑重地告知所有要参加毕业考试的学生及其家长：就算从进入大学开始算起，学生为了兴趣学英语的时间至少还有大半辈子；但毕业考试一辈子通常只有一次，而且你们只有从现在到考试前这段时间去准备了。因此，不论年龄大小，你们应该都能理解其中的利害关系，我相信大家！

相比毕业班的英语老师，考试培训界老师的平均水平堪忧。之所以说平均水平，是因为确实有很多培训机构的老师真的很棒！这一点我绝不否认。但我也要说：很多机构的教师招聘、培训并不是做得很好，而且有过度营销的嫌疑。请大家仔细甄别，多多上网查证以往学员的正面、负面评价，然后再稳妥择师。

其实，还有第三种应对考试的方法——自学。这种方法有点难，我会在后面的课程中专门讲解。总的来说，为"分"而学比较直接，也不难操作，跟着靠谱的老师学就问题不大了。

工具信仰

不同于"为分拼搏"，有些英语学习者只是希望储备知识，为自己的"能力箱"多添一件"工具"。这也是为什么会有"英语只是一种工具"的说法的主要原因。但是我在这里要反驳一下这种观点。"工具"这个概念，总给人们一种"用的时候可以信手拈来"的感觉，但大家得有多高的水平才能在用的时候将英语"信手拈来"？此外，工具放在一边，时间久了也会生锈，那你的英语是不是也是这样呢？

你在说"英语是工具"的时候，是不是并没有完成所有的或者既定的英语学习任务，然后为了英语着急上火、求神告佛呢？所以说，你是英语的"工具"，对吧？鉴于"语言就是沟通工具"和"天天学、学多久都依旧无法用英语沟通"这两个事实，"英语是工具"这种说法本身就是悖论，而大家充分理解这一悖论的时机，可能确实还没有到来。

文化角度

很多英语学习者可能没有特别功利的学习目的，只是希望通过英语学习获得体验"西方文化"的机会。这本无可厚非，但是大家还是太着急了。在我的线上直播课中，无数学员曾经问过这个问题：

> 老师，我如何积累英语文化，提高英语水平呢？

我本着"毒舌"精神，对此类问题的答复都是：

> 你连英语单词都搞不定，何谈文化呢？

大家听到这种论断的时候，基本都是满心不服气。此时，我一般会让学员用英语回答下面的这个问题，从而证实我的观点：

> You were not born and raised in an English-speaking country, were you?

面对这个问题，大家一般都会自信地用英语回答："Yes"。其实很多英语学习者都会犯这个错误。因为你是土生土长的中国人，回答应该是"No"。没错，确实母语人士也可能会在 Yes/No 后面加上不恰当搭配的否定或者肯定补充回答，但是在上面这种没有上下文，且需要明确的回答的问题上，是不能含混的。"体验文化"的说法没有任何问题，但是大家是否应该更加熟练地使用语言这种文化载体之后，再考虑更好地理解、吸收异国文化呢?

兴趣方向

"兴趣"是大家常常提起的一个学习英语的目的。这是个很关键的问题，但我在这里只为大家简单地说一下，因为后面的课程中会有专门的讨论。我给大家举一个形象的例子：兴趣就好像我们用扔硬币来决定一些举棋不定的选择一样，其实就是"看运气"。绝大多数的学习者都有兴趣和爱好，但是谁能够保证自己的兴趣和爱好不会随着时间的推移而变化? 如果说这是不可避免的事情，那大家如何确保自己不会因为机缘巧合错过自己可能更感兴趣，或者更适合自己的兴趣点呢? 所以，严肃地讲，大家的兴趣就像扔硬币一样，不管正面、反面，都是一个偶然事件。如果大家把自己的学习、包括学习必需的投入，特别是时间这种永远无法挽回的成本都纳入考虑的话，大家是不是在拿自己的生命开玩笑或者赌博呢?

大家说"我就是对英语感兴趣"，或者"我就想通过学习英语消磨时间"，这是没问题的。因为"你的生命你做主"，虽然挥霍生命可耻，但毕竟那是你的生命。不过，这么说的学习者，在学习的过程中会时不时地、或者在潜意识里希望自己能够把英语学到某种程度、达到某种标准。在这里我就要拦住大家了，因为大家"没有说出来"的目标一般难以达成，大家"消磨时间"的过程更不会愉快。因为"兴趣"除了具有随机性之外，还有"催化剂"的作用。不过大家注意，催化剂需要参加反应的物质相互作用才能发挥作用。但英语学习中的"物质"是什么呢? 还请大家关注后续课程中与"兴趣"相关的章节，并从中获取答案吧。

专注实用

其实"专注实用"这个小标题总结得不是很好，因为很多学习者是提不出这种目标的。无数英语学习者在各种场合下反复提出下面这个问题："我如何才能够做到英语交流无障碍？"大家还记得第一节课中"西餐厅"的例子吗？如果真要严肃回答大家的问题，我只能根据我大致的估算告诉大家：一个普通人可能需要掌握近千个像"西餐厅"那样的话题，才有可能在生活中畅通无阻。

如果学习者们问："我们的语言没有迁移能力吗？也就是能不能做到'会了一个话题，别的话题也就没问题了'呢？"答案是肯定的，但是大家也别急着乐观。大家确实不用逐一准备所有的话题，但是大家需要将近千个话题中相当数量的话题掌握得很好，才有可能举一反三。这个"相当数量"至少也是 20% 至 30% 吧？或者大家有非常好的语言基础，包括语法、词汇、文化背景知识，说不定也能够自行拼接各种场景所需的用语，从而使得学习更为高效。但语法、词汇文化背景知识不也需要积累吗？大家临场发挥的能力就那么强吗？建议大家还是把实用目标无限细化吧！目标越细化，操作性就越强，成功的概率自然也就更高！

职场功能

很多学习者强调英语学习的职场功能，这好像无可厚非："招聘要求上面写得很清楚啊！我求职最终被拒就是因为英语不好啊。"

这里给大家举一个实例：华丽学院曾经招收过一个被英国老板强迫来学习发音的学员。说"强迫"是因为，老板批准了他一个月的带薪假期，并承诺支付所有学费，同时扔下一句话："我实在听不懂你的英语了。"其实大家是不是也很同情这位老板？面对一个工作能力卓著、但无法沟通的下属，这是怎样的一种感受呢？只有老板自己能懂了。但大家想想，这位老板有可能招收一个只会英语的人从事技术工作吗？只会英文的员工是不是当英文秘书都有点不合格呢？老板到底更看重员工哪一方面的能力呢？

根据很多供职人力资源的华丽学员的"内部消息"，英语能力充其量只是求职过程中的"加分项"，而且绝大多数情况下不是"淘汰项"——也就是说，同等专业条件下，英语好的应聘者会被录用，但用人单位会毫不犹豫地淘汰只会英语的求职者、而去录用专业突出但不会英语的应聘者，因为英语比专业好学，因为大家可以边工作边学英语。

此外，大家是否考虑过，在几乎触手可及的未来，中文是否会取代英语或者和英语平起平坐，成为世界通用语言呢？是不是在可预见的未来，机器也能取代人工、完成翻译工作呢？因此，我希望非英语专业相关求职者专注自己的专业领域，兼顾英语就好。

总结

学习目标的精确设定，直接决定了大家英语学习的效果；无效的英语学习自然不会让大家如愿以偿。此时，我希望各位英语学习者能够战胜自己心中那个不讲理的"小恶魔"，直面自己的需求。

同时，我给大家提个醒：目标对应的操作方法是不通用的；如果大家学习时兼顾多重目标，那么学习方法也应该是多种目标对应方法的交集。当然，如果是这样的话，有些目标很难组合，例如"兴趣"和"考试"就基本是不相关的两种需求。

思考

(1) 请读者反复思考并确认个人英语学习的需求和目标。

(2) 结合个人实际情况论证"我是否应该放弃英语学习"。

(3) 如果你的英语学习有多重目标，请仔细思考：

A. 你的多种学习目标是否相互冲突？你如何取舍？你如何使不同目标兼容？

B. 你的学习目标是否依旧太多？能否减少学习目标数量直至为单一目标而学习？

虽然说：尺有所短，寸有所长；但尺就是比寸长。

比寸长的，还有丈、里，后两者也有长短之分。

评价源于比较，统一标准之下的比较才算可靠。

大家把比自己强的英语学习者的能力定义为"好"是主观；

"鸡头"依旧不敌"凤尾"才是客观。

现在你在哪个圈子里徘徊、你想去的圈子又有多远呢？

英语好，其实只是个传说 04

　　"英语好"这句话一般都是出自别人之口；也就是说，我们经常听到甲和乙说丙英语好，而丙可能在场，也可能不在场。这种第三方评价多多少少带有一种"恭维赞许"或者"道听途说"的感觉。

　　正因为对英语水平的评定比较随意，而且点评别人英语水平的人并不权威、评价的客观性很难保证，"好"这个概念就变得很模糊。在本节中，我将为大家详细说明"好"的两重性、介绍七种"好英语"的标准，并简单说明"奔赴好英语"的途径。门道真的很多，希望大家对号入座。本节马上开始！

"好英语"的两重性

∧ 绝对标准 ∨

　　评价好坏，避免不了对比，而对比不能没有标准。标准之说，由来已久而且司空见惯：学习说"60 分"，国际看"ISO"，娱乐有"MP3"，论文用"MLA"……正是因为标准的存在，行为才有了规范，交流和协作才成为可能。"我什么时候才能学好英语？"这是笔者经常被问到的问题，其实更多时候大家潜意识中的问题是：

"什么时候才能把英语说得像某某那样啊？"

我完全理解发问者的心情，但如果真的执着于这种想法，大家的下场应该是很不幸的。因为大家不知道，可能也不想知道的是：我高中通过了大学英语四级考试；我是 1997 级北京大学英语语言文学专业唯一精读超过 90 分的男生；我曾代表北京大学参加 "21 世纪杯全国英语演讲比赛" 并获奖；我坚持四年参加人民大学英语角，几乎每周不落；我从 1998 年开始课堂英语教学至今近 20 年；我编写过的英语学习相关出版物摞起来到了腿肚子！对，这就是我，但大家真的要以我为 "英语好" 的标准吗？

∧ 相对标准 ∨

此外，比较者之间能力、水平上的差距将造成标准失衡——"你比我强，不能说明你就是好的；正因为我可能非常差，所以我没有能力准确评价你的水平"。非理性的评价和评价体系确实让很多学习者吃了亏：你遇到的大神们、高人们很可能给不了你想要的帮助，因为他们的能力也许不足以指导别人。

同时，这种情况还可能体现在学习材料、途径的选择上。如今的学习者总是能够看到无数 "好用的 APP"，并对其趋之若鹜。可过不了几天，不管是教你背词还是练习口语的 APP，都不再被打开了，然后大家再去找 "更好用" 的 APP。我们在某宝购物的时候，用户评价可能非常管用，因为用户和产品 "在一个水平线上"，但评价教学和教学产品所需要的能力应该超出了学习者的水平—— 大家毕竟是刚开始学习的外行嘛。所以哪些材料好、哪些方法灵，大部分是用户的主观评价，且缺少学习效果的事实支持。

"好英语" 的类型

∧ 自我感觉良好 ∨

这种情况不少见。虽然说 "自我感觉良好" 不是什么好的心理，大家也知道提防，但是无奈，人嘛……用电影《魔鬼代言人》里面的经典台词来讲，"Vanity is my favourite sin"（虚荣是凡人最喜欢的罪）。这句话一点不假。别人恭维你英语好可能出于多种原因，礼貌是最常见的，同时也不排除别人在讨好你，甚至真的有可能是你所处的环境和比较对象太"low"。

另外一种"自我感觉良好"是真的不自知，在教学过程中，华丽学院经常会遇到学员们感慨："原来是这样啊……""怎么会这么理解……""这样真的更好……"大家的认知真的需要提升。无知无畏，但无知不是无罪的辩护。

∧ 别人都说好 ∨

这种说法逻辑上说不通，说通更不好听。大家都明白，米尺不能直接度量公里；也就是说：

某人没达到公认的、客观的"好英语"的水平
某人夸你英语好
所以，某人只能说"你的英语比我好"

某人已经达到公认的、客观的"好英语"的水平
某人说你的英语好
所以（一）：你的英语好（但他们的英语更好——自抬身价）
所以（二）：你的英语不好（人家夸你是为了面子或者诌媚）

当然，有读者会问，我虽然不能评价比我英语水平高的人的实际水平，但是我确实知道他们比我的英语好啊，难道他们不算英语好吗？那笔者反问一下：如果你长得像冯巩，比你好看的人都是吴彦祖吗？

∧ 学校成绩好 ∨

我们终于渐渐走出了没有标准的泥淖，因为我们现在开始引入分数了，哪怕是很多人不屑一顾的学校成绩，但这毕竟是一个能看得到、摸得着的尺度啊。

不过，我确实和大家一样要小小吐槽一下学校成绩这个事情。原因很简单：考试内容过分强调单词、语法、词汇，而忽略口语、写作能力；教学内容准确度欠佳，例如 What's wrong with you?（你这人怎么这样？你有"病"吗？）被可笑地翻译成"你还好吧？"。不过，全面考虑之后，我们还是要说：学校成绩虽然不能说明学习者真正的英语水平有多高，但连应对学校考试都有困难的学习者，英语水平肯定不高了。

雅思托福好

首先要为雅思、托福考试正名：这两种考试都是全世界公认的英语水平等级考试，考核留学、移民出国人士的英语水平只是这两种考试的功能之一。区别就是前者为英系考试，英联邦国家推崇；后者是美国的考试，美国院校的接受度比较高。这时候有人会问：

雅思、托福考试就一定能衡量我的英语水平？

这两种考试考不好就能说明我的英语不好？

我的答案是：应该是。说"应该"是因为考试有时候确实不能衡量考生的真实水平，例如紧张、意外等因素会影响考生的发挥。但是鉴于雅思、托福考试多年积累的经验和自身的公平性，说"雅思、托福成绩不好就是英语水平不高"是稳妥的，至少多次考试后的平均成绩是能反映应试者的英语水平的。随着这两种考试日益严谨，考生成绩和实际水平无限接近。

尽管近些年培训界的"技术指导"确实不错，为考生的雅思、托福成绩"注了水"，但合理取得的、在两年有效期之内的成绩基本可以反映英语学习者的语言水平。大家可以说雅思、托福考试还有种种不足，我也承认有些地方是可以改进的，但是与"某某说我英语不好""某某视我为英语偶像"相比，这两种考试是更加科学的。

术业专攻型

该类型的英语人士对英语的需求大多超过了使用的范畴，逐渐步入了研究阶段。例如笔者身边的一位准英语老师。所谓"准老师"，是因为他现在就职于一家国际出版社，并不从事一线教学工作，我们姑且称他为老师吧。这位老师对英语词汇情有独钟，词根词缀的掌握都不在话下，他对词汇的统计、词频的研究十分深入。

如果大家对人工筛选一个10兆大的文档里的单词的工作量没有概念的话，大家感受一下两个月几乎不吃不睡的工作量吧……我们不难想象，一个将自己浸泡在词汇的海洋中的人，对词汇的理解和把握要比常人强多少。但是，理性地讲，我们说这位老师英语单词好，是不是比说他英语好，更加稳妥呢？

⌃ 哪里都够用 ⌄

到了这个层次，大家的英语学习就可以说"大成"了。虽然英语对这类学习者来说是外语，但其英语水平完全能够应付各种常规、突发情况，而且没有任何语言的障碍。这种学习者一般是英语语言基础很好的中国人，再加上留学、驻外、教学等有利于语言学习的机会，他们把英语彻底学通了、用上了，而且用得很好。当然，其中不乏一些知足常乐的人，但毕竟我们的前提是够用，能够做到"用英语办所有事"，真的可谓英语学有所成。

⌃ 世外高人多 ⌄

当然还有极小部分人，他们已经不需要考试的证明；他们已经能够非常自如地应对各种已知、未知的语言使用场景；他们也无意或忙不过来给大家秀英语水平，可能只是使用他们习以为常的英语就能技惊四座。由于长时间的积累和个人超群的能力，他们的经验实在太高深以至于无法普及；他们说出的真理往往无法被大多数英语学习者接受。

我们也许不能再把这个小群体叫作学习者了，因为他们能够纯熟地完成中英两种语言的转化。我们叫他们"高级使用者"也好，或者其他什么也好，反正和大家的关系不大了。因为绝大多数学习者到达不了这种程度，就像并非每个人都可以成名成家一样。

如何拥有"好英语"

读了这么多种"好",大家一定想问:不管哪个级别,我应该怎么做呢?给大家三个要点:

A. 做好必做课业,直到你觉得可以拿出去展示;

B. 限时完成任务,例如"今晚搞定英语作文"或者"本周完成多少个单词的记忆";

C. 不断小幅提升,例如每周单词学习的数量逐步增加或者学习内容的难度加大。

这样一个个小小任务的达成远比一个恢宏计划的实现更实在,因为至少拆解后的任务和标准更加具体,也更容易实施。我在后续章节中会进行更加详细的讲解。

总结

"好"是一个标准,但这个标准有绝对和相对之分,所以"英语好"只是一种模糊的说法,以它为目标就有些不切实际了。正所谓"没有比较就没有伤害"。追求美好的事物没有问题,但要适度。选择适合自己需求的标准,将大目标细化,并且坚决执行,大家的英语才能好起来。

思考

(1) 你个人对于"好英语"最现实的目标是什么?请使用数字、证书、分数等具体描述你的目标。

(2) 你认为你身边的"英语高手""英语大牛""英语老师"的水平属于本节中列举的哪种"好"?

发 音

规范的存在是为了整齐划一，便于沟通；

个性的发展让我们成了独一无二的人。

在生活中，"规范"与"个性"相生相克，此消彼长。

说话的口音，就包含了这组矛盾。

只是当我们学习外语的时候，我们少了一份自信，

但，只要交流无阻，说话南腔北调又有何妨？

人人学发音，真的没必要 05

中国英语学习者几乎一致认为：发音是语言学习中非常重要的一个环节和科目。经常有英语教师或者英语学习者为了自己的发音暗自窃喜或者黯然神伤。此外，发音也是国人哑巴英语的原因之一：说得太难听了，自己都听不下去，干脆不说了！尽管几家欢喜几家愁，但大家几乎一致认为："发音几乎重要到'可以代表学习者英语水平'的程度了，因此我的发音学习必须努力再努力！"但事实真是这样吗？

为了负责地回答这个问题，本节将对发音的定义、学习选择、目标细化、如何学习、学习结果这五个逻辑排列的步骤逐一进行讨论。大家会问，学发音不就是念音标吗？怎么会这么麻烦？俗话说："磨刀不误砍柴工"。只有细致地说，才能说清楚。

发音的定义

如果聊学习，那"学什么"就是非常关键的思考了。在和"发音学习者"

接触的过程中，我经常发现很多人分不清：发音、语音、口语、语言这四个概念。我们先谈口语和语言这两个区分度比较大的概念。"口语"是"完成表情达意的目的口头表达"，也就是为了"表达感情、传递信息"。简单来说，就是"费力出声总得有个原因"。而"语言"是个非常大的概念。如果要带上"口语"进行对比，那就是：语言包括听、说、读、写；所谓"说"就是让大家头疼不已的英语口头表达了。

相比之下，发音和语音这两个概念的差别大家可能比较陌生。"发音"就是南腔北调，即"一个音在不同人群和地域中不同的念法"；而"研究南腔北调及南腔北调之间的差别"就是"语音（研究）""语音学"了。也就是说，语音是一种研究、一种学问。一般来讲，大家学习的是发音，专业人士研究的是语音。

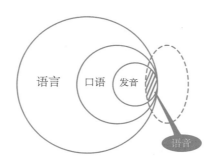

我相信，这个时候大家应该知道自己想学的是什么了。如果你们想学的确实是"发音"，也就是说，你们希望开始学习并掌握一种特定的英语发音，那就请继续本节的阅读。

学习选择

在弄清楚发音的定义之后，学习者们就要做一个选择了：到底"学还是不学"？这个问题看似简单，但大家事实上并不了解这个问题背后的众多说法。

⌃发音的重要性 ⌄

发音从很多方面讲确实是英语学习者需要关注的科目，因为：

其一：在语言发展的过程中，声音形式早于文字形式数千年，由此可见发音的强大功用和历史意义。

其二，发音是语言的一个明显的外部特征。虽然"未见其人，先闻其声"可能不是一个十分恰当的例子，但是这个说法足以体现语言的声音形式的便利性。"一眼看见"好像已经很直接了，但是"一耳朵听到"体现了话语对传播空间的要求更低。

第三，更加现实的学习发音的理由就是，优秀的发音可以提升口语质量和增强听的能力。发音和口语、听力的关系，好似局部和整体的关系——如果某人口语和听力的整体水平很高、表现出众，其发音也应该不错。

⌃发音可以不学⌄

大家可能会问：标题不是说不学发音吗？那课程怎么聊了这么多发音的重要性？章节的标题是不是写错了？好，我们下面说说为什么可以"不学"发音。首先，如果用人的整体形象来类比口语的话，内容是气质，语法、词汇是身材和面容，而发音只是衣服。虽然说"人靠衣装"，但是我相信没有人会觉得衣服比气质、容貌和身材更加重要——好衣服、合身的衣服确实可以让你更好看，但是你好不好看不是衣服决定的。

大家都知道说话的根本目的是传递信息和情感，而发音、说话只是语言的传递形式。所以，大家的发音不会阻碍相互之间的交流就可以，也就是要求：虽然你的发音不是很标准，但是别人应该不会误解或者根本听不懂你所说的话。就像大家都是中国人，但是有几个人的普通话能达到一级甲等的水平？有几个人能去播报《新闻联播》？但即便如此我们不还是天天在说话，而且说得饶有兴致？

实际上，绝大多数国人的英语发音，虽然听着不那么美、不那么地道，但还是可以被别人听懂的。相比"发音这身衣服"，我们的气质、身材和容貌，即说话的内容和遣词造句，可能有更大的提升空间。学习固然有启迪智慧、陶冶情操等高级需求，但很多人学习英语的目的就是自如交流，这种目的既现实也合理。如此说来，学习发音是必要的吗？

∧ 要学发音就好好学 ∨

最后这种说法大家一定要听好，并且谨记在心：如果大家以"卷福""抖森"（Benedict Cumberbatch 和 Tom Hiddleston，均为英国戏剧、电影演员）的发音为学习目标，那么，绝大部分学习者还有一条长到没尽头的路要走，因为大家的偶像不仅是母语使用者，而且二人的台词功底为专业水平。如果借用普通话等级考试的标准，二人的英语发音应该是"一级甲等"。

这样说来，大家明显没有走完提升发音的过程，所以大家应该不知道整个学习过程的艰辛和漫长。很多学习者天真地认为：学习发音不就是多听多念，有什么难的？根据我近 20 年的教学经验，发音学习成功（即经过练习的文段朗读清晰无误，达到近乎母语的水平）的比率很低，大致为5%，也就是说，在二十个指天发誓要学好发音的学习者中，可能只有一人达到了自己满意、而且禁得起专业考评的理想结果。大家真的有信心打败十九个"同学"、坚持到胜利吗？

目标细化

既然大家已经阅读到了这里，我就认定大家铁了心要学英语发音，那我来帮大家细化一下学习的内容。说到英语发音，稍微懂点的学习者一定会知道"英式发音"和"美式发音"两个大类，然后大家就会非常"专业"地开始对比：

英音高尚优美感觉冷、美音自然流畅受欢迎。但大家不知道的是：绝大多数对发音感兴趣的学习者，甚至很大一部分发音学习者的发音是——"英美混合带有强烈中国方言特点且任由个人肆意胡为的发音"。直白地讲：大家的发音就是"乱念"；大家在学习发音的过程中，想得很多，但实际操作却是"臣妾做不到啊"！

大家可能会觉得下面的说法有些"反常"，但一定要听清、记好：

A. 英美音混合不等于英美音兼顾（也就是同时学习英美发音）。

B. 英美音差别是不小，但是英美音的差异远远小于英语和中文发音的差异。

C. 英美发音学习过程的整体难度是相同的，但确实有些学习者适合英式发音，另外一些人则适合美式发音，这是个体差异，需要具体问题具体分析。

D. 雅思、托福等考试虽然出题的时候有英式或美式发音的倾向，但是考生参加口语部分考试的时候，不会因为使用英式或者美式发音而丢分，而且，如果大家某种发音确实纯正、地道，还会获得加分。

所以，不管是英音还是美式发音，大家学好了任意一种，听懂另外一种英语发音也不是难事、应对以英式或者美式发音为主的各种考试也是手到擒来。

如何学习

在大家确定学习内容、明确学习意义、细化学习目标之后，学习就要真刀真枪地开始了。在本节中，我不会给大家过多介绍具体的学习方法，因为后续我将用一个完整章节来讲解学习方法的细化，相信大家一定会听到过瘾。在这里我要说的是：本节标题中"学"这个字的意思是"以相对认真的态度对待发音"，认真程度应该要达到大家对待学校作业、考试的状态。对于已经参加工作的学习者来说，大家可能需要付出不少的时间和金钱。明确了"学"

的概念，大家应该能对标题产生更加清晰的理解。我，不是耸人听闻的标题党，而是抽丝剥茧的实战派。

学习结果

一切的计划、安排和实施，都是以最终的成功为目标的，发音学习自然也不例外。但，什么是发音学习的成功，确实有太多的视角和诠释，你是下面的哪种类型呢？

A. 比之前念得好算成功，但是大家为了这一点点很可能不会带来质变的提高付出了多少时间和心血？

B. 发音从别人听不懂的水平提高到别人能够基本理解，当然也算成功；但你是不是还想让别人没有障碍地理解你？

C. 你的发音练到比室友、同事都好算成功，但你是不是还想成为学校第一、称霸整个集团？

D. 你的发音获得了专业老师的好评算成功，但你是不是还想有朝一日成为专业老师去点评别人？

有句广告语非常应景：没有最好，只有更好！但是，如果大家并不希望在英语专业领域有所建树，这样的付出是否值得呢？人的追求是无止境的，大家止步的原因，不是不想登上下一级台阶，而是因为脚下的这级台阶都只是勉强登上且并未站稳。

总结

发音是英语学习入门的科目，我们确实要重视；学习目的、学习内容及细化、学习的方法和结果，这些可能都值得我们认真思考。但是，发音只是英语学习的一个部分；同时，发音也很可能不是我们英语学习长久的关注点。

在信息爆炸的今天，我们有多少时间研究发音这种语言的形式和载体？我们又有多少时间关注无时无刻不在自我发展、微妙变化的发音呢？我的目的不是让大家不学发音，而是希望大家明确所有发音学习相关的信息，再开始动手；想好了再行动是不是更加稳妥的策略呢？

思考与确认

(1) 有人因为你（不佳）的英语发音而误解你或者不理解你的表达吗？我建议大家和（不懂中文的）母语外教老师、朋友进行交流之后再给出答案。

(2) 你是否有以下除了"提高口头交流效率"之外的提高发音的需求？

A. 工作需要：发音准确且具有某个区域发音特色（"像当地人一样说话好办事"）

B. 个人执念："不练好发音就像不让我呼吸一样"

C. 专业需要："我是英语专业学生，考试需要，而且……""我是英语老师，发音是门面"

D. 其他原因：（请列举说明）

我相信，大家已经开始习惯我的毒舌了，
但大家可能没想到，我连自学发音都不让……
专业意见不好接受，哪怕是真的是为了你好：
就好像为了治病疗伤的医嘱，你都不一定遵守。
其实，学习也是个专业的事情，
而专业的事情还是要由专业人处理。
至少，想练好发音，是一个专业的过程，
任何人，都不能胡来！

自学发音，你真没有把握 06

在上一节中，我提醒大家不要轻易开始严肃的发音学习，因为困难主要出现在观念和认识层面，而修正观念和认知谈何容易。在本节，我将会详解发音学习的具体操作。当然，大家可以去参加各种专业培训机构提供的发音课程，华丽学院的《华丽英语发音》课程就是很好的选择。虽然这个课程不是我本章节讲解的重点，虽然我劝大家不要轻易开始发音学习，但如果大家对发音确实感兴趣、有实际需求的人士还是可以通过扫描二维码，查看一下发音课程的介绍和大纲，以便对我的培训课程有所了解。

言归正传，本节的中心是：大家自己学习、练习过程中可能出现这样那样、想得到想不到的问题。这些问题不大不小，对专业人士来讲就是一句话的事儿，但是对英语学习者们来讲可能就是过不去的坎儿。本节将从常见方法、学习障碍、目标修正、科学自学四个方面，为大家讲解发音到底应该怎么学、大家自己又能做些什么。再次提醒读者：请打算自学发音或者已经开始自学发音的学习者，仔细阅读本节全部内容，并反思所谓人尽皆知、毋庸置疑的理念。"理清思路、颠覆认知"难，但没有难到大家做不到的地步，关键还是大家想不想弄明白、弄明白之后是否愿意照方抓药。下面我们就从头说起。

常见方法

众说纷纭的发音学习方法，归纳起来大致有四种。

⌄ 浸泡 ⌄

最常见的方法就是：发音学习者希望通过影视作品浸泡的方法，来达到发音自然提升的目的。先不说"提升"，就是"自然"实际上也是一厢情愿。大家在国内工作、学习、生活都使用中文，只能利用业余时间去完成浸泡的过程。但是，这些时间可以用在听歌看剧上的有多少？这些听歌看剧的时间又能产生多高的效率？大家是不是在忙着欣赏帅哥美女和曲折的情节？我承认，大家有兴趣这样学习，但是大家学到了多少、发音提高了多少呢？大家的学习效率是不是已经低到可以忽略的程度了呢？

⌄ 朗读 ⌄

"个人兴趣朗读"也是一种常见的方法，这种方法值得肯定的地方是：学习者终于张嘴练习了。但是问题又来了：虽然大家觉得自己念得不错，但是大家的成果经得起考核吗？成就感的来源到底是"我花了时间练习""我觉得自己念得不错"，还是"我真的念得不错，可以拿出手了"？请大家扪心自问："我在意的是练习的过程，还是练习的结果？如果日复一日的练习不能让我进步，我还会继续练习吗？"

模仿

"好，既然听不管用、自己念可能走偏，那我模仿经典还不行吗？"这是个好问题，但答案依旧是否定的，因为大家模仿时总有倾向性，也就是说大家模仿的范围很小——大家只喜欢模仿自己喜欢的类型，而自己喜欢的类型大多是自己（根本）达不到的朗读水平。此外，跟读练习的数量是非常有限的，能不能产生效果真的是两说。最后，也是最关键的一点：大家念的可能都是一种类型的文段，而且这种类型可能并不适合大家日常使用——大家总不能用诗歌嗓问路、用戏剧腔聊天、用大片片头交代背景的调子购物吧？

自然拼读

这里我要着重说一下"自然拼读"这种学习方法中的舶来品。我们有必要仔细了解一下自然拼读的原理。自然拼读是一种旨在提高母语学习者阅读能力的方法，说白了就是：教外国小孩子认字的方法。以英语为母语的小孩子会说 banana，听到这个单词也知道是"香蕉"，但是这个单词写在纸上，他们可能就不认识了。针对这种情况，老师们进行了一些总结：a 字母重读的时候，一般被念作 /æ/ 或者 /ɑ:/；不重读的时候念成 /ə/，辅音字母一般就是字母念法的"弱化版"。这样，孩子们在书上看到这个单词就能读出来，就能知道那一串字母是一根香蕉了。

但是，在我们了解自然拼读的原理之后，我们真的应该对这种"舶来品"产生怀疑——不管条件还是实施，自然拼读都是水土不服、无法发挥其应有作用的：

A. 自然拼读针对母语学习者，而不是中国人

B. 自然拼读训练的是阅读能力，而不是发音能力

C. 自然拼读的核心技术是（极易获取的）字母发音规律

但是，这样的原理、方法和中国孩子学发音有什么关系呢？ "会念"不是国人学英语的全部目的，我们得知道某个单词的意义和用法。如果我们利用有声字典把发音、词义、用法一下子都学会了，岂不是很好？这种方法用在国人身上的最大问题是，我们不会看到单词就能发音的根本原因是我们没有可以让学习者耳濡目染的环境，因此，国人英语（发音）学习注定和母语人士的语言吸收方法"不同路"。

对于"本来就不会念、会念也不一定准、熟悉拼读规则有很大困难"的中国孩子来说，自然拼读就连鸡肋都不算！最让我无法接受的是：客观存在的英语拼读规则被培训机构、培训老师包装成了"可以把发音、单词、口语一勺烩"的学习方法，而这种"邪说"还有在公立学校蔓延的趋势。在此，我恳请良知尚未完全泯灭的培训机构和学校、组织不要再炒冷饭、害同胞了！

学习障碍

下面我要说说那些学习者可能无法自行逾越的学习障碍。很多学习者在学习发音的过程中，遇到了"我怎么念也不像外国人那个调调"的问题。其实，这个问题真的很复杂，我们要具体问题具体分析。

A. 有的学习者可能真的只是"自己觉得念得准"，也就是说，他们的发音还存在很多硬伤、很多音根本没有念到位；这种原因的比例远比大家想象的要高。

B. 另外一种造成"不像"的原因还真不在学习者身上：有些人的嗓音可能确实和他们理想的或者希望模仿的对象的嗓音相差甚远，这个问题可以通过练声来缓解，但大家是无法从根本上解决的。

C. 最后一种"不像"的原因更加专业了。"那个调调"很多时候被老

师和学习者解释成一种抽象的"情感"，因此"加上感情"或者"朗读得再情感丰富一点"就成了部分老师的口头禅和抵挡学习者追问的挡箭牌。实际上，"情感"是一个乘法算式的结果，这个算式中有三个变量：速度、音高、轻重。情感也就变成了发音者语速快慢、声音高低和说话力度在朗读文本不同部分时的体现和叠加。这是几乎无法在学习过程中通过个人努力获得的认知，也正是因为这种认知的缺失，导致学习者在面对"情感"这种看不到、摸不着的概念的时候，倍感困惑。

目标修正

自学发音的困难是"学习目标水涨船高"。我在前一节中提及过，这里再做进一步的细化。根据我的教学经验，处于各个发音水平的学习者都有提高现有水平的意愿。但是，在提高发音水平的过程中，大家也有意无意地提升了学习的终极目标。

明眼的读者可能已经看出了问题：既然是"终极"，为什么还能不断提高呢？对！这就是大家的问题！虽然说"没有最好，只有更好"，但是考虑到"大家的发音学习周期是有限的、大家的需求是基本固定的、大家的英语学习范围基本是无限的"这些条件，我们才不能不顾实际需求，去追求一些不切实际的目标。不是每个英国人、美国人都能去 BBC 或者 CNN 播报新闻；同样地，也不是每个中国人都能把普通话说到"一级甲等"去应聘《新闻联播》主持人。那我们为什么要求我们的英语发音日益精进、勇攀高峰呢？

科学自学

相信读者看了这么多自学发音的障碍后，一定等不及想要知道克服困难的方法了。下面就为大家分步讲解一下个人练习发音的过程。

A. 材料选择。学习材料的选择有四个"不要"：

    a. "不要太长"；一般 200 词的段落或者篇章节选即可，因为绝大多数的音和发音技巧应该均已涵盖。

    b. "不要没范读"，也就是说材料需要配有可供模仿学习的音频，而且必须是母语人士朗读。

    c. "不要有偏好"，特别是针对文本类型，大家要尽量选择不同体裁的文本进行演练。

    d. "不要太难"，也就是不要练习过快或过慢、文本内容无法理解的文段。

B. 身心准备。放松发音器官和颈肩；调整情绪至平和自然状态；精神专注。

C. 熟悉文稿。一定要了解朗读的文本内容，多多使用词典，不仅要确认发音，同时要确保对内容有深刻的理解。

D. 样本对比。录制个人朗读的样本，然后和原声同时播放，进行对比、确定问题；必要的时候，可以通过（软件等技术手段）调整播放速度，进行精细对比。

E. 问题修正。锁定问题，修正问题；解决问题之后，再次录制。

F. 再次对比。重复第四步，寻找个人版本和原版的差异。如有必要，练习者可向有能力者请教、寻求帮助。

G. 开始新篇。完成当前练习任务；慎重选择新材料，开始新的练习过程。

H. 复习回顾。制订适当的学习、回顾周期。回顾的目的有两个：

    a. 确定自己的练习效果，如果大家在回顾较长时间之前的练习的时候，认识到了个人版本的不足，这就说明个人发音有所进步。

    b. 不断进步的体验可以转化为学习动力，促进后续的学习。

总结

由于学习者不了解将要开始的学习过程，摆脱学习困境也就成了一个难题。针对发音这个科目来讲，不靠谱的方法、无止境的需求、无学术支持都是学习者几乎无法单枪匹马克服的困难。

因此，本节最后的学习流程就显得特别珍贵；同时大家也可能感受到了，学习中最朴素的方法往往就是最高效的方法。正如我在上一节结语中给出的中心思想，我无意让大家放弃学习或者自学发音，我只是希望大家能够知己知彼，这样才能"来之能战、战之必胜"。

思考

(1) 在你的英语学习过程中，相比语法和词汇，你的发音能力如何？需要着重提高吗？

(2) 如果你依旧希望，或者认为有必要专注英语发音学习，你需要进行哪些准备工作？

语法

理解对方，说起来很难，做起来更难。

我们对于语法就是这样：不理解、不靠近。

很多人知道，限制的目的是为了自由；

语法的条条框框为沟通提供了可能、抹去了语言的含混。

其实，语法的世界已经足够清明——

我们不应该盲人摸象，我们也不会迷失方向。

理解语法的温暖才能感受语法的温暖。

语法的温暖，你真的不懂 07

语法的约束和规定是必要的。这样说是因为：人们不会设计没有实际意义的规定去约束自己。大家可以说不理解语法点、不会使用语法点，但是不能说语法无厘头、语法是多余的。当然，我也同意，不是每个人都需要语法或者需要将语法学到高深的程度。但是和发音不同，语法不是奢侈品，而是一件"准必需品"，就好比家用电脑。

当然很多读者只是把电脑当作娱乐工具，看片、听歌，外加购物，但是我们不能说没有人使用电脑在业余时间赶工加班。退一万步说，用作网购的电脑是不是家庭必需设备，也不好界定。在本节中，我将用大家能够接受的方式，为大家讲解三个问题：一，语法的定义和功能；二，语法学习的必要性；三，语法学习的困难。首先，我们来看一下什么是语法、语法有什么用。

语法的定义与功能

⌃ 语法的定义 ⌄

　　语法就是语言的"交通规则"，是保证语言通畅、沟通高效的规则。语法不好，可能不影响交流，但有可能导致别人听不懂你在说什么。就好像不遵守交通规则，虽然有时候没事儿。但是，如果有人说："我昨天闯了红灯，我现在好好的，所以交通规则没用。"所有清醒的人都会对这种说法嗤之以鼻。

　　中国北方关于驾驶有一句俗语："一年虎，二年狼，三年变成小绵羊！"这句话的意思是：随着驾龄的增加，大家知道了驾驶的危险和责任，因而会变得愈发小心、愈发遵守交通规则。因为规则对行为有限制，所以大家在潜意识里可能对规则产生抵触，但规则的好处大家是心知肚明的，至少出了问题之后，大家都会后悔。我们来看两个例子：

1. All the boys are not on the team.
2. Jack did not run away from home(,) because he was afraid of his father.

　　第一个例子应该翻译成"不是所有的男孩都是队员"。如果要表达"所有的男孩都不是队员"这个意思，我们应该用 none of 这个结构。

　　第二个例子中的逗号被加上了括号，也就是说这个逗号可有可无。但是严格地讲，这个逗号改变了句子的意思。如果加上逗号，句子就被比较清晰地分成了两个部分，句子的意思就是"因为惧怕他的父亲，杰克没有离家出走"。但如果没有逗号，当我们理解句子的时候，not 一词可以移到 because 前面，这句话的意思也就变成了"杰克离家出走不是因为惧怕他的父亲"。当然，朗读中的重读和断句、文句所处的上下文都可以帮助大家确认句子的真正含义，但这并非我们本节的主题，相关讨论我们暂且搁置。

看了上面的两个例子，你会不会觉得你的"交通规则"学得很差；你不仅不是"老司机"，而且会觉得你的驾照都是路上捡的呢？

∧ 语法的功能 ∨

如果语言是一幢建筑物，那么语法就是钢筋和水泥。这也是一个很好的比喻。是的，作为建筑物的使用者，我们只能看到楼宇外表的俊朗和房间内饰的豪华。但是我们也知道，建筑物之所以可以平地而起、我们的住宅之所以能够成为安全的居所，墙面、地面中的钢筋水泥发挥了不可或缺的作用。不管我们是否能够看到这些建筑材料，它们无时无刻不在发挥作用。

语法对于语言的作用，也是如此。如果没有时态，我们就不知道一句话是在表达"吃过了""正在吃"还是"不再绝食，和正常人一样吃饭了"；如果没有冠词，我们就不知道对方所说的东西是"某个"还是"哪一类"；如果没有从句、复合句，我们就不能清楚表达复杂的观点，就不能根据观点和内容的重要性和内在逻辑对其进行排列，而别人理解我们也就有了困难。

语法学习的必要性

下面我来讲解语法学习的必要性。大家此时可能会有疑问："您刚才把语法说得那么重要，肯定得学啊！这还有什么好说的吗？"如果要把大家的问题回答得很清楚，并且真的让大家能用上我的意见去指导行动，我还是得慢慢道来：虽然大家想学或者正在学语法，但是毕竟大家学习语法的初衷是不一样的。正是因为大家的出发点不同，大家学习语法的必要程度就会产生差别。下面我将逐一理清各种学习目的所对应的不同语法学习态度。

第一，如果大家希望通过各种考试，语法是必要的。这是因为考试是为了测试大家的语言水平，而语法是语言体系中重要的组成部分，尽管直接考查语法的题目不会很多，但是语法会穿插于各种题型中出现，加在一起，与语法相关的分值是不会少的。所以，如果希望取得良好的考试成绩，大家一定要重视语法；对于希望摆脱不理想考试成绩的学习者来讲，提升语法、关注语法也是正确的出路。

第二，有的学习者会问："一定要掌握语法或者全部语法才能看懂原文材料吗？"答案是否定的。首先，我对"掌握全部语法"这种说法存疑，因为"知道"不等于"掌握"，"掌握"也不一定能随时用到，而最关键的是"掌握全部语法"是很难界定、很难达到的水平。其次，虽然无法量化，但语法在原文材料的整体难度中占比不是很大，因为原文材料的难度主要取决于话题和中心内容是否日常化、词汇范围是不是很宽、逻辑是不是很难理清。所以，语法的掌握程度和理解英语文段的关系不是很直接。

第三，"工作和日常英语对语法的要求很高吗？我必须学好语法才能做到职场、生活中沟通无障碍吗？"首先需要明确的是：不论是在工作中还是生活中，不论是口头还是书面，只要大家希望准确、清晰地表达想法，语法都是必需的。同时，我也无法否认：语法学习的程度或者高度其实是使用者自行定义的标准。但是，我必须说明：如果一定要比较工作和日常场景对语法要求高下的话，那么职场英语中的语法要求更高，因为工作不容有失，很小的语法问题都可能会造成交流不畅、甚至导致误解。

第四，"我要出国的话，需要把语法学好吗？"这要看大家出国做什么。如果是生活、工作的话，我刚才已经说完了，请大家回顾一下之前的内容。如果是出国留学的话，大家最好还是学好语法。因为大家出国的目的是留学，大家使用的英语就变成了"学术英语"，因而对语法的要求也就相应提高了。如果大家不希望自己的论文出现"以文害义"的情况，语言就要清晰，语法也需严谨。这个观点基本不容置疑。

语法学习的困难

看了上述讲解，我相信大家应该会基本同意"得学语法"这个观点。但是在学习的过程中，总会有这样那样的问题和具体困难，让大家的语法学习了然无趣、无功而返、苦不堪言。到底哪里出了问题呢？

第一，大家的规则意识不强、细致程度不够。律师、法官等职业要求沉稳、缜密的性格；极限运动员需要放开顾虑、大胆尝试。个人性格和其擅长的方向是高度相关的。语法是规则，自然要求语法学习者和使用者有一定的规则意识；只有这样，"遵规守纪"和"规则带来进步和提升"才能良性循环、螺旋上升。

第二，母语使用者会接触到大量而且基本正确的语言素材，不经意间，我们就把正确的语法结构"囫囵吞枣"地掌握了。由于日常交流对语法准确性的要求不高，大家会觉得自己的语法是没问题的。但不管是中国人还是外国人，如果想用母语写出一篇语法完全没问题的论文，难度还是很大的。因此，虽然掌握母语基本语法不需要上课学习，但这不等同于大家的母语语法很棒。如果大家的中文语法也只是够用，那么大家的英语语法是不是不堪一击呢？

第三，作为外语初学者，大家对外语的认识极为有限。这时候语言教学会更加关注课堂用语和日常场景；语法在这个阶段是很难成为重点学习内容的。英语学习者大多处于这个阶段，语法自然是：讲了也不懂、讲了也没用，因为大家连语法例句都看不懂。

第四，语法是细碎的。语法现象林林总总、语法规则也有很多例外。要想掌握这些内容，学习者唯有耐心、用心、专心。同时，语法点是可以相互组合的，大致可以用数学中的"找交集"或者"找公约数"来进行类比，但这些操作都是十分麻烦的。长句分析的难点就是"语法叠加"。

第五，语法需求不强烈。根据在之前章节的分析，需求最终决定学习的高度。也就是说：语法的目标使用环境（你打算如何使用语法）决定了"你"的语法学习目标。但考虑到"单词"这个更大的困难，英语学习者可能没有更多的时间去关注语法——"只要词汇够，就算我不会语法，我至少还能看懂、听懂简单的英语"。语法掌握高于实际需求的个案确实存在，但我们讨论个案的现实意义就不大了。

总结

我在此深化一下开篇部分关于电脑的比喻。不管是浏览网页、买东西、娱乐或者工作，大家应该有一台家用电脑；只是不同的需求决定了电脑的合理配置。语法与其说是规则，不如说是意识和自我要求；语法与其说是对语言的限制，不如说是顺畅交流的支撑。语法，或者任何其他法则，给人的感觉都是冰冷僵化，不近人情，但正是因为这些条条框框，我们才能实现顺利交流。"严格"是因为"必须"，这才是"温暖的大爱"。

思考与测试

(1) 定义"冠词"？用农民大叔都能懂的语言总结。

(2) 解释"定（冠词）"和"不定（冠词）"，要求同上。

(3) "马吃草。"这句话有几种翻译方法？哪种最好？

(4) 填空："What? There is＿＿＿5th answer on the back of the page? ! I didn't see it!!!"

(5) 表示"地球"这个概念时，earth/Earth/the earth/The earth/The Earth，哪个对？为什么？

(6) 冠词和发音有什么关系？

不知道大家是否做过"三只兔子一根萝卜"的连线题。

在复杂交错的"线团"中不断路固然有难度，

但最难的是：选对线路的起点——

"从萝卜出发找兔子"会大大提高连线的效率。

语法学习就是一道这样的连线题：

做单选，背语法点就是"从兔子出发"；

懂语法、用语法才是"从萝卜出发"。

懂语法用语法，才是正路 08

在上一节中，我们讨论了语法是什么、语法学习的必要性和学习中常见的困难。今天我们就要开始聊"怎样学习语法"了。大家对英语语法的态度，可谓苦大仇深！由于大家对语法（学习）理解的偏差，语法学习始终原地踏步。同时，也正是由于大家对语法认识的偏差，大家选择了不合理的学习方法。在本节中，我将剖析最害人的语法学习认知、明确学习范围、比较学习方法、并展示我的"语法四步学习法"。大家是不是已经迫不及待了？

有害的语法学习认知

在观察了很多学习者的语法学习过程之后，我用一句话来总结大家学习失败的原因，那就是："傻傻不知道"。其实，大家真的不知道自己在学的语法是什么，这造成了两个误解：一，语法点有难易之分；二，我会了，可以不学了。

∧ 语法点有难易之分 ∨

语法是一条条规则的总和，有时候确实需要组合几个语法点去构成一个相对复杂的语法点，因此与其说有的语法点难，不如说学习这些语法点需要多花些时间。例如，"现在完成进行时"就是"现在完成时"和"进行时"的叠加。最贴切的比喻就是：如果台球的九球比赛变成十二球比赛，要赢就要多打三个球。

但是我们不能说，多放上去的那三个球或者其中任意一个球比之前的球更难打。然而，英语学习者却普遍认为语法点客观存在难易差别，就好像因为我们改小了球洞，打球入袋变难了，这种想法是错误而且非常有害的，因为大家会没有根据地"主观选择"和"客观盲从"——"我觉得这个难，先放放""大家都说这个语法点不好学，先放放"。但"这一放"就是遥遥无期了。

∧ "我会了" ∨

第二个误解就是"我会了"。语法学习，甚至语言学习的终点只有一个：你有信心开班收钱讲英语。如果我们只考虑学术能力这一个方面的话，有多少人敢自信满满地说"我的知识已经学得好到可以教别人了"？如果大家不认同我的"语法好的标准"，那么大家可以这样想：我们可以说"我有点难过""我非常难过"，但是大家能说"那个女人有点怀孕了""那个女人非常怀孕了"吗？总之：会就是会，不会就是不会，不全会也是不会；这个话题中没有灰色地带。

明确语法学习范围

2016 年底华丽学院使用 QQ 群展开了"学词汇、造句子"的活动。其实这个活动的本质是单词学习，造句只是一个学习形式，所以对群友造句的语法使用范围做出了严格的限定，例如：不能使用任何形式的从句。这种限制的初衷是希望大家专注于词汇的理解和学习。但大致六成的参与者出现了最基础的语法错误，例如句子结构不完整、动词使用错误、缺少连词、指代不清、名词可数及不可数功能混淆、可数名词泛化使用、修饰限定错误等问题。

如果大家现在依旧问我：能不能为我们确定必备语法的范围，让我们学得更快一点？我给大家三个版本的回答。直观的回答是：大家可以再读读上一段，重读并记录我刚刚列举的造句活动中的常见问题。理性的回答是：学你没学过的语法、重学你犯过错的语法。毒舌的版本是：把你自认为会的语法点全部重学因为大家很可能没有完全理解和掌握任何一个语法点。

比较学习方法

学习语法的途径和学习其他英语科目的方法没什么差别，不外乎"拜师学艺""看书自学""母语移植"和"科技支持"，下面我将为大家逐一分析。

∧ 拜师学艺 ∨

大家应该遇到过"关于一个语法点，不同的老师各执一词"的情况。这种情况不叫"百家齐放、百花争鸣"；这种情况叫"有一个老师说错了"。对，我再重复一遍，"有一个老师说错了"。虽然语法的使用有例外，但是例外形成的原因、特定语法点的基本原理是只有一种说法的。

还有一种情况更加常见，就是"你的老师也不太懂"。最常见的例证就是"什么语法点都用语感说事儿"或者"讲不清楚来龙去脉的点就用语感说事儿"。关于"语感"这个话题，后面会有单独的讲解，这里就不剧透了。我以这两种老师举例说明，虽然有"同行相轻"的嫌疑，但是如果某位、某些老师被证据确凿地"轻视"了，不管出于学术追求，还是出于学生利益的考虑，这个雷华丽学院顶了。

∧ 看书自学 ∨

听了老师可能存在的问题之后，大家可能会问，"语法书总没问题了吧？"

答案虽然是肯定的，但是学习者也不会因此受益良多。因为现在市面上的语法书基本上都是工具书。说"基本上都是工具书"不是承认"存在不是工具书的语法书"，而是我没有、也不可能逛过所有的书店、看完所有的语法书，但是常见的语法书，确实都属于字典一类的工具书，因为书中的条目太细致、难免复杂，强调内容的全面但不设置重点。

工具书是当你有问题、需要查证的时候非常好的选择。但问题是，大家一般把语法书当成自修课本一页页地学，但工具书毕竟不是课本啊！这就是我强调语法书工具属性的根本原因。如果大家认为背词典学单词有些过了，那么看书学语法也没什么前途。顺便补充一句，工具书要有，随便挑一本名气大的备查就好。

∧ 母语移植 ∨

下面说说"母语移植"。虽然说现代中文中有一些英语语法的影子，但是如果用中文的语法去套英文的语法，或者直接照搬中文语法的思路去理解英文语法，是没有出路的，因为这两种语言的语法差异远远大于相似之处。众多英语学习者已经用语法学习的反复失败证明了这种观点。在此我要明确一点：不是你嘴上说"我不会用中文语法套英文"就算你立场正确了，而是要完全清空脑中所有学过的、听会的中文语法才有益于大家吸收英语语法。在现实中，我们当然做不到这点，所以我们的语法学习，至少在早期阶段都会受到母语的影响，也就是说"我们的英语语法烂在根儿上了"。退一万步说，就算可以"用中文语法套英文"，你的中文语法过关了吗？

∧ 科技支持 ∨

最后聊聊科技支持。与语法相关的 APP 不是很多；Word 软件中的语法自动批改功能，也不能百分百准确地为我们进行语法纠错，而最关键的是，软件不能为我们进行错误分析和讲解。所以语法学习靠软件行不通。

通过网络搜索语法学习资料是可行的，但是大家很容易陷入"囤积知识、浪费硬盘"的怪圈。网络上确实有不少网友提供的语法问题分析和解答，但普遍为复制粘贴，原创内容少且质量不高。但如果大家使用英语搜索语法问题，或者只查看英文搜索结果，会有不少收获，但这种做法对英语水平的要求太高，很难实现。

语法四步学习法

铺垫已经够多了，我现在就告诉大家怎么学。如果大家希望使用我发明的方法，那就请严格遵守下列每个学习步骤，不要擅自更改操作项目和具体要求。

1. 选择一篇内容不太脱离生活的雅思阅读文章（可通过选购《剑桥雅思真题试题集》系列丛书获得），把其中某一段的句子分为 12 词以内、13～20 词、20 词以上三种类型。雅思阅读文章的语言没有时代感，而且文字质量有保证。因为句子词数和语法复杂程度直接相关，所以我们先研究词数少的句子，然后逐渐加大难度、研究长句。学习要循序渐进。

2. 逐一确定句中的所有语法点，小到冠词、单复数，大到时态、从句。逐一列出后，向有能力的人确认表单是否完整。

3. 使用工具书、网络查证所有语法点的名称及其真正含义。在这个步骤中一定要注意：我们要列出的是语法原理和语法名称的关系，不是语法点的举例。例如，动词不定式的结构是"to do"，但"不定"是什么意思？从句中的"从"怎么解释？和先行词中"先"对应的"后"又是什么呢？

4. 利用已知的语法点造句，并让有能力的人指出句中的语法问题，重复 2、3 两个步骤，直到个人编写的句子没有语法问题为止。请大家注意：用英文表达任意想法当然比仿写例句困难，请大家根据个人情况和学习进度进行选择。

其实语法学习的终极技巧就是"懂"和"用"两个字。我能想象大家看到语法学习解决方案时的心情：我做不到啊！语法学习不是 NBA 选秀，不需要天分。如果你有上文学习方法所要求的态度和坚持，你至少可以学到语法够用的程度。一定不要让那些例如"天生学不会语法"等垃圾话在你的脑海中填充负能量。同时，学习者真正需要、但不容易获得的帮助，不是某套单选题的标准答案和解析，而是一个能够指出你语法错误、修正你语法理解的良师净友。

总结

　　语法学习中有太多的误区和不妥当的方法，但正是因为这些误入歧途的经历，让我们愈发认识到朴素的语法观的重要。真正理解语法是掌握语法的前提；只有实践的检验才能确保语法知识的内化。

思考

> 　　(1) 除了"现在和过去"的差别之外，"一般现在时"和"一般过去时"这两种时态还有什么差别？
> 　　(2) "不定式"这个语法概念中的"不定"是什么意思？
> 　　(3) "冠词"这个语法概念中的"冠"是什么意思？
> 　　(4) "限定性定语从句"和"非限定性定语从句"除了名称和分别使用"that"和"which"引导从句之外，还有什么本质的差别？什么叫"限定"？

单 词

我总是在做一些"脏活儿、累活儿"：

例如，为大家把所有背单词的要素罗列出来。

如果之前大家还可以说：我背单词少是因为懒惰，

此时此刻，大家的认知也受到了挑战。

大家的难堪不是因为"单词背了忘、忘了背"，

而是，从大家开始背单词的那一刻起，路就走错了，

而且"矢志不渝""不知不觉"地错了这么多年。

背词全凭体力，这不科学 09

对于广大英语学习者来说，我觉得单词像极了奢侈品。"奢侈品"是很贵但却可以被其他同类产品代替的产品。不管是"贵"还是"可被替代"，简而言之，就是"不值"：不管你认为某个"包包"能多大幅度地提升你的形象、给你带来多少自信，这个包"装东西"的根本用途，是可以被一个基本不值钱的塑料袋实现的。此外，奢侈品还有另外一个特点，就是：利用率低且不易维护。还是用包做例子。大家肯定不是天天背着自己最贵的包到处走，也会非常注意远离尖锐物品，避免自己的包被磕碰或留下划痕。

说到这里，我们开始聊英语单词学习。大家想想自己的单词是不是有点像奢侈品呢？忘记千辛万苦背下的单词就像用辛苦钱去"剁手"——买回一堆你用不上的东西；背下的单词也很难用在口语和写作之中；来之不易的单词只要稍微疏于复习，下次见到依旧陌生。单词是外语学习者永远的痛，但到底出了什么问题、如何才能走出困境？今天我就给大家揭秘英语单词学习的公式。

单词学习七变量

大家单词背了忘、忘了背、无限反复，这个循环就是单词学习成果不佳的表现和原因，但是决定单词学习成果的因素不是单一的。具体地说，一共有 7 个因素，也就是 7 个变量。它们存在于同一个运算公式之中，协同作用，当我们计算出不同数值时，也就得出了不同的单词学习成果。

分数线上方的 6 个因素应该算作促进单词学习、对单词学习有益的因素；它们的乘积等同于"你的单词本来可以学到多好的程度"。分数线之下的因素是阻碍单词学习成果增加的因素，也就是"让单词学习变难"的原因。下面我将为大家逐一解释各个变量。

变量一：背单词的意愿和态度

几乎所有人都讨厌背单词，因为大家要把单词装到自己的脑中。我承认这是一个本不让人愉悦的过程。但是如果大家时时刻刻告诉自己这个过程不舒服，大家在这个过程中的体验就会更糟糕。其实大家只需要把背词当成生活中的一项正常活动就好，就像起床、刷牙、洗脸这些日常小事，把它当成不需要去研究、顺手就能搞定的事情就好了。或者大家将背单词当成去医院看病打针也行。我们没有人爱去医院,但是有些病,不去看医生、不吃药打针是不行的,背单词其实也是这样。上面这些说法都是为了大家好,让大家宽心——谁心宽,谁的日子就会好过一点。

变量二: 单词学习的专注度

简而言之, "单词学习的专注度"就是: 你背单词的时候有多认真。大家都知道认真的时候做事效果好;如果加上时间的保障,大家在某个方面的技能水平就越容易提高,单词学习也是如此。其实这是一个可能有伤士气的话题,因为确实有人能够一坐一天,而且每分钟都能产出高质量的工作成果。但是,与其说"某些人天生是做什么的材料",不如说,正是这日复一日的坚持和认真成就了这些人。

"一小时搞定多少单词"固然重要,但我们也要不停地问自己"我们怎样才能够一小时多背几个单词"之类的问题。因为人的生命都是有限的,我们不能把太多时间放在背单词这件"小事"上,所以大家用多少时间记多少单词,是非常重要的问题。根据华丽学院的教学经验,能够好好背单词的时间,可能只有大家在校的十年八年。大家一旦走出校门,自立门户、娶妻生子、发展事业等人生必经过程,会让绝大多数的英语学习者再也不能专注地背单词了。所以还请大家提高学习效率,把背单词这个英语学习必经之路提早走完。

变量三: 单词学习的周期

专注度提高了之后,我们还要尽量拉长"单词学习周期",因为背单词说到底就是记忆,而记忆需要时间去重复。这道坎是怎样都躲不过的。这个因素其实也可以理解成复习单词的频度。"温故知新"讲的就是这个道理。考虑到记忆的基本原理和"一万小时定律",不管记忆曲线还是右脑原理,其实记忆效果的提升都离不开"重复"二字,只是重复的方法各家各说。

学习的周期大家可以细化并简化成"这个单词我重复了多少次"和"我总共在这个单词上花了多少时间"。周期这个变量和刚刚提到的专注度是矛盾的，但这不影响我们把"在单词上花时间"纳入单词学习的公式，因为"重复"是从根本上治愈遗忘最有效的药方。大家可以非常熟练地写出自己的名字而且永远不会出错，就是这个道理。

变量四：外力辅助因素

说到教师、课程、多媒体等"外力辅助因素"，大家可能会高兴一点：这可能是大家唯一喜闻乐见的积极因素，因为这是唯一一个让学习者在不付出更多努力的情况下提高单词学习成果的因素。但不好的消息是，这个因素只是影响单词学习效果的众多因素之一，原则上说起不到决定性作用，而且还可能会产生负效用。

例如：单词课上了很多，但词汇量还是原地踏步；老师各有各的背单词秘诀，但谁也未能让所有学生如愿攻克单词难关；虽然说不少人是抱着学单词的想法打开了电脑，但最终还是变成了娱乐。此时，这个积极因素代表的数值不仅没有变大，还可能由正变负，让大家浪费时间和金钱。所以说，这个变量让大家的英语学习省力，但是有没有效果、有多少效果就因人而异了。

在这里我要谈一下"词根、词缀背单词法"，因为这种方法从本质上说也是一种外力。这种方法确实加深了学习者对单词的理解，但是问题也随之而来。词根、词缀不也是一个个微缩的单词、不也需要记忆吗？你知道 sub 是"下面、从属"的意思，你知道 marine 是"海"的意思，你就能知道 submarine 是"潜水艇"吗？就算你会使用词根词缀法记下的单词，但你一定会用，而且不会用错吗？

其实"词根、词缀背单词法"充其量是：一，加深单词记忆的方法，但是记忆的工作还是得你自己做；二，一种"马后炮"的总结，因为你知道了词根、词缀，也不能自造词。采用这种方法记单词是有门槛的：在你掌握四到五千单词之后，如果想继续扩大词汇量，这种方法是有益的。但是，如果大家掌握了四五千单词，还会继续背单词吗？

变量五：单词学习的必要性

"单词学习必要性"，也就是大家学单词失败的刚性代价，是经常被忽略的一个因素。背单词的时候，"大海里捞针"的潜意识总会扯后腿——大家真的不知道自己现在背的单词会在哪场考试、什么题型中出现以及会如何出现。这种情形下的动力和成效远远不及"嘿！这个单词是明天六级考试中一定会出现的词汇"来得给力，对吗？

此外，大家听过"只能成功、不能失败"的说法，也经常把"背水一战"当作考试之前的口头禅，而且大家真被逼上绝路的时候，也就是大家拿出"兔子急了也咬人"的态度和决心做事情的时候，大家成功的概率会倍增。四六级考试就是最好的例子：几乎所有人最终都能通过考试，只是考多少次的问题，对吧？因为大家为了拿到大学毕业证都会拼尽全力，对吧？如果大家只有一次通过四六级考试的机会，而且考不过就拿不到毕业证，你看通过率是不是会比现在高很多？！你看大家的单词背得好不好？！但是，不少想背单词的人只是为了"看剧不靠字幕""提高词汇量""读懂原文"这些看似重要的需求，而这些需求其实只是大家的"愿望"而不是"必须"，所以大家基本都是无功而返。

变量六：单词的掌握程度

"单词掌握程度"，是一个英语单词学习者不敢直视的问题。一个单词有很多属性，包括发音、拼写、词性、解释、例句、辨析、常用结构和特殊情况，例如不规则动词变位、名词复数 oo 变 ee 等。当然，上述属性在可能的情况下掌握得越多，某个或者某些单词也就掌握得越全面，自然也就越有助于学习者识读和辨析单词。

经常有人问：这么多单词，都要背吗？笔者的回答也很统一：都背！做不到是正常的，能背多少算多少。我们假设一个句子中有 4 个你九成掌握的单词，那你准确理解这个句子的概率就是 90% 的四次方，也就是66%。这个时候大家就不要再和我说"单词认识，但放在句子里面就不懂了"，这是大家单词众多属性没有完全掌握的正常结果。这就是"种瓜得瓜，种豆得豆"。

变量七：单词使用强度

最后这个变量，"单词使用强度"位于分数线下方，也就是说这个因素数值越大，即：单词的使用强度越大，单词学习的成果越小。这个变量包含"词汇数量"和"如何使用"两个方面。第一个方面比较好理解，就是"你到底要背多少单词"。可以想象的是：需要掌握的单词数量越大，背单词的成果越小，因为记忆是需要时间的，但时间却是有限的。四六级考试的必备词汇比雅思、托福考试的必备词汇要少，所以准备后者的难度自然更大，需要的时间更长。

第二个方面更加重要，就是"大家背单词做什么用"。最常见的单词使用途径无外乎听说读写。但听读和说写本身的难度不同、对单词掌握的要求也不同，因为前两者是语言的输入，而后两者是语言的输出，这就是为什么大家会说"单词写出来我认识，但是我不会用"的原因。而且，单词用法越"高端"、越"地道"，对大家的要求就越高。大家不知道的是：使用单词，而且是高端、地道地使用单词，这其实是非常高的需求，以大家现有学单词的方法来看，达不到是再正常不过的事情了。

总结

　　很多时候，找不到事情的原因是因为我们不去钻研、不去思考，不知道为什么单词背不好就是这种情况。希望大家能够再次回顾本节中提及的影响单词学习的 7 个因素，让它们为你所用，为你的单词学习找到出路，并最终成就你的单词学习！

思考与统计

　　(1) 请估算一下：你认识的单词大约有多少？其中有多少单词你可以在口语和写作中主动使用？（可以使用四六级考试或者托福、雅思考试的词汇表进行核对，请不要提供软件或网站测试数据。此项活动可能会花一些时间，大家就把这项活动当作词汇复习吧）

　　(2) 本节中提到的背单词问题，你有哪些？你打算如何解决？

很多有效的方法，其实都很朴素，
朴素到不需要信息化，朴素到大家觉得没新意。
但，评价方法的优劣，最关键的指标是"有效"，
所以，说"给方法一个机会"显得有些高傲了，
更恰当的说法是"给自己一个进步的可能"。
抄字典就是这样的一件事，
至少在你抄字典用掉几个笔记本之前，
你是不能反驳我的。

字典那些事儿，你不知道 10

字典是学习工具，这个论断正确。但面对外语学习这种需要不断积累和补充的学习过程，这种态度可能需要调整：提高必要工具的使用效率，让语言学习进步更快，也就是说要主动翻字典，并且让每次翻阅字典的效率达到最大化，这样单词才能学得快、记得牢。但正因为字典是一个太常见的学习工具，大家已经习以为常，并且不去关注了，这种倾向十分不利于英语学习，特别是单词的学习。为此，我将在本节中提出：英语字典的种类、字典推荐、字典抄写三个话题。我相信大家会对本节中新颖的话题兴趣满满。

英语字典的种类

字典的种类可谓琳琅满目，分类方法也是多种多样。如果按照检索功

能来分，我们可以把字典分为一般词典、惯用语字典、发音字典、语法字典、近（反）义词字典等几类。如果按照被检索内容和检索结果的语种分类，我们会遇到英汉、汉英、英英和双解词典四种类型。根据字典收录词汇的领域不同，我们又可以把字典分为冶金、医药等专业词典和一般语言学习词典两类。

随着科技的发展，字典的分类又多了一种类型。根据字典的介质，我们把字典又分为纸质和电子两种。在这里我们着重介绍一下电子字典。一个电子字典就像一份盒饭，由盒子和饭菜两部分组成。字典的界面就是装饭菜的盒子，是一个体积很小的程序，装着词库这份饭菜。盒饭的轻重，也就是字典体积的大小，取决于饭菜而不是盒子，也就是说收录了解释、发音、例句等内容的数据库基本等同于字典的体积，所以，字典软件越大，它收录的内容越全，这是正确的说法。几百兆大小的字典软件可以视作收录内容较全的字典。电子字典在理论上是全平台的，也就是电脑、手机都可以安装，只是哪款字典有适合什么平台的版本就不一定了。

出版机构把自制字典界面软件，连同该机构自主编写的字典数据进行打包，做出了品牌电子字典，也就是大家在各种应用商店可以找到的牛津、朗文等各种版本的电子字典。有道、金山是科技公司。虽然它们不编写字典，但是他们做了字典软件界面，然后从字典的出版方那里买来了字典的使用权（或电子版权），于是我们就有了各种贴牌电子字典。这里我问大家一个问题：如果你可以找到正版的产品，你还会坚持使用贴牌货吗？虽然我提出了这个问题，但这个问题的答案基本属于"个人价值取向"，我无意把我的个人选择强加于大家。

除了品牌、贴牌电子字典之外，还有一种常见的电子字典类型——盗版字典。有的人买来正版、下载字典软件，提取出数据库，然后装入自己编写出的字典界面软件里面，有偿或无偿地分享给网友。即使分享不求物质回报、就算使用者是学习之用，但盗版就是盗版，我们不能"拿着不是当理说"。华丽学院支持正版，大家也不差那一两百元钱买一本能用一辈子的好字典，对吧？还有一种电子字典就是把纸质字典一页页扫描了，弄成了 PDF 格式的，这也是盗版，我还是坚决反对。

英语字典的推荐

∧ 发音字典 ∨

　　下面我给大家推荐几款不同用途的字典。先说发音字典。我要明确的一点是，我要推荐的不是"带发音的一般字典"，而是只有发音、发音注释得非常详细的字典。在此类字典中，如果词义不影响发音，词义是不会被收录的。不管你使用英音、美音，大家都可以查阅 Longman Pronunciation Dictionary (3rd Edition) 即《朗文发音字典第三版》，简称 LPD3。该字典电子版界面截图、纸质版封面的图片给大家准备好了。

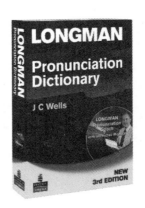

　　《剑桥发音字典》不推荐；原因很简单：不好。我用 garage 这个单词进行了比较，请大家自行看图比较吧。

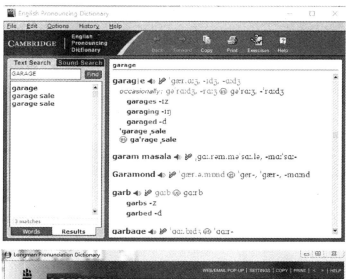

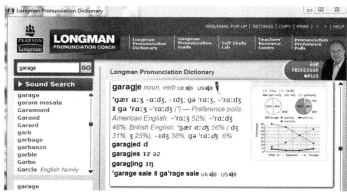

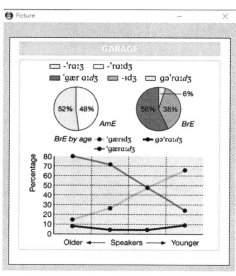

发音字典推荐电子版，因为大家毕竟需要单词发音，随后进行模仿，纸质版相对不太便利。我不推荐带有发音的朗文或者剑桥词典，因为我相信专业。如果大家需要学习、查证发音，非 LPD3 莫属。

词汇字典

词汇字典，也就是常规的字典，我推荐 Oxford Advanced Learner's English-Chinese Dictionary ，也就是《牛津高阶英汉双解词典》或者 Longman Dictionary of Contemporary English，中文名称为《朗文当代高级英语辞典》（双解注释或纯英文注释）。我觉得，除了朗文附带插图、牛津解释难些之外，这两种字典差别不大。截止本书进入编辑流程之时（2017 年 6 月），朗文最新版是第五版，牛津最新版是第九版。每本字典新旧版本之间的差异大家是可以忽略的，因为新版修订内容有限，无须因为求新而重复购置。

Merriam Webster 和 Collins 等品牌的字典的目标用户是英语为母语人士，我推荐的字典对绝大多数英语（作为外语）学习者的帮助更大。选字典之前，要问自己几个问题：你是否有恋纸癖？你是否强调工具书的轻便？你需要的字典是否只有某个版本适合你使用的平台？你是否需要发音？这些问题都回答清楚了，你的字典选择自然也就确定了。

同时，我也要和大家分享一下我不选字典的原则：不使用国产的英语字典、不使用百兆以下体积的字典。第一个"不选"的原因直接，我不细说了。后者需要大家注意，字典体积小不是好事儿，因为体积小意味着收录的内容少，而且很可能需要联网支持，也就是说要用网络流量查单词。流量费用还是小事，如果没流量、没网络，你可能就无法看到更多的注释和例子，这是大问题。

汉英字典

还有另外一种情况，我要和大家说明一下，那就是汉英字典。可能是我阅历有限，我至今没看到过特别出众的汉英字典。汉译英是个技术活儿，因为汉语意思可能并不是很具体，因此可能出现"很多英语单词都能，或者只有某个英语单词才能表达某个具体的中文意思"的情况。如果我要找到与某个中文字词表达对应的英语，我会使用"百度"查出所有可能的英文单词，再用上面推荐的英汉或英英字典逐一确认，看看这些备选单词是不是真的能用。这样的操作才稳妥。

英语字典的抄写

∧ 为什么抄 ∨

我主张大家抄字典，然而不少英语教师和学习者都质疑这种方法。看过下文之后，谁对谁错，请大家自行评判。我们首先来说"为什么要抄字典"。因为：其一，在自学的情况下，大家应该已经尝试过所有除了抄字典之外的方法，但是基本都以失败告终；其二，几乎所有抄过字典的人都说抄字典有用。如果这两条理由不够充分，下面这种说法是实打实的：抄比看要慢，但正是手写的时间给了学习者更多理解、消化单词和解释的机会；同时手抄增加了单词对感官的刺激，对单词记忆是有利的。

∧ 怎么抄写 ∨

说到怎么抄，请大家注意下面八个注意事项：

1.（你认为自己的）大学英语四级单词已背完、背好之后就可以开始"抄字典"了。

2. 不要从封皮到封底按顺序地抄词汇表；抄那些你不认识的单词，抄那些课本中已列出、老师讲得多的单词。总之，就是要抄有用的单词。

3. 使用双解词典，尽量抄英文解释，如果理解有困难就附上中文解释；只抄中文解释是没有前途的方法。

4. 如果英文解释中又有生词，那就继续查。万一运气不好碰上了死循环，也就是"解释中一直有生词"的话，到哪里停就"自定义"吧。

5. 用笔和纸抄比较好，但是如果希望练习打字或者近期有机考的安排，那就打字吧。

6. 抄了能记住算有效抄写；有些人全神贯注地抄一遍就能基本记住，有些人需要反复查看，这确实是个体差异，但"记住"是统一的标准。

7. 考试难度越大，例如四级到六级、再到雅思托福、再到 GMAT、GRE，需要抄的就越多；想得到越好的成绩，需要抄的就越多。

8. 抄字典贵在一定数量的坚持；坚持是绝对的，但"一定数量"是个相对概念，大家自己把握好：抄一本不嫌少，抄十本也不嫌多，因人而异。

＾ 抄写提示 ＞

字典里每个单词的解释项那么多，那么长，到底抄什么？这是个很尖锐的问题。首先，解释、词性、例句是必抄的。但是具体的释义到底抄哪个，确实有些说法。不常用的、俚语、专业的解释确实可以略过不抄。下面用《牛津高阶英汉双解词典》（第七版）为大家展示几个单词和它们的推荐抄法。

amount 这个词，不管作名词还是动词、不管作可数名词还是不可数名词、不管词组还是例句，是不是**都值得**抄一下呢？

amount 0̶m /ˈmaʊnt/
noun
[C, U]
1 a sum of money 金额
The insurance company will refund any amount due to you. 保险公司将赔偿你应得的所有款项。
You will receive a bill for the full amount. 你将收到一张全部金额的账单。
2 ~ **(of sth)** (used especially with uncountable nouns 尤与不可数名词连用) a quantity of sth 数量；数额
an amount of time/ money/ information 一段时间；一笔钱；一些信息
We've had an enormous amount of help from people. 我们得到了人们大力帮助。
The server is designed to store huge amounts of data. 该服务器是为存贮大量数据设计的。
IDM **any amount of sth** a large quantity of sth 大量
There's been any amount of research into the subject. 对这个课题已进行了大量研究。
no amount of sth used for saying that sth will have no effect 即使再多（或再大）（也不）
No amount of encouragement would make him jump into the pool. 再怎样鼓励，他也不肯往游泳池里跳。
amount 0̶m /ˈmaʊnt/
verb
PHR V **a'mount to sth**
1 to add up to sth; to make sth as a total 总计；共计
His earnings are said to amount to £300 000 per annum. 据说他每年的酬金高达 30 万英镑。
*They gave me some help in the beginning but it **did not amount to much*** (= they did not give me much help). 起初他们给了我一些帮助，但帮助不大。
2 to be equal to or the same as sth 等于；相当于
Her answer amounted to a complete refusal. 她的答覆等于完全拒绝。
Their actions amount to a breach of contract. 他们的行为已属违反合同。
*It'll cost a lot—well, take a lot of time, but it **amounts to the same thing**.* 付出会很多 —— 哦，得花大量时间，不过反正都是一回事。

duck 这个词的名词释义 1 和 3 是应该抄的,但是 2/4/5 是不是看看就好了呢?至于动词词性的释义和相关用法是不是得全抄呢?而且是不是顺便还要查证一下 dodge 这个词呢?

duck
/ dʌk / *noun, verb*

■ 1. (*pl.* **ducks** or **duck**)*[C]*
· a common bird that lives on or near water and has short legs, **webbed** feet (= feet with thin pieces of skin between the toes) and a wide beak. There are many types of duck, some of which are kept for their meat or eggs.
· 鸭:
　wild ducks
　野鸭
　duck eggs
　鸭蛋
2. *[C]*
· a female duck
· 母鸭
—compare **drake**
3. *[U]*
· meat from a duck
· 鸭肉:
　roast duck with orange sauce
　烤鸭蘸橘子酱
·4. (also **duckie**, ducks, ducky)*[C, usually sing.]* (*BrE, informal*)a friendly way of addressing sb
· (表示友好的称呼)乖乖,宝贝儿:
　Anything else, duck?
　还有别的事吗,宝贝儿?
—compare **dear** , **love**
5. a duck *[sing.]* (in **cricket** 板球)
· a **batsman's** score of zero
· 零分:
　He was out for a duck.
　他因得了零分而出局。
—see also **lame duck** , **sitting duck**
Idioms

get / have (all) your ,ducks in a 'row (*especially NAmE*)
· to have made all the preparations needed to do sth; to be well organized
· 为某事做充分准备;把事情安排得井井有条
(take to sth) like a ,duck to 'water
· (to become used to sth) very easily, without any problems or fears
· 像鸭子入水般容易,轻而易举,毫不困难,毫无畏惧(习惯于某事):
　She has taken to teaching like a duck to water.
　她教起书来驾轻就熟。
—more at **dead** adj., **water** n.

■ **1. ~ (down) | ~ (behind / under sth)**
· to move your head or body downwards to avoid being hit or seen
· 低下头，弯下身(以免被打中或看见)：
　[V]
　He had to duck as he came through the door.
　他穿过门口时得弯下身来。
　We ducked down behind the wall so they wouldn't see us.
　我们弓身躲在墙后不让他们看见。
　He just managed to *duck out of sight*.
　他总算躲开了别人的视线。
　[VN]
　She ducked her head and got into the car.
　她低着头进了汽车。
2. [VN]
· to avoid sth by moving your head or body out of the way
· 躲闪；躲避
　SYN **dodge**：
　He ducked the first few blows then started to fight back.
　他躲开最先几拳后便开始反击。
3. [V +adv. / prep.]
· to move somewhere quickly, especially in order to avoid being seen
· 迅速行进，飞快行走(以免被看见)：
　She ducked into the adjoining room as we came in.
　我们进来时她转身躲进了隔壁房间。
4. ~ (out of) sth
· to avoid a difficult or unpleasant duty or responsibility
· 逃避，回避，推脱，推诿(职责或责任)：
　[V]
　It's his turn to cook dinner, but I bet he'll try to duck out of it.
　轮到他做晚饭了，但我敢打赌他会想方设法逃避的。
　[VN]
　The government is ducking the issue.
　政府是在回避这个问题。
5. (*NAmE* also dunk)[VN]
· to push sb underwater and hold them there for a short time
· 把…按入水中：
　The kids were ducking each other in the pool.
　孩子们在池塘里相互把对方按入水中。

　　虽然 give 这个词很简单，但是我完全能理解大家看到滚动条之后的心情！

这些词组是不是都挺有用？是不是还有很多你不会的？怎么做，你知道了吧？

give ★

/ giv / **verb, noun**

■ (gave / geiv / **given** / ˈgivn /)

▲ **HAND / PROVIDE** 交给：提供

1. **~ sth to sb | ~ sb sth**

· to hand sth to sb so that they can look at it, use it or keep it for a time

· 给；交给

[VN VNN]

Give the letter to your mother when you've read it.

信看完后交给你母亲。

Give your mother the letter.

把信给你母亲。

[VNN]

They were all given a box to carry.

给了他们每人一个箱子让他们搬。

[VN]

She gave her ticket to the woman at the check-in desk.

她把票递给了登机手续服务枱上的女服务员。

2. **~ sth to sb | ~ sb sth**

· to hand sth to sb as a present; to allow sb to have sth as a present

· 赠送；赠与；送给：

[VNN]

What are you giving your father for his birthday?

你打算送给你父亲什么生日礼物？

She was given a huge bunch of flowers.

有人给她送了一大束花。

Did you give the waiter a tip?

你给服务员小费了吗？

[VN]

We don't usually give presents to people at work.

我们一般不给在职职工送礼。

[V]

They say it's better to give than to receive.

人们说施比受有福。

3. **~ sth to sb | ~ sb sth**

· to provide sb with sth

· (为某人)提供，供给，供应：

[VNN]

They were all thirsty so I gave them a drink.

他们都口渴了，所以我给了他们一杯饮料。

Give me your name and address.

把你的名字和地址报给我。

We've been given a 2% pay increase.

我们获得了 **2%** 的加薪。

I was hoping you would give me a job.

我还盼望着你能给我份工作呢。

He was given a new heart in a five-hour operation.

经过五个小时的手术给他移植了一颗新的心脏。

Slide7-4

separate 的形容词用法你是不是不知道？该不该抄？此外，这个词的动词用法、词组不仅应该抄，而且应该好好抄，一边抄还得一边动脑辨别，总之要做到"边抄边理解"。当然，理解了之后再抄我也支持。

---

sep·ar·ate 0̶🔤

verb

/◁᳔'sepəreɪt/

1 ~ **(sth) (from/ and sth)** to divide into different parts or groups; to divide things into different parts or groups （使）分开，分离；分割；划分 [V]

Stir the sauce constantly so that it does not separate. 不停地搅动沙司，免得出现分层。

[VN]

It is impossible to separate belief from emotion. 信仰和感情是分不开的。

Separate the eggs (= separate the **YOLK** from the white). 把蛋黄和蛋清分开。

Make a list of points and separate them into 'desirable' and 'essential'. 列出各点，把它们分成"可取的"和"绝对必要的"两类。

2 ~ **sb/ sth (from/ and sb/ sth)** to move apart; to make people or things move apart （使）分离，分散 [V]

We separated into several different search parties. 我们分成几个搜索小组。

South America separated from Africa 200 million years ago. * 2 亿年前南美洲和非洲分离。

South America and Africa separated 200 million years ago. 南美洲和非洲于 2 亿年前分离。

[VN]

Police tried to separate the two men who were fighting. 警察力图把两个打架的人分开。

The war separated many families. 这场战争使许多家庭离散。

Those suffering from infectious diseases were separated from the other patients. 传染病患者同其他病人隔离开来。

3 [VN] ~ **sb (from/ and sb)** to be between two people, areas, countries, etc. so that they are not touching or connected 隔开；阻隔

A thousand kilometres separates the two cities. 两座城市相隔一千公里。

A high wall separated our back yard from the playing field. 我们的后院和运动场之间隔着一堵高墙。

4 [V] ~ **(from sb)** to stop living together as a couple with your husband, wife or partner 分居

He separated from his wife after 20 years of marriage. 他和妻子在结婚 20 年后分居了。

They separated last year. 他们于去年分居了。

5 [VN] ~ **sb/ sth (from sb/ sth)** to make sb/ sth different in some way from sb/ sth else 区分；区别 **SYN DIVIDE**

Politics is the only thing that separates us (= that we disagree about). 我们之间唯一的分歧是政治观点。

The judges found it impossible to separate the two contestants (= they gave them equal scores). 裁判无法把两位参赛者分出高下。

Only four points separate the top three teams. 领先的三队只相差四分。

IDM see **MAN** *n.*, **SHEEP**, **WHEAT**

PHR V ˌseparate 'out | ˌseparate sth↔'out to divide into different parts; to divide sth into different parts 使某物分开；划分

to separate out different meanings 区分出不同的意思

---

sep·ar·ate 0̶🔤

adj.

/◁᳔'seprət/

1 ~ **(from sth/ sb)** forming a unit by itself; not joined to sth else 单独的；独立的；分开的

separate bedrooms 独立卧室

*Raw meat must be **kept separate** from cooked meat.* 生肉和熟肉必须分开存放。

The school is housed in two separate buildings. 学校设在两栋独立的楼房内。

2 [usually before noun] different; not connected 不同的；不相关的

It happened on three separate occasions. 这事在三个不同的场合发生过。

For the past three years they have been leading totally separate lives. 三年来，他们完全是各过各的生活。

▶ **sep·ar·ate·ness** *noun* [U, sing.]

Japan's long-standing sense of separateness and uniqueness 日本那种由来已久的自成一体、孑然独立的意识

IDM go your separate 'ways

1 to end a relationship with sb 断绝往来；分道扬镳

2 to go in a different direction from sb you have been travelling with 分路而行；分手

—more at **COVER** *n.*

总结

　　字典确实种类繁多，其中不乏高质量的选择。字典有其特定的使用人群，大家需要根据个性化的学习目标进行选择。抄字典是个好办法，但确实有很多说法，而且做好才能有效。最后送给大家两张华丽学员字典抄写成果的图片，大家慢慢感受一下吧。

思考

　　(1) "积极使用优质且适合个人的字典有助于大家的词汇学习"是本节的观点。请反思个人词汇学习过程中的问题。

　　(2) 为什么很多英语学习者会出现"单词全认识，阅读文章看不懂"的问题？

　　(3) 抄字典的根本目的是什么？

在现今这个信息时代，"电子化"已经称王称霸，

但是，我们是否应该停下来想一下：

是不是所有的事情都可以电子化、应该电子化？

是不是与生俱来的学习能力都可以用芯片解决？

背单词，是世界上相对公平的事情，

因此，请不要放弃你平等争取成功的权利。

学习单词，没必要电子化 11

随着智能设备的兴起和发展，平板电脑、手机似乎成了大家必不可少的学习设备，各种与单词学习相关的 APP 琳琅满目，大家的英语学习好像也因此有了新的出路。于是大家纷纷打开电脑、拿出手机与单词展开决战，希望这是最后的战役、希望这次能全身而退。但我如果追问大家哪个 APP 好、为什么好，回答基本都是以讹传讹，大家的认识真的有待提高。

在本节中，我将和大家分享一下单词 APP 的设计思路、流行的单词学习软件的评测，以及华丽学院的单词学习之道。这是我们讨论词汇学习的最后一节，其中"干货"不断，请大家务必静心阅读。同时，我也给自己留一点"退路"：本节中评测的"扇贝单词"和"百词斩"两款 APP 产品，可能后期会有相关更新并将解决下文提出的问题，我在这里"翻旧账"就请各位原谅吧。

单词学习电子化

单词学习电子化，除了我在之前谈及的种类繁多的电子字典之外，还包括

各种大家常用的背单词软件，后者就是本节前半部分的主角。乍看起来，没什么问题：有需求就有 APP，这不是电子化社会的特征吗？是，但这个特征不好。口说无凭无据，本书同名课程服务 QQ 群聊天截图为证。

【管理员】【HL】thuang(   ) 7:49:07 PM
我有朋友就是每天背很多单词，用很多时间在百词斩上，然而学了四年英语，六级依然没过 口语表达更是差强人意，定期做个能力测试让自己清醒一下挺好的

学员说得好：我有朋友就是每天背很多单词，用很多时间在百词斩上，然而学了四年英语，六级依然没过，口语表达更是差强人意。虽然这些学员"差强人意"这个词用得不对，但是他的意思已经很清楚了。他是不是把话说到大家心坎里去了？其实大家静下来想想，如果这些类似于百词斩的背单词 APP 没有学习过程展示和分享的功能，也就是说你不能发到朋友圈向大家炫耀一下"你又背单词"了，还有多少人会继续使用它们？

退一万步说，大家使用背单词 APP 真的是为了增加词汇量，而不是保持每天发朋友圈的记录但这个目标大家能够实现吗？这些软件的设计思路是很不错的，但这些思路是软件营销的思路，而不能解决大家单词掌握不扎实，且不能实际运用的根本问题。我入行的时间不短，但是我没有听说过哪个软件设计团队聘用了多少名真正有教学能力的教师参与软件开发，那么问题来了：作为英语教学外行的软件工程师编写出来的英语学习软件，大家真敢放心使用吗？你愿意让没去过景点的导游给你带队吗？

扇贝单词

下面我们具体分析一下背单词软件的利弊。首先，我从来不否认背单词软件的便利性：拿出手机、打开 APP、开始背单词。但这可能就是背单词软件唯一不可替代的优势。我们先来看看"扇贝单词"。

1. 软件强制注册，不好。这么说可能有些"矫情"，因为软件提供商应该无法完全摒弃商业考虑。

2. 以 divert 一词为例，如下图所示，音标标注使用英式 DJ 系统完成，但实际发音为美式口音；无英语注释，中文注释"使欢娱"是误译；及物、不及物动词注释可以更清晰地加以区分，以便于学习者使用。

3. 使用知名字典需要另付费用，且费用很高。60 天使用费用近 30 元，而该字典原价仅为 118 元，其全英文版本也仅为 163 元，且购买者可无限期使用。

4. 为了确认单词查询的有效性，我选取了 inspire 这个单词，并另外使用朗文、牛津、Webster 等知名字典进行释义对比，结果如下：

INSPIRS	扇贝	朗文	牛津	Webster
影响	v.			
使……感动	v.			v.（＋给予引导）
鼓舞（某人）		v.	v.	
激发	v.	v.（特定情绪）	v.（尤正面情绪）	v.（正面情绪）
煽动	v.			v.
吸入	v.		v.	v.（古／废）
促进／导致				v.
激发（艺术零感）		v.		

百词斩

我们再来看看"百词斩"。

1. 初装 APP 后，打开应用，单词 booth 的音标错误。

2. 可以"模糊查询"，例如输入"ear 梨"，便可查到单词 pear。这点不错！

3. 以 application，swell 为例。如图所示，解释和例句、中英文解释、释义和视频讲解不能一一对应。

4. 以 passion 为例。如图所示，英文解释失之偏颇。

5. 在背词模式下，应用有"单词报错"的功能，很不错，态度十分端正。

6. 用 passion 一词来确认单词查询的有效性，同样使用其他字典中的释义进行对比，结果如下：

PASSION	百斩词	朗文	牛津	Webster
激情	*n.*	*n.*（不）可数	*n.*（不）可数	*n.*（可数）
激情（性／浪漫）	*n.*(en)	*n.*（不）可数	*n.*	*n.*（不）可数
激情爆发			*n.*（可数）	*n.*（怒；可数）
极度喜爱／可爱		*n.*（可数）	*n.*（可数）	*n.*（可数）
酷爱的事物			*n.*（可数）	*n.*（可数）

看了以上面两款知名背单词软件的评测之后，大家作何感受呢？

"华丽的"词汇四部曲

我相信评测结果已经让大家目瞪口呆了，但是，当大家"从地上捡起下巴"

之后，第一个要问的问题肯定是：这不行、那不行，到底该怎么背单词啊？之前我提到过从可信的字典中抄写我们遇到的生词、注释和例句的方法，我当然支持这种方法，不过这种方法还在"体力活"的范畴之内。

如果说到技术活，也就是更加高效、科学、完整地掌握单词，我就要为大家介绍一下华丽学院词汇课程的思路了。如果大家认为我这是在发"软文广告"，那就算是吧。但好东西确实应该拿出来分享，这点是肯定没错的。华丽词汇教学的思路是一个"四部曲"，即"意、形、连、用"。下面我为大家逐一解释。

∧ 意 ∨

我们先来看看"意"，也就是单词的释义。很遗憾地告诉大家一个事实，我们通常使用的背单词方法，也就是"单词对应中文释义"的方法，其实有很多问题。绝大多数学习者没有意识到的问题是：大家的中文解释其实都有问题。我们用"偏见"这个词作为例子，说明一下。

当很多人听到"偏见"这个词的时候，第一反应就是"不公平"，而且是"不公平地对待本来没问题的人、事、物"。但大家不知道的是，"说本来有问题的人、事、物没问题"也是偏见，例如，老师对优等生学习之外的问题视而不见或过分偏袒，这也是偏见。这类与中文水平相关的问题，肯定会影响我们的英语词汇学习，我们当然可以通过提高中文水平来进行弥补，但更简单的办法是：尽量使用双解词典，养成阅读英文解释的习惯，同时要仔细读、认真读，这其实也是让大家抄字典的原因。

∧ 形 ∨

在聊"形"这个概念之前，我们要引入 word family 这个概念。所谓 word family 就是一个意义的单词的不同词性、拼写以及用法。例如，apply，applicable，applicant 等都会被收入 apply 这个词群。因此，我们在这里谈论的"形"就是：一个词群中所有的单词和相关用法。

这里插一句, 从原则上说, 一个词群应该记作一个单词。也就是说, 大家背了 apply, applicable, applicant 之后, 词汇量只能加一; 同理, 如果大家不认识 apply 词群中任何一个单词, 那么大家的词汇量应该减一, 因为大家如果不认识 applicable, 知道 apply 这个词也帮不上忙, 背了这个词也是枉然。

此外, 虽然 "A can be applied to B." 和 "A is applicable to B." 没什么区别, 但是, 由于上下文的影响, 我们在写作或者口语中可能只能用其中一种方式来表达。如果不掌握多种词形及使用方法, "运用单词" 根本无从谈起。

∧ 连 ∨

单词虽然只能一个个地背, 但我们使用单词的时候, 应该都是和其他单词连用的。此外, 国人英语 "不地道" 有两个根本原因: 一, 不知道 strong tea 和 the grey area 之类的常用组合和搭配; 二, 语言干瘪, 也就是消极地惜字如金。这一点表现为: 很多学习者认为 "我单词用上了就不错了, 还要修饰和限定, 太麻烦了吧! " 正是因为所有这些原因, "连" 就成了我们学习英语词汇的重点之一。

背单词的时候, 请大家尽量把 (介词等) 搭配一并理解、记忆、区分, 例如 in accordance with 没问题, 但我们更常说 according to。如果有能力, 大家也可以尝试创造 ignorantly proud 这样的修饰关系, 发挥自己的语言能动性, 充分完成语言表情达意的功能——"无知地骄傲着" 是多么有深意的一个词组啊! 是的, 做到这点不容易, 但是当你能够表达 "因无知而自豪" 这个场景的时候, 是不是也很有成就感呢?

∧ 用 ∨

学习单词中最后、也是最关键的一点就是 "用", 一定要摒弃 "只有学会才能用" 的观点, 要 "随学随用", 更要 "以用代学"。仿造字典词组和例句、多个生词组合造句、单词配合场景定向造句,都是非常好的单词学习方法。这里要向大家展示一个非常生动的比喻——词汇和金钱有两个相似点，一是来之不易，二是只有用出去了才有价值。当你积累了很多似曾相识的词汇之后，你是否想让它们真正为你所用？你是否希望丰富自己的口语和写作表达？那大家就放开手去使用吧。

不过，有一点需要注意，单词学习者、使用者最好还是找个学霸同学或者有能力的教师，时不时地帮大家把把单词使用关，因为根据华丽词汇课程的实践和经验，再简单的词汇大家也很可能用错，例如很多人分不清question 和 problem。失败只有在检讨之后才有意义，然后才能成为成功之母。

总结

不管什么手段，只有它管用，我们才去用，而不是因为大家都在傻傻地用，我们就去用。背单词软件看起来确实方便，用起来也让我们很有成就感，但这些软件从设计原理上讲并不能降低我们学习单词的难度，也不能缩短单词学习必经的过程。大家与其浪费时间去做华而不实的事情，还不如踏踏实实地拿起字典，好好学习。

哪个年代都有单词狂人；现在背单词 APP 不胜枚举，也不见大家英语词汇水平日渐精进，不是吗？

思考

(1) 你的移动电子设备（手机和平板电脑）中是否安装了英语单词学习软件？请按照本节的思路和流程评测相关软件，认真考虑这些 APP 是否为你的单词学习带来了帮助。

(2) 华丽学院的"词汇四部曲"给了你什么启发和思考？你在词汇学习过程中有什么更好的办法吗？欢迎各位读者在本书配套的 QQ 讨论群中分享心得！

听 力

因为，人们讨厌特立独行带来的风险，

而且，人们倾向于简易的操作和选择，

所以英语学习者喜欢"看剧听歌学英语"，

这也成了国内英语教学过程中的误区。

请大家记住下面这句英语谚语：

If something is too good to be true, it usually is.

如果世界上没发生过这样的好事儿，

那这样的好事儿就应该不是真的。

看剧听歌学英语，不靠谱 12

在当今这个电子时代，多媒体已经成了英语学习的标配。很多人认为欣赏原版电影、电视剧、歌曲，不仅仅是放松娱乐，而且可以帮助大家提升英语水平，还能让大家足不出户体验国外的风土人情、了解国外文化。这样看来，利用多媒体学英语真的是一件太划算的事情啦！

不过，虽然看剧听歌的好处一大堆，但面对多媒体英语学习的结果，大家却犯了难。很多英语学习者天天追剧，但是考试成绩、英语水平却一直不甚理想。在本节中，我将从水平提升、效果考察、兴趣导向、类型选择、语言套用、剧集钻研、相关练习和文化吸收这八个角度讨论为什么英语学习者通过多媒体学习英语基本没有成功的希望。

虽然影视作品不只是靠耳朵欣赏，但是考虑到语言信息基本都是通过听觉获取，我就把多媒体这个话题的讨论放在"听力"这一章了。在下面的讨论中，我将以（英国或美国的）影视剧（集）作为所有多媒体学习内容的代表进行讨论。

水平提升

我在开始时有必要聊一下"提升英语水平"这个概念。在本书"导引"部分中，我已经反复说明、详细举例，告诉了大家英语水平是一个很大、很复杂的概念。国人英语学习过程中普遍存在一个致命的问题：在开始任何英语学习和提高的过程之前，极少有学习者去确认一下自己的起始水平，更少人去追问学习过程结束之时自己提升到了什么水平。因此，看剧听歌提高英语水平的说法极度缺乏事实根据：除了"自我感觉良好"之外，你有什么根据说你看剧听歌提高了英语水平呢？

一般来说，大家都喜欢用"我基础很差""我就是零起点""我过了四级、六级"等无法衡量、无法确认的说法去有意无意地压低自己的起始水平，可能是真的谦虚，也可能是希望老师对自己手下留情，更可能是为自己并不十分理想的学习结果找个借口。确认英语水平起点和终点的方法很简单——参加雅思或者托福等国际认证的英语水平考试。其他任何考试我都不推荐，因为在综合考虑评测质量、普及程度和考试历史之后，我认为没有其他考试可以超越雅思或者托福。

效果考察

中国有一句古话："英雄不问出处"。通俗的理解就是：不管黑猫白猫，能捉老鼠就是好猫。当我们讨论"看剧听歌是否能提高英语水平"这个话题的时候，我们是在追问多媒体学习的效果，我们必须把多媒体的功劳——记录，同时我们也要把并非多媒体学习带来的提高——排除，只有这样，我们才能评判利用多媒体英语学习是否有效、有多大的效果。

但问题来了：应该没有人只是通过看片、追剧、听歌学习英语吧？如果不是的话，你如何确认你的英语水平不是通过上课、看书、背单词等传统方法提高的呢？此外，如果大家说追剧看片能够提高英语水平，遇上生词是不是要查？不懂的语法是不是要问问其他人或者找"度娘"查询？学到的表达是不是得在现实场景中演练一下？大家在做这些事情的时候，是不是要暂停影视剧或者先记下来，回头再找时间确认？如果是这样的话，那英语提高完全是影视剧的功劳吗？如果你把影视剧集当作学习材料，你凭什么认为剧集比课本更好呢？

兴趣导向

经历上面连珠炮一样的追问之后，大家会说："拿起课本我就困！一看片子我就精神！"那我们就来谈谈"兴趣"。影视剧确实是丰富的多感官体验，大家有兴趣也是自然的，但是请大家扪心自问：大家的兴趣到底在哪里？是看剧，还是学习英语？如果把剧集中的帅哥美女都换成不好看或者你不喜欢的演员，你还会去看吗？如果这部片子永远不会有字幕，你还会看吗？

我非常赞成"单任务多目的"的操作方法，谁不想出一份力做几件事呢？但坦率地说，看剧听歌应该不属于这种情况，因为作品本身的情节、音乐、演员、画面都会让大家有意无意地产生兴趣，兴趣点增加，因而分配给每个兴趣点的关注度自然会减少。就算大家真的有学习的兴趣，那学习的兴趣及其产生的效果到底有多少，这个问题不好回答，就算找到了答案，大家也应该不会满意。

类型选择

影视剧内容丰富、题材多样：生活、律政、犯罪、医疗、心理，五花八门，让人目不暇接。但是，这些内容都适合大家各不相同的英语起始水平吗？答案显然是否定的。如果我们不考虑类型，就说一类片子的选择、就说大家选择哪部剧去追，可能都不一定选得很稳妥。

我们来看一下互联网电影数据库，也就是 IMDb 截止到 2017 年年初的最高评分和最流行剧集榜单。这二十部剧，你看过几部呢？选择剧集如此，电影和音乐是不是也是一样呢？所以，请大家不要让我推荐多媒体学习材料，因为我推荐的不会比榜单上的更好，而且不管是我推荐的还是榜单上的剧集，你都可能不爱看、不会看。所以大家还是想看什么就看什么吧。

语言套用

通过看剧积累语言素材是没有问题的，可这个积累过程的效率是极其低下的，主要原因在于剧集中的语言场景性太强，以致很难复制应用。我们且不说剧集的题材，就是一般对话都有上下文的限制，这些上下文无时无刻不在影响对话语言素材的选择和内容走势。

我们虽然可以模仿对白用语，但是我们可能无法完全理解对话，就算我们完全理解对话，并且记住其中的只言片语，但想要用上这些地道的内容，我们必须：一，遇上相同的场景；二，想起某些语言素材并且及时用出来。这个过程的难度其实很大。此外，例如 "You can say that again." 这个肯定对方观点的习语，我们完全可以通过其他途径习得，我们没必要在无数的剧集中大海捞针似的搜索这样的素材加以记忆。

剧集钻研

看剧学英语的另外一个困难在于：大家一般不会反复观看剧集或者片段，去真正消化理解对白的内容、去反复演练希望习得的语言素材。看剧的学习者们不是辛辛苦苦地追剧——出一集看一集然后开始等待后续剧集，就是就去找那些已经全部完结的剧集进行集中观看，也就是不吃不睡、往床上一窝然后没命地看。

我无意点评大家看剧的习惯，但是我要说：这些方法是不是都和英语学习过程所要求的重复和钻研关系不大呢？是不是很多人都做不到"听到上句、接出下句"呢？不要忘了，大家看影视剧可是为了学习语言，但由于大家的输入没有重复，所以这种输入的效果就小到可以被忽略了，看剧也就变成了纯娱乐。但如果让大家反复观看剧集中的某集，或者必须通过一集的语言内容考试才能看下一集，大家是不是很快就不想追剧了呢？

相关练习

下面这一点可能是大家所期待同时又可能会让大家有些退缩的"干货"。我马上和大家分享一下"如何看片"的步骤。

1. 首先大家要对每集的剧情有所了解或者对其进行概括总结，图片中方框里的介绍就是极好的范例。稍微好一点的播放器或者 IMDb 网站都可以提供这样的梗概介绍。"了解"是在看剧之前完成对剧情梗概的研习，"概括总结"自然是在看剧之后回顾本集的重要情节。

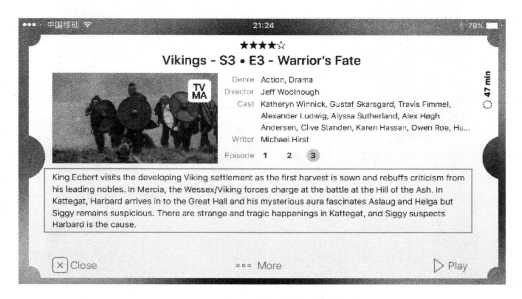

2. 然后，请大家给自己定一个可接受的任务量，例如："我要从一集电视剧中获得几个生词、几个句型、几个文化要点"。请大家不要贪多。

3. 同时，不管大家把剧集看多少遍，一定要保证自己足量完成收集要点的工作。大家有可能需要停下剧集或者另找时间，仔细查证相关内容，并在现实生活中寻找、脑海中营造使用这些语言点的语境。

4. 如果有时间，可以在完成上述操作之后，重复观看剧集中的某集，然后再开始下一集的观看和学习。

只有这样看剧，才能达到学习英语的目的。

文化吸收

最后这一点实在有点伤害大家的自尊心，我还是用剧集截图说明吧。

抱歉我没做晚饭

女主角的原话是："I'm sorry I didn't make dinner." 字幕的翻译是："抱歉我没做晚饭。"然而这是彻头彻尾的误译：not make something 这个词组的意思是"不能赴约""没有达成计划"，所以女主角要说的话是"没能和你一起吃晚餐很遗憾"。

如果字幕组的翻译都是这样的，那大家看字幕理解剧情是不是也可能南辕北辙？如果有信心承担字幕翻译工作的人做出的活儿也就是这种质量，绝大多数英语学习者是不是就根本看不懂剧集呢？如果大家的语言关都过成这样，那大家何谈理解剧集中的文化点滴呢？

总结

很多事情不会尽如人愿，上手的难易度和效果往往成反比。简单易行、喜闻乐见的学习方法往往不能带来让人满意的学习效果，利用多媒体进行英语学习就是这样的一件事。

同时，多媒体是英语学习的途径而不是目标，因为使用字幕、翻译软件欣赏影视作品更加便利。如果大家能够根据本节中的讲解，正视所有困难，克服全部障碍，大家完全可以通过看剧听歌提高自身的英语能力，下一个成功的人可能就是你。

思考与测试

(1) 你最喜欢的剧集是否会随着时间的推移而发生改变？如果是，你"使用"剧集的目的是不是（纯）娱乐？

(2) 你最喜欢或最近观看的剧集中的男、女主角及其演员的全名是什么？

(3) 在你最喜欢或最近观看的剧集中，你学到了几个生词？它们在剧中是如何使用的？

(4) 请准确复述任何一个你在任何剧集中听到的、10个单词以上的句子。

需求，不管是否与学习相关，都是客观的，
但遗憾的是，很多需求是"被营造"的。
从某种意义上说，听力课，就是这种情况，
因为，要想听懂，需要走完"无关的"步骤。
"愚公移山"是没办法的坚持；
"磨刀不误砍柴工"才是智者的行为。
你是否还打算"为了听懂而去听"？
还是希望完成独立任务，自然听懂呢？

其实，听力课是个伪命题 13

与其说"听说读写"这四项语言基本技能的总结来自西方教学理论，还不如说语言（学习）就包括了这四个方面。因此，雅思、托福这些国际认可的英语水平考试的项目也是如此。不管实践还是理论，也不论东方与西方，"听"总是排在四项技能之首，那听力是不是最重要的语言技能呢？答案是肯定的：语言的声音形式比文字早几千年，而说话又是为了别人听到、以完成传递信息的目的。听力的重要性不言自明。

听力似乎是中国英语学习者的死穴——"打死也听不懂"是常态。比起追问"为什么听不懂"，大家更乐意（或者被迫）去"参加听力课程"。在本节中，我将简要介绍国外听力教学的相关研究、听力理解的真正困难和听力学习、练习的注意事项。相信大家在看完本节之后，会对听力学习有一个全新的认识。

在此申明：我无意诋毁、贬低任何听力教学的研究努力；我只是从实际教学和基本逻辑的角度出发，希望解决英语学习者在日常听力实践过程中遇到的困难。

引言

本节内容源于我和前同事（下文简称：王老师）在微博上的一次互动。我提出了"听力这个科目不用专门学习"的观点，王老师就此表达了她的观点，随后我俩展开了讨论。王老师的观点全文摘抄如下：

"ELT 定义的听力为 neglected subject，因为很多人都 take it for granted，所以最原始的 audiolingual approach 里默认听力是基本技能，这也是为什么听力教材处于 restricted dialogue 与 real context 之间的冲突。我们把听力当作一个重要学科来讲，因为听的比例远大于读写，higher proficiency is expected。

之所以认为听力是一门很重要的科目的另一个原因是帮助学生从 non-participatory listening 升级到 participatory listening，因为无论是 interactional purpose 还是 transactional purpose 都需要 echoic memory，而这是需要课程指导和学生自己 reflect 的。"

王老师的观点有些不好懂，我在这里用直白的语言，为大家归纳总结如下：

1. 在教外语（ELT 教学）的时候，"听说先于读写"（audiolingual approach）的外语教学理论认为听力是不用学就会的，因此这种教学理论更强调"对正确语言结构的模仿和句型练习"。

2. 但这种教学法面临一个问题：现实生活（real context）中"前言不一定搭后语"的听力内容和课本中成形的对话（restricted dialogue）有很大差别。

3. 听力课的目标是让学生从话题之外（non-participatory）进入到对话之内（participatory listening），也就是听众身兼对话参与者的身份完成听力理解。然而这个过程中的"互动性"（"交谈热闹""你一句我一句"）和"交付性"（表达清楚你要说的内容），都需要"回响记忆"。因为有些话很长，而且这些话不说完整是听不懂的，因此我们就需要"回响记忆"先记住话语结束之前那些单独存在时意义不大的部分，以拼凑出整体话语的内容。

大家听到这里，是不是和我有一样的感慨：这位老师够专业、是个练家子！但是这些内容又有什么实际意义呢？理论源于实践的总结，总结理论的目的是为了支持实践以获得更好的效果。我回想、查证了很多英语教学理论之后，唯一的总结就是：谁说的都挺有道理，但是谁的理论也不一定能在外语教学上显效，更不用说在具体的人群中管用了，例如我们今天的主题——怎么训练、提高英语学习者的听力水平？

最关键的是：如果学习者对话、文段都听不懂，也就是说连 non-participatory 的听力都搞不定呢？外国专家们管这事儿吗？"需要课程指导和学生自己 reflect（反思）"中的指导和反思哪个更重要呢？单独反思可以吗？这些问题我没问，但王老师不好回答。

下面大家回想一下我们是怎么上听力课的。除了老师重复文本的发音、讲解单词及其用法、分析听力原文中的语法点、播放例题进行练习之外，我们的听力课还剩什么？剩下的时间里我们的听力老师还做了些什么？难道在听力课上，上面提到的常规课堂内容不应该是发音老师、词汇老师、语法老师和音频播放器的工作吗？听力老师的工作内容到底是什么呢？

听力实践中的困难

我们先回忆一下我们学习中文的过程吧。大家学过中文听力吗？是不是如果周边的讨论声音足够大、没有其他声音的干扰，如果大家的耳朵正常，大家想听不到、听不清、听不懂人家在说什么都不大可能吧？好，你说这是母语，那我们看看外语。

如果我说"What's your name?"，是不是只要你能听到，你就能懂？"Can I help you？"是不是也同样不用过脑子就能懂？好，你说这太简单，那"an apple and an orange"你听不懂又是因为什么呢？（在我的直播课上，在常速连读的情况下，一般需要重复三遍左右才有学员听出正确文本）好，你说文本太短，而且有连读，那长的句子、段落大家又为什么听不懂呢？

其实，中国英语学习者的听力，特别是在雅思、托福等国际公认的英语水平考试中，反映出来的困难是比较集中的。由于四六级考试，至少在现阶段，没有太多的技术含量，而且试题整体质量不高，所以在这里我们就不讨论了。下面就具体说说大家在听力方面的困难有哪些。

∧ 预期不足 ∨

大家对对话或者独白的中心内容不了解：大家没怎么选过课，大家也没参加过太多的社区活动，大家更没有几次除了提款机取钱和挂失银行卡之外办理银行业务的经验，如果让大家进行（类似于）上面提到的场景的听力理解，势必会有困难，更不用说其他更加专业的学术内容的听力理解了。也就是说，给大家用中文讲某些内容，大家都有可能听不懂。简而言之：语言可能是问题，但内容一定是问题。

∧ 词汇不足 ∨

不管单词还是固定搭配，大家都会有不知道的，而关键信息中的生词肯定会影响大家的理解。这里的"不知道"其实有两种。

一种是"生生不知道"，也就是：不管听说读写，如果没有上下文信息的帮助、如果不能猜的话，大家是无法确认或者根本不知道某个单词的意思及其用法的。另外一种情形其实更加常见：大家可能背过这个单词，但是记得不牢，只是隐约地对这个单词有一些印象，但是无法确认这个单词的意义，或者可能和相似的单词混淆。第二种"不知道"实际上是"不全知道"或"知道不全"，也就是说，大家只是知道某个单词的一种解释，而不知道其在具体上下文中的意思，因此产生了听力理解方面的困难。

上面两种因词汇量不够而产生的情形不仅出现在听力文本的播放过程（也就是"听"的过程）中，词汇不足也会影响对听力题目文本的理解，从而导致答题出错。总而言之：词汇量不足，听力搞不定。

︿ 发音不准 ﹀

　　an apple and an orange 其实就是最好的例子——大家对连读掌握得过于机械或者根本没有掌握，所以出现连读的时候，特别是"鼻音或舌音＋元音"结构出现的时候，大家就会听不懂。另外，单个单词的发音不准确，例如重读错位等，也会造成理解的延迟：也就是说你得反应一下才知道，录音里面的 be-LIEVE 其实就是你的 BE-lieve！这种转化是要花时间的，然而你并没有那么多时间去频繁地反应内容。总结一下：发音不好听不懂。

︿ 粗心脆弱 ﹀

　　因为大家粗心，可能没有听出录音中的语气、可能没有注意 though 的让步含义、可能上了 plan to do 等带有干扰性质的信息的当。刚才提到的这些困难，其实大家认真一点，答题时的错误是可以避免的。

　　当然，还有另外一种比较常见的情况：有些听力内容的开头可能比较难，但是这部分并不涉及全文的中心思想和内容，只是给大家缓冲时间，以便大家能更好地进入场景、接受内容。此时，最常见的情况就是，大家听完第一句之后就放弃了，或者嘴上不说，脑子里、手头上却开始泄劲、消极怠工，实际上就相当于比赛弃权了。这就是"玻璃心"吧……

如何提高听力水平

　　如果听力课没什么用处，那么大家应该怎样学习听力呢？下面几点"干货经验"的总结，大家一定要听好。前两点在前文已经进行了比较细致的说明，这里就不赘述了。

　　1. 扩大社会、生活经历。

　　2. 基本语言能力过关。

　　3. 集中注意力、克服玻璃心。听力理解，不管是生活对话，还是考试做题，都要求大家的注意力集中，好消息是这和英语关系不大，坏消息是：注意力不是手到擒来，而是需要通过练习获得的。同时，大家在听力理解的过程中要能接受挫败感，也就是说，不能因为一句不懂，坏了听完整段的心情。不管内容难易，该完成的事情还是要完成的，并且要尽量做好。"听不懂，做完了不也是胡写？"对，请看第四点。

4. 内容难度循序渐进：N+1 的原则大家应该听过，如果三五分钟的听力内容播放之后，只能只言片语地捕获几个单词，这样的听力练习不做也罢；精读这样的听力文稿更是浪费时间。因为你根本不适合这种难度的练习，你应该从更加容易的材料入手。

5. 营造听力环境：英语学习者总是期待能够拥有母语学习环境。大家不知道的是，听力母语环境的建立是比较简单易行的。看电影反正是娱乐，是否全懂不重要，关掉字幕观看就好；开车走路，在确保注意力不过度分散而影响安全的情况下，完全可以播放新闻广播、时事访谈、甚至听力音频作为背景音乐。不过要提醒各位的是：这种背景和环境的效果，可能不如大家预期的高，但这是正常的。因为专注度毕竟不达标嘛……

总结

听力学习的理论纷繁复杂，但对实际学习效果的影响却相差无几。听力学习完全可以简化为发音、词汇、语法和常识四个方面。不管是否以应对考试为听力学习的出发点，如果大家上述四个方面的储备充足，而且进行过简单的现场演练或者对考试流程很熟悉，大家听懂、理解就不是难事儿。

思考

> (1) 你是否在进行一些收效不大的精听（需要较多时间、常伴有听写和阅读文稿等相关项目）练习，例如 BBC 新闻听写？
> (2) 在"发音、词汇、语法和常识"这四个听力必备要素中，你哪一项（哪几项）需要提高？你有什么具体措施吗？请结合之前学过的内容进行思考。

阅 读

一位音乐专业的英语学习者曾对我说过：
"音乐是世界上最善良的事物，
因为谁都可以说他们听懂了音乐。"
难道英语文章不也是这样吗？
难道不是谁都可以说自己理解了文段，
但是被追问内容详情的时候却语焉不详吗？
为什么明明无法清晰地讲述内容，
阅读者却说自己懂了呢？
是文段真的太难，还是……

看着很简单，但却读不懂 14

文字是语言传承的主要形式。不管是母语学习还是外语学习，对语言文字理解和掌握的重要性都毋庸置疑。中国英语学习者对阅读的投入是公认的：国内学校英语课上、课下、考试都强调阅读，这一点大家深有体会。尽管大家如此重视阅读，客观地说，结果却不甚理想。

最让大家头疼的是，阅读过程中出现了"看着很简单，但却读不懂"的情况。关于"读不懂"，很多人会辩解："我内心其实是非常明白的，但是我的表达能力太差，以至于我说不清楚我理解的内容。"这时，我只想大喊一句："不要骗我，我比你们还了解你们的问题。"

实际上，我们的语言能力是足以表达我们的思想的。"表达不出来"只有两种情况：一，你不想说出来，例如不愿或不敢向暗恋的人表白；二，你真的没有什么可说的，例如大家被别人挤兑到词穷，然后愤愤地挤出一句"跟你说不明白"，扭头就走。大家是后者吧？在本节中，我将从心理、字词、语法、背景、逻辑五个方面向大家展示一下那些视而不见因此避之不及的真相；我要清清楚楚地告诉大家：请不要天真地认为你真的读懂了你面前的文字。

心理

我们先来说一下学习者心理给文字理解带来的困难。简而言之，看不懂是因为你不想花时间。我们看一个例子：

每个作者，我认为，有在头脑中一个场景在哪一个读者们（of）他或她的工作／作品可以获益于有／已经读过它。

大家一定觉得这不是中国话；我也同意。这是使用字典进行忠实原文、逐词直译之后得到的中文表达。原文是诺贝尔奖得主卡尼曼先生《思维，快与慢》这本书序言的第一句。

中、英文语序有些差异：中文说"猫的尾巴"，但英文是 the tail of the cat；所以原文中的 of 加上了括号、在其出现的位置保留了下来，of 前后的名词保留在原来的位置；由于 work 可以当"工作"和"作品"讲，have 也可以表示"有"和"已经"两种意思，所以译文保留了一词两解，并用斜线隔开。经过整理，我们得到了下面的中文句子：

我认为，每个作者的头脑中都有一个场景，（在哪）他或她的作品的读者可以因为读了作者的书而获益。

在适当调整语序、根据上下文选择多义词适用的解释之后，我们应该已经能够顺利理解这句译文了。当然，"在哪"我们可能需要更好的解释，但已经不影响整句的理解了。通过上面的例子，我已经向大家证明了：读懂大师的原版书，你可能只需要一本字典、正常的中文基础和一些时间。是吧？你读不懂是不是因为畏难加懒惰呢？我们看了下面的英语原文之后，是不是觉得自己完成了一项不可能的任务？

Every author, I suppose, has in mind a setting in which readers of his or her work could benefit from having read it.

字词

"字词"是阅读障碍，这点是大家公认的。这个障碍其实可以进行更加细致的分类：

第一种情况是"单词生生不认识"。这个问题非常直白，就像"要开门却没有钥匙"；特别是当一个句子、文段中包含太多生词的时候，大家是无法理解阅读内容的。

第二种是学习者了解一个单词的某种意思，但是却不知道这个单词的其他常用释义，例如 virtual 这个单词，可以表示"事实上的"，也可以表示"虚拟的"；bolt 这个单词就更离谱了，可以表示"拴住"，也可以表示"逃跑"。如果这两个单词恰巧在一句话中同时出现，两个单词、四种意思排列组合之后，这个句子就有四种理解方式，但只有一种理解方式是正确的、是通顺的。不能成功获取 1/N 的正确理解，就会造成"单词都懂，句子却读不通"的情形，而这就是大家最常见的阅读障碍。

第三种情况是"单词全懂，句子却看不懂"，例如 under the influence 这个词组。这三个单词，我相信大家都认识，每个单词也没有差别明显的释义，但是如果构成一个词组或者习语的话，我相信很少有人能想到，它的意思是"在醉酒的情况下"。作为词组，under the influence 相当于"under the influence of alcohol"。这种"由认识的单词叠加在一起构成不认识的词组"的情况实际上是不少的，也确实会影响阅读理解。同时，我要提醒大家一下：我反对大家背诵各种"经典词组汇总"、然后生硬地使用某些词组和固定表达。解决这个问题的最好办法就是，在阅读练习中，完成"遇到—查证—积累"三部曲。这才是最高效的词组积累方法。

语法

字词说完之后，我要谈一下字词的"连接法则"，也就是：单词如何合规地串成句子，或者说应该按照什么规则去理解句子中单词的意思。其实这就是我们所谓的语法了。前面提到的 of 的例子就是英文中的一个语法点，具体来说，就是"物件在前、所有者在后，用 of 连接，表示两者的从属关系"。

他或她的作品的读者 <----> readers of his or her work

当然，"在哪"，也就是 in which 结构，不仅是一个语法点，还是一个非常重要的语法点——"定语从句"。不过实话实说，语法造成的理解障碍远比看不懂单词造成的理解障碍要小：除了个别难度较大且不常见的语法点之外，语法基本不会影响理解，也不会造成（重要）信息遗漏。这点大家倒是可以放心。

背景

接下来我要和大家聊的是语言背景。这里说的"背景"包括文化背景和作者的立场观点。

⌃ 文化背景 ⌄

前者，也就是文化背景比较容易理解，因为东西方文化的差异非常明显，而且大家可以通过身边的外国朋友和外教老师或影视作品了解不少西方的文化背景。但这种积累可能真的是没有止境的：让七、八十年代的人解释"中二"和让零零后弄懂"某人很唐僧"可能会同样困难。克服这种困难其实很简单，"遇上一个查一个"、字典不行就问"度娘"和"谷哥"，这就是最中肯的意见和最直接的解决办法。

文化背景唯一的难点就是找出"文化点"，例如大家应该见过的"Catch

22"。Catch 和 22 明显没什么关系，而且 Catch 大写，这些都是值得关注的，此时大家就要考虑这个词组是不是"文化点"了。关注和思考需要查证的支持。通过网络查证，我们很容易得知：Catch 22 可以直译为"第 22 条军规"，被引申为"无解的题目或者没有成功可能的选择"。

⌃ 作者的立场和观点 ⌄

我们先来看一段原文：

Twelve years earlier he had grown to hate the perils of trench warfare in France, and had several times avoided death by declining to attempt valorous impossibilities. Even his D.S.O. had been won, not so much by physical courage, as by a certain hardly developed technique of endurance. And since the War, whenever there had been danger again, he had faced it with increasing lack of relish unless it promised extravagant dividends in thrills.

文段大意：早在 12 年前，他就开始憎恶法国战壕中的危险；因为躲过了那些英勇但不可能完成的任务，他数次和死神擦肩而过。他获得的战斗勋章，与其说是对他勇气的表彰，不如说是他在战斗中学会了生存之道的证明。大战过后，在危险面前，他越发提不起兴趣，除非冒险能够给他带来充分的刺激。

这段内容确实不容易理解，就连中文也不容易理解。但是，如果知道作者是浪漫自由、古灵精怪的类型，说不定大家就能比较准确地把握文段的中心，也就是：因为他的战争经历，虽然他喜欢冒险，但是不喜欢玩命，而且多大的冒险乐趣都应该在确保生命安全的前提下获得。要达到这种理解，确实需要对作者的特点和文段、篇章的中心内容都有非常好的把握。

相比之下，理解作者的立场观点可能难度会大一点。大家此时可以再读一遍这段原文，查字典也好，找朋友一起讨论也罢，请大家尽量弄清作者的写作立场和思路脉络。

逻辑

　　最后一点是"逻辑"。其实我们这本书的所有章节都主张"逻辑地学习英语"。所幸的是，我们阅读中的逻辑，并不像书中提及的每个坑那么复杂，更多的时候，我们只需要一些"上下文的关联"就可以解决阅读中的逻辑问题。我们来看两个例子：

　　A. 他没离家出走是因为害怕他父亲。

　　He did not run away from home ^ BECAUSE he was AFRAID of his FATHER.

　　B. 他离家出走不是因为害怕他父亲。

　　He did NOT run away from home because he was afraid of his father.

　　A、B 两句中文意思截然不同，但它们的英文翻译，从文字角度来看都是一样的。如果要区分想要表达的意思，我们有两种方法：

　　第一，朗读区分："^"表示换气；大写表示单词需要重读；下划线表示"两词均使用平调且连接紧密"。大家不妨试试，找找两种朗读的感觉、看看你的朗读是否可以自然区分两种不同的表达内容。

　　第二，逻辑区分：在文段中，我们听不到朗读差异，也看不到符号和字体的标注。这时候，我们只能根据上下文去理解这个英文句子的意思到底是 A 还是 B 了。其实不难，但要细心。

　　再让大家看一个例子。请大家根据上下文使用动词填空。

- 　一个九岁的小女孩 ＿＿＿＿ 了 A 疗法。
- 　她的母亲是个工作了十多年的老护士，对 A 疗法颇有微词。
- 　很多 A 疗法从业者不愿迎接质疑 A 疗法人士的挑战。
- 　A 疗法从业者没把小姑娘当回事儿，迎接了她的挑战。

　　我当然还可以为大家提供更多的条件和上下文，但是大家现在应该能够在空白处比较有把握地填写出"推翻""揭穿"或者其他同义的词汇了，而且我相信第四点提示可能都有些多余了。这，就是我所谓的逻辑。

总结

英语学习者在看文章、语句的过程中经常遇到这种情况：感觉简单、看似明白、应该理解、实则不通、听完讲解之后恍然大悟。其实，大家**根本没有看懂阅读文本**，究其原因不外乎：耐心不够、词汇障碍、语法难点、无视背景和逻辑不清。

在可能的情况下，也就是在练习的过程中，大家是可以通过反复精读、借助字典，去独立读懂文章的。当然，向有能力者寻求帮助、与一起训练的同学进行讨论都是可以帮助大家大幅提高阅读理解水平的途径。

思考与测试

(1) 你上一次"单词认识，文章不懂"或者"文章都懂，题目做错"的情况发生之后，你进行了怎样的操作？

(2) 请阅读下面文段两遍。第一遍正常阅读，第二遍借助字典查证（如有必要可以上网搜索"文化点"）。请对两遍阅读的理解程度打分（1分到10分；1分为"完全无法理解文段内容和细节"，10分为"完全理解文段内容和细节"）。

Every author, I suppose, has in mind a setting in which readers of his or her work could benefit from having read it. Mine is the proverbial office watercooler, where opinions are shared and gossip is exchanged. I hope to enrich the vocabulary that people use when they talk about the judgements and choices of others, the company's new policies, or a colleague's investment decisions. Why be concerned with gossip? Because it is much easier, as well as far more enjoyable, to identify and label the mistakes of others than to recognise our own. Questioning what we believe and want is difficult when we most need to do it, but we can benefit from the informed opinions of others. Many of us spontaneously anticipate how friends and colleagues will evaluate our choices; the quality and content of these anticipated judgements therefore matters. The expectation of intelligent gossip is a powerful motive for serious self-criticism, more powerful than New Year resolution to improve one's decision making at work and at home

有些事情是几乎所有人都支持的，
例如读书。
但是，就算是人参鹿茸这些补药，
胡吃海喝之后也会消化不良、口鼻出血。
因此，读什么书、怎么读书，是合理的问题；
而且，这些问题可能比读书本身还重要。
虽然你在读书，但是你读书有用吗？

如何读书，才不浪费时间 15

书籍是人类智慧的结晶，同时也是文化传承的载体，因此读书是一项有益的活动。但是在本节中，我要向这个几乎等同于真理的观点发起挑战。当然，与其说挑战，还不如说细细分析一下读书的方方面面，因为读书确实是一很大、很复杂的项目，没有我们想的那么简单。任何操作步骤出了问题，我们读书的结果、效率都会受到影响。

同时，对于英语学习者来说，畅读原版著作几乎成了一个"共同的梦想"，所以很多英语学习者急着上马，开始自己的原版著作阅读之路。在本节中，我将分析阅读的本质、阅读的难度、原著阅读的注意事项，并为英语学习者进行阅读练习内容的推荐。

阅读的本质

⌃ 书的类型 ⌄

我觉得书大致可以分为四种：事实、理念、虚构、综合。

事实类书籍包括：教科书、传记、字典等。当然，我说的事实是阶段性的；也就是说，随着科技的进步、人类认知的提升，我们对事理也会有新的认识，例如地球一直都是圆的，只是之前我们不知道罢了。不仅认知，人的视角也有局限性，所以，有些对事实的记述可能无法做到绝对客观：不管谁的传记，你写、我写、他写，读起来应该是不一样的。

理念型著作记录了作者对世界、事物和具体操作的观点及分析，本书就属于这类。

虚构读物主要包括小说。虽然小说一般都有创作的生活来源，但是出于矛盾冲突、也就是"情节好看"的考虑，作者一般都对故事进行了"升华"，添加了小到名字、大到情节等虚构元素。

最后一种书是前三类的综合，宗教典籍是很好的例子。为了避嫌，这里也就不指名道姓了。

∧ 阅读的目的 ∨

由此，我们读书的目的就变成了：求知识、学观点、找慰藉。不管为什么拿起书，读者要想达到目的，首先要做到理解作者的文字。说得直白点，就是得"读懂"文字。

不管是为了知识、观点还是慰藉去读书，大家是否真正达到了读书的目的是个很大的问题。虽然这么说显得有些市侩，但读书的确是以获取新知、陶冶情操为目的的。获取知识不是为了造福社会、充实生活、创造财富吗？陶冶情操不也是为了提升个人价值、让生活变得高尚、让个人被他人接受吗？对个人好和对社会好不应该是对立的，你的阅读给你带来了什么呢？

这里我要单独说一下"英语学习者阅读原版著作"这种情况。这类读者需要在"获取内容"和"语言学习"之间做一个选择。从本质上讲，这两个目的是矛盾的。获取内容需要连贯的阅读，自然对读者的语言能力有一定的要求，而原文语言学习却是磕磕绊绊的。这就是我马上要谈到的"阅读困难"的根本原因。

阅读的难度

˄ 理解阅读内容 ˅

不管书的内容是什么、好不好、对不对，读者只有尽量从作者的角度出发，大家才能够完成"看书"的第一个步骤。不知道大家是否还记得上一节中那个"浪漫不羁、寻求刺激，但珍视生命"的作者？哪怕就是要把"浪漫不羁、寻求刺激、珍视生命"这三个词用到一个句子中，不管大家用中文还是英文，都是需要很多背景信息和逻辑梳理的。"真正的理解"就是阅读的第一个困难。这个困难虽然很明显，但想要克服，却不容易，因为绝大部分读者只是拿着书"识字"，而和作者"不同心"。

此时，不能不提一个老话题：读书笔记或者读书心得。想必大家小时候都有过写读书心得的经验，不过大家一般只把读书心得当作作业，敷衍了事罢了。其实这是一项非常好的作业，因为要写出心得，必须得先有心得，为此，读者必须认真思考。而且，书中虽然白纸黑字地给出了"想法"，但这些想法中，很多是不成熟的，而读书心得"强迫"大家把想法清晰化、逻辑化。读书容易，读懂书难。

˄ 语言层面 ˅

如果第一个阅读困难是"认字但不懂内容"，那第二个困难就是"连字都认不全了"。本书的读者大多是"读者"兼"英语学习者"，但正是这种双重身份，让大家模糊了阅读的目的，特别是在阅读原版英文图书时。你是在获取知识呢？还是在学习外语表达呢？考虑到"学习知识之前得先读懂内容"，我们读原著的根本目的还是学习语言。这时问题来了：大家的英语精读学得有多好呢？如果大家连一篇英语精读、阅读理解都完成得一塌糊涂，又凭什么高谈阔论地聊"读英文原版书"呢？

∧ 选择性阅读 ∨

第三个困难是读书的选择性。读什么书、不管是中文还是英文作品，确实是大家自己说了算，但如果从"阅读改变生活"的角度来说，大家阅读的选择可能通常不大理想。"流行读物"自然有其流行的道理，但如果追问大家："你看的书能不能启迪智慧、改变生活？"很多人是无法回答的。

我给大家一个贴切的比喻：快餐能填饱肚子，让你理直气壮地说出"我不饿了"，但快餐对你的身体有好处吗？如果告诉你这些食物是用地沟油做的，用的菜、肉都是化学药品泡出来的，你是不是宁肯饿肚子也不会吃？这里给大家一个提示：多看传世、获奖的作品吧。这些书至少经历了时间的考验和专业的评审，质量是有保证的。

原著阅读的注意事项

如果大家一定要阅读英文原著（整本书，而不是节选或者篇章）的话，那大家就要注意下面几个问题了。

∧英文名著放放再读 ∨

第一，英文名著放放再读。首先澄清一下，这里说的名著是《简·爱》《德伯家的苔丝》《道林·格雷的画像》这类的经典作品。有些人连《新概念》都觉得内容陈旧，上述这些经典作品的内容不是更陈旧吗？名著中的用词、语法有很多不符合现代英语习惯和规则的地方，特别是有些作者的语言偏好和特点，也就是idiosyncrasy，可能会给英语学习者的阅读带来很大的障碍。

这时有的读者就会发问了："我读 simplified versions，也就是名著的简写版如何？"在我看来，读简写版和看译制片没多大的差别。确实，"译制片"

这个概念有点老，那我说个现代的概念，那就是"字幕组的翻译"，这个很时尚吧？我们不说翻译工作做得不好的作品和字幕组，就算有些字幕组做得很好，能把"生肉"（没有中文字幕的国外影视剧集）不仅做熟，而且还"色香味俱全"，是不是还有很多人希望通过学习英语真正做到不用字幕看片子呢？那我们为什么要去读"简化后的名著"呢？写在简历上吗？

∧ 长篇社科类读物放放再读 ∨

Thinking fast and slow 和 ***Future Shock*** 都是不错、甚至是非常好的作品：作者来头大、研究成果新、跨学科且对生活具有指导意义。不过，要读好这类书，大家要做到：1. 对图书涉及的话题有基本的概念。上述两本书中有不少心理学的研究和成果，自然需要大家对在书中遇到的心理学初级理论有所准备；2. 对语言文字有正确的理解。这点虽然比较直白，但大家会认为我在危言耸听。有图有真相

大家刚刚看到的图片就是华丽学院教师和学员关于读书的聊天截图。没有出现的一方是学员，也就是读者。她身在英语专业、成绩优秀，参加过英语技能比赛并且获奖，是大家眼中不折不扣的"学霸"。不过，她"以身试书"为

大家证明了：她代表的以及她已经超越的英语学习者应该无法独立看懂这种长篇社科类读物。

而且，就算这类图书以中文出版，大学本科水平的读者要真正理解书中内容也是有难度的。这一点，我也通过公开课进行了证明。这里顺便说一下原著的中文译本。《思维，快与慢》这本书我了解得比较多，其中文译本不敢恭维，也不推荐大家看了。如果图书的译者都不一定能够百分百看懂或者用中文把内容表达清楚，那么大家呢？这个话题涉及翻译，本书后续章节中会有详细的讲解。

阅读练习内容推荐

说到这里，"那我确实有时间、有心情读书，我应该读什么呢"就成了一个非常合理的问题。我给出两种推荐。第一种就是原版少儿读物，例如《牛津阅读树》系列丛书。有人会说："我的孩子读这个系列，我读这个会不会太简单了？"恕我"毒舌"："难的你看不懂啊！"此外，就是《牛津阅读树》系列中也有大家"搞不定"的级别。读读大家就明白了。

以上推荐旨在提高大家的阅读兴趣，但如果大家希望通过阅读学习英语，特别是当大家把英语阅读作为获取知识的途径的话，我推荐大家使用《剑桥雅思真题试题集》中的阅读试题。试题集的版本不太重要，但大家要关注 A 类考试的阅读文章、G 类阅读文章可作为辅助。推荐的原因有 7 个：

1. 书太长，容易半途而废。相对来讲，学术类的文章，特别是雅思 A 类考试阅读文章，难度适中、长度理想；

2. 雅思阅读真题文章的来源广泛，*Economist* 和 *National Geography* 等大众拥趸的读物都在备选之列；但雅思阅读真题选择的篇目难度适中，并对有些文章进行了专业的改写，其内容应该更容易被接受；

3. 雅思阅读真题基本为社科类文章，虽然领域、作者风格等因素可能会影响对文章的理解，但是相对小说等主观的创作来讲，还是科学多了，也更容易把握；

4. 每篇阅读文章都配有精心设计的题目，读者可以在完成阅读之后检测自己的阅读效果；

5. 其他读物，包括大家的教材，来源复杂且质量参差不齐，无法和高质量的雅思阅读真题文章相媲美；

6. 真题丛书中发布的阅读真题文章，至今（2017 年年底）已经有 50 篇左右，凑在一起也是一本书了，数量是不少的；

7. 泛读文章有困难，就精读全文。这些文章看不懂，读懂其他原版图书的可能性也不大。

总结

不是所有的好事都会有好的结果，读书也不例外。只有了解阅读的本质，才能把书读好。不管大家怎么认为，从英语学习者的角度来讲，阅读英文原著的根本目的是"学习外语"，而不是"获取信息"，所以不管阅读材料的类型是否称心如意，该读的还是要读，而且还要尽力读好。

思考

(1) 你试图阅读过课本之外的英文原版图书吗？如果读过，请直接跳转至第 2 题。如果没读过，你觉得你和原文图书的距离还有多远、你还要付出怎样的努力？

(2) 请思考一下你最近阅读的一本书（中、英文不限）给你带来了什么收获？

^

口 语

∨

一件事情做了太多遍，会有两种结果：

要么，事情被做到了大师级水平，

要么，大家连这件事情的合格要求都没达到。

说话就是这样的一件事情——

除了自谦，没人认为自己不会说话，

但正是因为说话简单，所以我们忽略了标准。

其实，说英语也是一样；

其实，我们都忘了说话的根本目的。

口语没内容，就是说废话 16

请大家务必相信，我对语言的选择和使用是十分谨慎的，本节标题的遣词处理也不例外。我本可以使用"胡说"或者"空话"来缓和一下语气，但是不管是为了引起大家的注意，还是为了表达我希望解决大家英语口语问题的决心，我坚持使用了本节的现有标题。

我将用包括本节在内的四节时间来和大家讨论英语口语学习中的内容、助力、心理和途径四个方面的话题，帮助大家除掉这个顽疾，因为这个"病"让人沮丧，并且时不时地提醒患者，你不健康，你不能随心所欲。因此，很多学习者为了解决这个心病，无数次地准备开始新的奋斗历程、无数次地寻访名师大咖，想让自己的口语表达自如，但是每每铩羽而归……在本节中，我将从口语标准评定、母语内容储备、输入的有效性和理想的输出四个角度入手，剖析口语内容层面的问题。

口语评定标准

∧ 内容至上 ∨

　　之所以把"内容"作为学习者在英语口语学习中遇到的最大问题，并放在口语部分的开篇和大家分享，是因为表达的内容的确是口语、甚至写作等语言输出功能的目的与核心。换句简单的话说就是：不管大家是说是写，也不管大家的语言水平是高是低，大家表达的目的都是、也肯定是"表情达意"，也就是把你的想法传递给别人。因此，不管是母语、外语，说什么是关键，说得好不好倒是其次。

　　我承认，由于英语对大家来讲是外语，因而大家对口语表达中语言层面的问题关注得很多，大家总是在记忆高精尖的单词、积累长难句型，这么做有一定的道理。但是，如果大家只是关注语言，而忽略了表达内容的有效和充实，那么就犯了本末倒置的错误。就好比在荒无人烟的地段，你把路修得十分平坦、宽阔，但那有什么用呢？

∧ 公认标准 ∨

　　我把内容放在口语表达中最重要的位置，不仅仅有逻辑的支持。国际公认的英语语言水平考试中口语部分的评分标准，也验证了我的观点。相信大家对雅思和托福考试并不陌生，这两种考试中口语部分评分项目的划分惊人地相似，下面我将以雅思考试为例，分析一下"话语内容"的重要性。雅思口语的评分项目有四个，分别是：流利度与连贯性、语法的范围和准确性、词汇资源和发音。其中第一个评分项目"Fluency & Coherence/ 流利度与连贯性"又有四个要点，分别是："我能否详尽地就一个话题侃侃而谈？我的观点叙述有逻辑吗？我有没有用到合适、恰当的逻辑连接词？我是否讲得清晰且平顺？"

　　通过雅思口语考试评分项目的列举和分析，大家不难看出该考试对内容的要求是很高的。"有话说、讲得顺、含逻辑",是最简单且准确的概括,但这九个字的要求实际上很少有人能够达到,哪怕是让大家使用母语中文进行口语表达,哪怕让大家说最简单的话题,大家也不一定能够做得好。大家可能会辩驳:就算流利连贯是雅思口语考试的第一个评分项目,也不能因此说这个点是最重要的呀?雅思考试毕竟是语言考试,词汇、语法和发音怎么会不如内容重要呢?

大家可能不清楚:雅思等语言考试十分强调语言功能、交际效果,也就是说,你的英语语法、词汇、发音再好,但达不到交流的目的、别人不懂你的意思、你用英语办不成事儿,你的口语也还是"渣"的水平。大家可以理解的是:如果考试的话题你不熟悉或者完全没有准备,你再好的语法、词汇、发音用什么承载、要怎么体现呢?你能侃侃而谈"一部法律""20 世纪最伟大的发明"这些话题吗?

母语内容储备

听到这里,头脑发热的学习者可能会用下面的说法攻击我的观点:法律、发明这些话题不常见,日常生活中的问题我肯定能用中文说好,但是我的英语词汇量不够,所以我无法用英文表达出来!这种反驳是不是听着特别有道理?我给大家讲个故事吧。

我曾经有一个在线下培训机构做校长的朋友。这位朋友在装修行业立业发家,但儿时成为老师的梦想始终萦绕心间。凭借其辛勤积累的财富,他加盟了一个当时很知名的英语培训品牌并成了校长。他不懂英语,但却是不折不扣的英语培训学校的校长,算是"超额"完成了梦想。他喜欢看电影,当被问及为什么喜欢看电影的时候,他只说了一句话:"人活多少年都只是你这个人的一辈子,但是看电影能够让我过上别人的日子,让我过上我没法过的日子。"

这位朋友在有些人的眼中可能只是一个没受过多少教育的"土豪包工

头"，但是他的表述在内容层面达到的水平，是很多大学生都无法企及的。虽然话语朴实，但是电影所展示出的世间百态、电影给人的动心感受，以及电影跨人群的启迪作用，都被他用一句话生动地概括了。这句话虽然不长，但是其内容的丰富性、生动性和哲理性是没有人可以否认的。现在我把话题拉回来，大家用中文表达自己想法的时候，真的能比这个"土豪包工头"做得更好吗？

总结一下：不是你英语口语不好，是你的口语不好，你用什么语言都是没话说！如果不信，你可以尝试用中文做一个一分钟以上的自我介绍。你能不犹豫、不修正、前言搭后语地把你自己介绍一分钟吗？我觉得大家做不到、做到了也未必能做好。

输入的有效性

听到这里，勇敢有余的人又要发问了："我是没有包工头那么好的感悟力和表达力，但我知道要想输出得先输入啊。我可以学嘛！我可以背嘛！所以我听歌、看片、关注英语学习微信公众号啊！"来来来，听我一一评说。

一，先输入再输出；要想说先得背。这种说法似乎有理，但实则不妥。我们且不说输入输出本是交替进行的，我很想问大家：输入多少内容才够？输入到什么时候才开始输出？不分国别，母语使用者可能终身都有不认识的词汇；表达方法、新创词语层出不穷；掌握的话题似乎永远不够……难道你这辈子都不开口说话了吗？看看身边的小孩子，想想"咿呀学语"的过程；如果母语是交替并行地处理输入和输出，那么英语学习不也应该是这样吗？

二，很多人认为读名著、看原版电视剧、听英文歌曲是提高口语的重要途径。确实，很多成功的英语口语使用者确实可以通过上述途径吸收很多"高大上"的语言素材。但是，如果我把美剧中的帅哥美女全都换掉，或者干脆扔给你一个剧本；如果我告诉你某某名著里的英语已经过时了；如果你不幸五音不全、对音乐没有兴趣，你还会通过这些方法学习英语口语吗？虽然大家不想承认，但大家看剧、读书、听歌在很大程度上不就是在娱乐或者接收信息吗？你的口语表达中使用了多少通过这些方法获得的词句？大家在反驳我之前，请扪心自问：你通过上述方式学习的根本目的是什么？你在"学习"过程中收获了什么？你的收获是否真的被你运用到了口语表达中？

三，再说一下"30 个口语金句""50 个提升表达格调的口语词汇""100个英美人都不会说的概念"这种有标题党嫌疑的微信推送。我不否认有些推送确实制作精良，其中有不错的内容可以利用。但问题是：有些公众号收集和整理的内容存在良莠不齐的现象；这倒不是很大的问题，我们暂且放放。通常，这些素材是给有准备、有基础的英语口语使用者准备的，并不能从根本上解决大家不能开口、开口也无话可说的问题。大家的微信关注了这么多英语资讯平台，但是大家用了几个？哪些内容真的可以脱口而出了呢？更多的时候，各种类型的推送和文章只是抓眼球、给读者虚无的安全感——"我看了这么多高大上的东西，我的口语有救了！"对此，我只想说：天亮了，醒醒……

理想的输出

大部分英语学习者的口语素材积累基本已经完成，只是质量还需要提高。其实这是一个好消息，也是一个坏消息。先说好的：大家的积累基本已经完成；坏消息是：大家积累的素材质量有待提高，所以之前积累的素材的作用基本为零。大家可以试着给我任何话题，我都可以用不超出大学英语四六级考试水平的词汇给大家说清楚，而且做到地道，不信你看下文：

The Chinese government just made it a law or law-like regulation that smoking is strictly banned from all public places. There are some surprisingly amusing facts: on the first day of the new rule, across the whole big China, a total of 100 yuan was fined and collected from one smoker; the public are willing to believe the law may work though they do not think it will work. I have some serious doubts about how dedicated the government is in improving national health. At the cost of taxation from tobacco industries, which amounts to 5% of the national revenue?! I do not think so.

我相信大家看一遍、最多从头再读一遍这段话，肯定能够理解这段话。我知道问题又来了："张嵩老师，你是如何做到用小词这么到位地表达这么多的内容的呢？"欲知详情，请看本书后面章节的分解。

总结

母语和外语的切换不会让大家从振振有词变为张口结舌；没有内容的口语表达其实是大家的常态，这种表达就是不刺耳的噪音。无法输出的积累是浪费时间，只有高质量的积累才能导向高质量的输出。

思考

(1) 请不加修正、不重复、平稳且连贯地用中文进行不少于一分钟且个性鲜明的自我介绍。

(2) 分别使用英语和中文回答下列问题，看看你的英语口语表达困难是因为英语词句不足，还是答题内容欠缺导致的：

A. Should rich countries help the poor ones?

B. What is the most important electric device at your home?

C. What is your favourite flower and why?

D. What is the most important law to you?

E. What is the heirloom of your family?

英语口语给了大家多少打击，无需多言。

每次大家找到"方法"时都激动万分，

但大家每次最终却两手空空、铩羽而归。

现在，我就替大家问一下"为什么"；

让我来告诉大家你的"方子"为什么害了你。

助力虽多，口语却没进步 17

在上一节中，我提出了英语口语表达"内容为王"的观点。今天我将继续为大家分析诸多口语学习"助力因素"的作用和意义。在做事情的过程中，大家自身的原因，也就是内因固然重要，可我们也不应忽视对事件走势可能产生积极影响的外部因素。

在英语口语学习和演练的过程中，我们经常会遇到很多被大家追捧的外力帮助。在本节中，我将把这些因素划分为：发音与口语、环境与个人、课程与外教、英语角与群聊天四个类别加以分析和讨论。我相信本节内容肯定可以解答很多英语口语学习者的疑问，让大家放弃无谓的尝试，进而走上直指成功的道路。

发音与口语

很多人问我："张嵩老师，我想提高我的英语口语水平，能否通过跟读经典文段或模仿电影对白来完成呢？"面对这个问题，我感到十分无奈和焦虑，因为很多希望提高英语口语能力的学习者，直到他们开始动手操作时，都没有分清，甚至无法分清"口语"和"发音"这两个概念以及它们的本质区别。

如果进行一下类比，上面的问题就好比是在问：吃饭用鼻子好呢，还是用耳朵方便呢？大家不会得到答案，因为所有选项都是错误的。之所以说所有选项都是错误的，是因为不管跟读还是模仿，大家练习的都是"英语发音"，而不是"英语口语"。英语口语不只是张嘴出声就可以的，提高口语水平要通过"说"而不是"念"或者"背"去实现。

在上一讲中，我列举了国际认可的英语水平考试中口语部分的评分标准，大家清楚地看到了发音只是四个评分项目之一。当然，既然是评分项目之一，发音自然有其分值，发音水平的提高也肯定会提升口语的整体表现。但相比其他三个评分项目，特别是"连贯度和流畅度"、也就是对口语内容的要求，发音并不是那么重要。此外，提高发音水平不仅困难，而且也需要很长时间，没有一年半载是很难见效的。如果不信，大家可以想想：你需要多少时间把自己的普通话提高到一级乙等的水平呢？

口语和发音的关系中最关键的是下面这一点：对发音的过分关注会影响口语的流畅度。在进行口语表达的过程中，有很多事情需要大家关注，内容、词汇、语法都会分散大家的注意力。如果再加上发音这个关注点，大家的脑子就真的不够用了，很可能会出现"确保发音准确就不知道下句说什么；说连贯了就顾不上发音准确"这种顾此失彼的情况。这一点不难理解，大家看看自己的电脑硬件配置，再想想自己使用电脑的体验，就明白了。

因此，我给大家的忠告是：短时间、高强度地练习发音，把发音水平提高并稳固到一定层次之后，再去进行口语练习；或者，专注内容的表达，暂且搁置对发音的要求，因为大家的发音没有差到会影响别人理解你所表达内容的程度。此处，鱼和熊掌兼得的可能性已经小到可以忽略了。

在这里，有个问题我需要补充说明一下。很多人会有疑问："跟读、模仿除了练发音，还能给我词汇和句型方面的帮助啊？怎么能说跟读、模仿对口语没帮助呢？"就此，我只问大家一句："你们说的帮助，用上了吗？"大家哪次说英语时用到了你通过模仿学到的词汇和句型呢？这样一来，模仿和跟读在口语层面的"实际助力"为零，而发音的助力，我刚刚也基本否定了。跟读和模仿能救你的口语吗？

环境与个人

很多人向我抱怨说英语学习"没有语言环境"，因此进步幅度有限。没错，语言环境可以帮助提升语言能力。但问题是：天然存在的语言环境我也没有、很多人不会有、你不自己创造绝对不会有。可就算有语言环境，你又能如何？我在北京大学学习的时候，我对门寝室里有个学德语的兄弟，四六级优秀，GRE超过2300分，获得了在美国攻读研究生学位的机会，毕业后留在美国工作生活。这样的经历是不是已经完全达到、甚至超过大家对语言环境的要求呢？

然而，就是这位拥有如此经历的兄弟在美工作、生活四五年后回到中国，他的口语能力与其出国前相比并没有太多的提升。这种在语言环境中水平原地踏步的情况其实是很好解释的：生活圈子有限、语言场景固定。如果大家只和认识的人说自己经常说的、自己会说的话题，语言环境的作用是无法充分发挥的。就好比大家都是当地人，但即便是你所在的城市也有你没去过的区域，如果你自己去，就需要提前查找线路或者导航前往。环境是相对的概念，不是绝对的存在。

另外，更多学习者的努力程度其实赶不上这位兄弟，归根到底，"语言环境"，没有能动性，不能替代"自主努力"，有环境你也要充分利用。这位兄弟和成千上万的留学生们的经历证明了这点。建立语言环境其实也没有大家想象的那么复杂：把手机、电脑调成英文界面；走路、坐车听着英语广播；看片娱乐关掉字幕；记事备忘全用英文；每日两三个长难句的研习加上五六个生词的补充……长此以往，语言环境就形成了。对，不用花钱去外国，不需要外国朋友天天陪伴，就这么简单。下图展示的就是我的英文版备忘录。

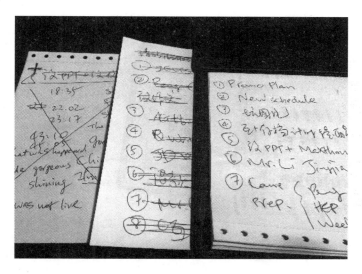

外教与课程

⌃ 口语课 ⌄

大家还有一种思维定式——"口语不成，报班解决"。口语课程确实能为学习者提供素材，对口语进步有帮助。不过，华丽学院的教学经验表明：口语课堂是世界上最安静的地方；能说的人永远是那几个；不管是在实体课还是网络课上，老师永远不可能从已经很紧张的教学安排中挤出时间耐心地等你发言、做到让每个人都有发言的机会；不能说的人结课之后还是无法自如表达；下一次接受口语打击之后，你的第一反应还是报班。你的口语似乎永远无望。

关于英语口语学习，总是有很多的理论和研究，我不禁要反问：这些理论背后有多少成功经验？哪个成功案例是把"没有口语基础"的学习者从"开不了口"辅导到"口若悬河"的？这些理论背后有多少正在策划的收费课程？这些理论有多少是符合外语学习者身份并真正针对口语学习痛点对症下药的？

如果一个课程真的要求你每日练习口头表达，并且不断自我提升，你又能做到多少？一张图片胜万言，大家看看华丽学院以往口语课程的数据统计吧。

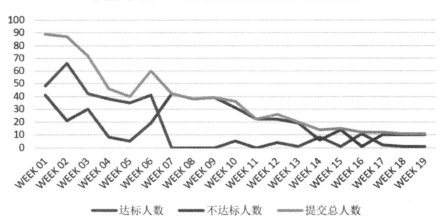

华丽学院LSE课程作业递交人数汇总

请各位看清楚了，一共有 193 人付费购买了课程哦！是不是交作业的人越来越少，而最后一次作业只有区区 11 人递交！这说明了什么？难道要怪课程太实惠、售价太低吗？

⌃ 外教 ⌄

此时有人又要发问了："张老师说的是中教口语课，外教是母语人士而且教学生动活泼，肯定可以帮助大家提高口语能力！"我不打算一一指出这个问题中混乱的逻辑，但我可以告诉大家：合格的外教能让口语学习者在学习的中后期得到很大的帮助。

首先说合格，不是每个中国人都可以出国教中文，外教教英文也有类似的问题。缺乏针对中国学生作为外语使用者的教学经验是外教常见的问题。此外，我们且不说以你能接受的价位找到一个愿意教你的外教有多难，如果你听不懂外教说什么，你应该去练习听力，因为你可以找到很多音频材料，你不需要外教；就算外教能够提醒你、更正你的表达，学习者对于这些问题点通常只是一知半解，根本不会复习和运用，你还是不需要外教；如果你能够和外教基本无障碍地交流（这是我碰到过的绝大多数口语学习者的愿想），你和谁交流都不会有障碍，你也就不需要外教了。

请大家听好：在口语练习的初期，也就是说如果你还处在"轮到你说的时候，你说不出来"的阶段，你需要的是个人练习，也就是强迫自己顽强地说出英语。具体的练习方法，我在后面的章节会分享详细的步骤。总而言之，外教对于开不了口的英语学习者基本没有帮助。

英语角与群聊天

"如果上课没用、外教口语课程也没用，那我找英语环境、加 QQ 群、微信群用英语聊天如何？我去英语角练习口语总可以了吧？"熟悉本书风格的读者可能已经猜到了，我的答案依旧是"基本没可能"或"完全没可能"。

我们先来说说各种网络即时通信工具沟通中的英语口语练习。那个拗口的"即时通信"是英文词组 Instant Messaging 的直译，常见于 QQ 和微信两个平台。特别是在这两个网络交流平台加入了语音对讲功能之后，其便利性就大大提升，看起来也为英语学习者练习口语提供了更多、更好的选择。但问题是，是不是很多人没有胆量在群里或者一对一和朋友说英语呢？就算说，是不是也只是简单的 "I am Laozhang. Nice to meet you all." 这种口水话呢？

更常见的是不是大家用凌乱不堪、错误百出的英文进行文字聊天呢？但这和出声的口语练习有什么关系呢？就算大家真的在用 QQ 或者微信和别人进行语音交流，但这种交流是不是缺少现实对话中的紧张感呢？你是不是会反复思考自己到底要说什么，而且没说好的时候就手指一滑取消发送、然后重说呢？

英语角的弊端其实大家也是心知肚明的：去了英语角也不一定说，说不出的就用中文替代，说错了也没人给你改，聊天基本都是口语大神的独白脱口秀……最关键的是，你做过英语角之外的口语练习任务吗？

总结

提高口语水平的"助力"好像有很多，但实际上，发音、环境、外教、课程、线上线下交流这些因素都不一定能够助你前行、真正提高你的英语口语水平。退一步说，就算上述助力是实实在在的助力，你的口语提升之路最终是要你自己走的，别人无法帮你奔赴理想，助力也很难帮你缩短前路程。

思考

(1) 你是否受困于你不甚理想的英语口语水平？你对此采取了什么措施？

(2) 本节中提到的"口语助力"是否在你个人的学习经历中确实起到了积极作用？你是如何操作的呢？

有些事其实不难，但大家就是过不了那道坎儿，
　　　就好像学习骑自行车和游泳；
不摔倒最好，但不承担摔倒的风险就学不会骑车；
　　不喝水最好，但学会游泳的人谁没喝过几口水？
学习英语口语也是如此：谁都有张口结舌的时候，
　　　只是你没看到过大神们开始学习时的状况。
不经历失败的尝试便获得成功，就好比中了彩票；
这种幸运不是常态；跌倒后爬起来的勇气不可或缺！

解放思想，才能口吐莲花 18

　　在刚刚过去的两节中，我们讨论了口语水平提高过程中"内容"和"助力"两个方面的错误认知和部分解决方法。如果大家觉得阅读完之前的两节之后，自己的小心脏已经不能再承受更多打击的话，我只能说大家还没做好提升口语水平的准备。前两节内容其实都属于技术层面的讨论，而我马上要开始的讲解将专注于口语水平提升过程中的心理因素及相关问题。真正的"助力"来了！

　　在本节中，我将向大家展示我个人的英语口语学习之路、曝光口语练习中的心理阴暗面、提供克服紧张的有效方法，并教大家如何培养积极的口语练习思维。总之，本节的目标就是把大家的"玻璃心"挖出来、摔碎、敲烂、砸成粉末，然后重塑；因为，不破不立，胡思乱想不杜绝，脚下道路不会正。各位"口语重症晚期患者"，大家准备好吃下这副猛药了吗？

老张的英语口语学习之路

　　我首先要问："英语口语真的有这么难吗？"在各位唾弃我和这个问题

之前，请先冷静地听我讲完我自己的口语进阶之路。补充说明一下："老张"是在线学员对我的昵称；我觉得很好，因为亲切。我十分支持大家在和我交流的时候，使用这个称呼。

我出身工人家庭。不知道是性格孤僻还是真的身体不好，反正我一去幼儿园就生病。正好家里独门独院有地方玩儿，幼儿园也就不去了。我上学的时候也没有学区房的概念，顺理成章地就近入学，在小学五年级开始英语学习。后来我考上了区重点初中，遇上了一个要求记牢单词、否则每个单词罚写 200 遍的英语老师。三年后我考上了天津市重点高中，参加了英语老师组织的大学英语四级兴趣小组，并通过老师的关系，蹭了一次真正的四级考试，取得了百分制的 74 分。又是三年之后，我考入了北京大学英语系。大学四年，我坚持每周前往英语角进行练习；大二开始兼职课堂英语教学，时至今日，教龄将近 20 年。

这就是我这个完全由中国教育体制培养、没有国外生活经历、雅思口语考试裸考稳定 8 分的英语学习者的经验。我承认，这些经历不是每个英语学习者都有的，但这些经历也不是大家不能拥有的。如果我可以做到，我相信大家也同样可以做到。那大家的困难到底是什么呢？

口语练习中的消极心理

对于中国英语学习者来讲，口语练习和口语表达最大的敌人其实不是语法、词汇，而是"完美主义"，说白了就是大家宁死也不肯丢掉的"面子"。请大家注意：英语口语说得不好是正常的、不是什么大是大非的问题；如果说得好，你还需要练习吗？

大家总是在想"我练好了之后再去说""说不好很丢人"。我可以理解但无法认同这种心理。我反问大家一句，大家什么时候开始"追求大家的追求"呢？如果你私下真的开始练习你没掌握的话题，我给你拍手叫好！但是很多情况下，上面提到的两种说法难道不是大家懒得开口练习时用得最顺嘴的托辞吗？

如果上文提到的"用面子掩盖懒惰"算作有意为之的话，下面的情况就是人类的天性和常规思维模式了。这种情况就是"舒适区心理"。对此，大家要随时警惕，因为英语口语学习受阻只是这种心理造成的众多不良后果之一。在现实中，很少有人愿意跳出舒适区（安全区），因此这种对未知的恐惧为"零行动"制造了温床，也就是，大家只用英语说自己会说的话题，永远逃避那些不熟悉、可能需要准备的话题。

我承认，有些时候，你确实是因为不知道要说什么而无法开口，但更多时候是你不愿挑战自我。哪怕是在私下练习的过程中，有些人也不愿意尝试未知话题的英语口语表达。此时，面子问题已经不存在了，为什么大家还是"不作为"呢？其实未知话题没有大家想的那么难，但如果大家想都不愿意想的话，那只能在口语场景中默不作声了。

克服紧张的有效方法

︿ 紧张的根源和类型 ﹀

"紧张"是很多英语口语有困难的学习者的通病，我们有必要讨论一下。紧张一般是由于个人性格、准备不足或担忧表现不佳而带来负面结果时产生的情绪，常伴有肌肉紧绷、心跳加速、口齿不清等生理表现。紧张是心病，心病还须心药医，所以分析一下产生紧张情绪的原因非常重要。

如果大家经常紧张，不管是不是用英语说话，哪怕是做一些再自然不过的事时也会紧张，那紧张就是习惯性的、是性格使然。应对这种情况的办法就是努力去做、抓住一切机会去做让自己紧张的事情。这类事情做多了，陌生、局促的感觉就会大幅减少直至消失。如果你只是因为事前准备不够充分而担心事件结果不佳（例如考试之前虚度了备考阶段），你的紧张是合理的。但是，你要记住这次应该不会十分成功的经历，下次做同类事件之前，做好准备。

担心不理想的表现可能带来不好的影响，这分为两种情况：第一，有准备或准备充分；第二，准备不充分或根本没准备。关于准备不充分该怎么做，我就不重复了。如果已经准备得很充分了，你完全可以告诉自己：我能做的都做了，我已经做到了自己的最好，现在就是把最好的自己展示出去的时机！可能有人做得比我更好，但这不能否定我所有已经付出的努力！

如何克服紧张情绪

我当然知道，心药很多时候不是十分见效，主要原因就是大家的心病太重，一时半刻确实不能根除。那我为大家开一个药到病除的方子——"运动"。大家可以在有可能出现紧张情绪的事件开始之前，进行强度稍大的运动，"跑步"就是最简单易行的选择。半小时或者以上的运动量是有必要的，同时速度也不能太慢。请大家留出运动后放松和整理仪容的时间，必要的话，带好需要更换的衣物。

通过运动减轻紧张情绪的原理是尽量消耗体能，让大家在随后的场合中"没力气"紧张。由于紧张产生的肌肉紧绷、心跳加速都是需要能量的，因此，运动能有效地缓解紧张情绪。跑了半小时的你，走入考场或者站在麦克风后面，胳膊往桌上一架，对着对面的考官或者观众有气无力地说："爱怎样就怎样吧，反正我已经累死了，还能把我怎样？"这个过程的描述是不是很有画面感？补充一句，请大家注意：运动不要过量，同时尽量避免运动伤害。

如何培养积极的口语练习思维

能够帮助英语口语表达的积极思维一共有三种，下面为大家逐一讲解。

忽略"成就感""挫败感"等情感因素

经常有人在尝试口语使用、表达失败之后回来对我说："老师，我很受挫，我很没有成就感。"对此，我只想说，你失败了是事实；你没有成就感，是因为你没有成就。我无法阻拦你产生任何感受，但是你如果让你的感受左右了你的心情，特别是打断了你坚持练习的节奏，那就是你不对了。

如果产生这些"消极情感"的根本问题没有解决，而你却听从这些情感的摆布，你不仅英语口语学不好，你的人生也可能不会很顺利。与其被情感因素控制，不如找有能力者分析一下口语在语言层面的技术问题，找到切实可行的方法，把自己的大问题分解为一个个可以自行解决的小问题，这样既增强了自信，也提高了效率。例如，与其疑惑"我怎么说得这么结结巴巴"，不如问一下自己"我对话题是否了解""我表达的内容是否有逻辑""我对话题涉及的词汇是否有比较好的掌握"……

⌃ 顽强地、力所能及地进行口语表达 ⌄

大家还记得之前章节中提到的"土豪王校长"吗？他曾经对外国朋友这样说："You me class over dinner. Me money, you go?"然后外国朋友说"You money! I go!"王校长忙不迭地点头，然后两个大男人就高兴地吃烧烤去了……我只想说，很多人不知道什么叫作"顽强"、不懂"力所能及"；更多人用旨在摆脱责任的心理暗示妄自菲薄，例如，"My English is very poor!"；绝大部分学习者根本不去尝试，就放弃了。

我有必要再定义一下"力所能及"。可能是因为我们的生活越来越好，社会环境越来越开放自由，大家对自己太善良了，所以"能及"的范围和标准完全是大家"自定义"的，而不是根据实实在在的"力"去判断的。当然，努力的程度是大家个人决定的，但是达到成功需要付出的努力却是客观的；这个客观标准往往比大家对自己的要求高，这就是为什么成功的人很少，不管大家正在哪个领域拼搏。

⌃ 提高练习中自我修正的意愿 ⌄

毫无争议，王校长的英语确实不好，确实有很大的提高空间。但我完全有理由相信，不管大家是不是和王校长的英语水平一样，只要大家事后花点时间，是能够组织出下面的或者和下面句子水平接近的说法的："If you are free after class, I would like to take you to dinner. Shall we?"这样一来，下次再邀请别人用餐的语言障碍，是不是可以缓解或者克服了呢？

大家懂得一般现在时第三人称单数要加"s"，大家知道主谓一致的基本原则，大家更清楚动词过去式要么是不规则变化，要么是动词后加"ed"，但是有多少人会把自己的练习录下来，反复听，找到上面这些可以自行修正的错误，然后反复练习、巩固正确的形式、做到下次不错呢？这里的关键不是能力，是自我修正的意愿；说白了，不是你不会修正，而是你不想修正；不是你"差"，而是你"懒"。

不过请大家务必注意，我们现在讨论的"修正的意愿和操作"是"在练习中"完成的；在大家"说英语办事"的时候，不要太多思前想后和反复修正，因为和大家对话的人没有太多时间去等你说出好的英语。也就是说：第一次说某个话题你应该不能表现得最好，这不是问题；问题是你第二次聊同样的内容之前能否做好准备，避免同样的错误再次出现。

总结

英语口语表达是语言能力，语言和心智又紧密相连。没做过的事情常常显得遥不可及，开始上手时感觉有难度也属正常；你和英语口语成功之间很可能只是一念之遥。

思考

(1) 根据本节的分析，你英语口语表达的困难是不是源于你的"表达意愿"？

(2) 你将采取什么"行之有效"的措施来提高个人的口语水平呢？例如：有力度的监督措施——把口语练习的强度和效果与经济（零用钱的增减、升职加薪或职位不保等）挂钩。

评价做事方法优劣有很多维度：
易得程度、操作难度、长远收获、短期效果……
但是，非理性的个人好恶不应该是维度之一；
不顾实效、拈轻怕重的做法就更不可取了。
提升英语口语水平的秘诀只有一个，
那就是："高质量地消耗时间"——
不认真不可以，时间不够不可以。
这种"实打实"的过程很难，但无法避免。

口语练习好方法，你不屑 19

我已经卖了三节的关子，从内容、助力和心理三个角度分析了英语口语学习相关问题，相信大家的信仰已经被颠覆了。我说过"不破不立"，既然不靠谱的思维和理念已经被我们纠正了，下面就要动手操作，也就是要张口练习口语了。

不过说到练习，大家应该又是一头雾水——"怎么练"一直是大家无法解答的疑问，因为大家应该已经尝试过无数种方法，但都收效不佳。今天，我将从练习的第一要素、目标场景素材积累、辨析模仿、速度控制、分清练习与实战这五个角度为大家铺平练习的道路。

口语练习第一要素

︿ 你的口语"欠练" ﹀

练习的第一要素简而言之就是两个字——"时间"。"You need to talk

before you can talk better" 就是关于英语口语练习最好的总结。我们假设：一个 25 岁的中国人，5 岁开始说话，平均每天说中文总计 10 分钟。在这 20 年间，这个中国人已经说了 1217 小时 的中文，这个数字非常保守、非常安全。

如果我们审视大家的英文口语练习过程，除去朗读、跟读、不计表达中过长的停顿所消耗的时间、再把 "What is your name" 这种不需要任何思考的简单表达所占用的时间统统排除在外，谁敢拍着胸脯说："我说英语的时间超过了 70 分钟"？然而，70 分钟仅仅约为 1217 小时的千分之一！就算你说了 7000 分钟，你的英语口语练习量也不过是你中文口语量的十分之一。

如果考虑到大家的英语口语练习量少到了如此可怜的地步，那大家现在的口语是不是应该算很棒了？"没有付出，哪来回报" 这种说法难道只是用于评价与自己无关的事件、完全是说给别人听的吗？

∧ 何为 "够" ∨

我不会告诉大家每天进行多久的练习是够用的，因为再多都不够，而再少你也不一定能够完成。我可以告诉大家的是，长久的坚持肯定比简单的每日定量更重要，因为口语是习惯，因为长久累积的结果一定是惊人的。把口语练习坚持到你觉得你可以不用准备就可以自如开口，你就成功了。

问题是：大家不能穿越时空、回顾未来成功之路的整个过程、看到阶段性的进步并鼓励自己继续练习。此时，阶段性的总结和记录就显得十分重要了。至于如何记录，在本节后文我会给出细致的说明。在这里，我再次真心奉劝各位：只有迈步才能前进，能走多远不看你步子有多大，而取决于你能走多久。

目标场景素材积累

∧ 目标性输入 ∨

输入确实能够帮助大家输出，只是大家输入的思路不对。在这里，我给大家提出"目标性输入"这个概念。口语学习中很严重的问题就是："你只用你会用的词汇，你只说你会说的，却从不尝试使用新近习得的词汇、语言点去表达自己不擅长但必须掌握的话题"。常见的口语课和口语教材确实为大家提供了很多句型、单词等素材，但这些不一定和大家的口语表达需求完全吻合。

有的人要在超市说英语买东西，有的人要用英语咨询酒店预订，有的人则要接待只说英语的客户……这些都是实实在在的需求，大家为什么不从这些看得见、摸得着的具体内容入手，然后继续细化掌握呢？例如在"超市购物"的场景下，你应该做到能用英语完成价格确认、保质期咨询、商品类型命名、货品比较、数字表达，因为这些语言表达是你在超市购物必需用到的，只有掌握了这些，你才能在超市购得心仪的物品。学会这些不需要老师的指导，网络、图书已经为大家提供了足够的素材，关键是你会不会去找，愿不愿意记下这些你真的会用到的素材。

⌃ 没有一劳永逸的输入 ⌄

我知道大家一定有一个疑问："张嵩老师，有没有可能掌握两三千个单词、百八十句型就搞定所有场景、让口语交流无障碍呢？"是不是很多人都有这个疑问？我现在明确地回答大家："不可能！！！"请大家断了这个念头，因为任何希望通过定量积累去绕过具体化练习的口语学习，都是不合逻辑也因此不会见效的。无法一劳永逸地输入语言素材的根本原因就是：你无法确定你表达的范围，也就是说，你都不知道自己可能在什么场景中说什么话，你怎么去准备呢？

大家之所以觉得有"一劳永逸的输入"的根本原因是：大家身边不乏能够用英语应对"一切"场景的口语大神。这些大神的成功经验，总结起来就一句话：人家说得好，是因为人家说过这个场景的话；人家什么场景都能应付，是因为人家说过几乎所有的场景。口语交流无障碍的人，就是说过要用到的场景中语言的人。这就是那一千多小时的去处了。

︿ 场景和素材的移植能力 ﹀

我之所以给上一段中的"一切"加上引号、使用"几乎所有"的说法，是因为在现实中，你确实不需要将所有的话题都统统准备一遍，大家也确实有"场景移植能力"（会说 A 场景，B 场景也同时掌握了）。但各位不要认为这是一个好消息，因为要获得"场景移植能力"，大家必须先独立完成几百个话题的准备。这样，你才会拥有"场景能力"，让你未来的"移植"成为可能。但在现实中，极少有英语学习者获得了这种基本的"场景能力"。

此外，关于"名言""金句"这些"好东西"，大家不要仅仅停留在艳羡的层面。既然素材好，我们完全可以把这些句型、结构、单词改头换面，努力用在我们需要攻克的话题中表达思想、进行演练，并最终牢记。我可以向大家保证，如果大家真的仔细想过了，十个语料素材中至少有八个能够在任意场景中为大家所用。

辨析模仿

虽然我也不支持"闭门造车"，但适当的模仿、跟读还是必要的。只是不能一味地模仿，因为如果你只是为了模仿而模仿，那你就只是一只直立行走的"鹦鹉"。你可以使用别人的语言，但是别人的语言不一定适合你自己所处的场景。还是老问题：你模仿的那些内容用上了吗？此时，我们应该考虑的问题是"模仿什么"，我们要遵守从"辨析"到"模仿"的流程。

我们要模仿并且扎扎实实地收获那些最简单、最常用的语料。例如，"What's your name again?"这句话使用的应该是平调，而不是常见于特殊疑问句尾的降调，因为这个问题应该是对对方姓名的确认，而不是首次发问，所以说话者一般会采用更加轻快且有等待下文感觉的语调，也就是平调。这种短小但意义深刻、常见却不按常规处理的内容是大家模仿的重点。有些内容，例如英剧《神探夏洛克》中"卷福"（Sherlock Holmes）对警探 Anderson 的"毒舌"："You lower the IQ of the whole street"，不是不能学、不能用，只是用的机会不多，这就要看大家个人的需求了。

速度控制

∧ "快"及其副作用 ∨

　　大家口语学习的目标大多是"交流无障碍"或者"应对各种场景"。除此之外，大家还有一个"小目标"，就是"流利表达"，也就是能够"像机关枪一样不停地说"。很多时候，大家不会把这个目标明确地表达出来，但这确实是大家心中衡量口语水平高低的一个重要标准。

　　实际上，这个想法实实在在地阻碍了大家口语学习的进步。如果把"快"作为目标，现有水平有待提高的学习者一定会灰心丧气，因为这个标准绝对是遥不可及的；现有水平不错的学习者也会因为图快，说话的时候不假思索，从而导致内容、词汇、语法，特别是逻辑质量的下降。

∧ 连贯是王道 ∨

　　这里我们要引入一个概念：连贯度。连贯度是表达中单词、句子之间连接的紧密度；说话的速度，是单位时间内说了多少词，这两者是有区别的。我们可以用 10 秒念两个单词，每个词拖音念五秒，两词之间不留空隙，这是非常好的连贯表现。但大家知道 10 秒大概可以念多少单词，所以 10 秒念两个单词是很慢的速度。

　　真正理想的表达是保证单词发音的饱满，重点单词的朗读适当延长，在保障单词紧密连接的前提下，减少单位时长中的词数。之所以说这样的口语表达是理想的，是因为，这样说话对于讲话的人和听话的人都是善良的：说得少压力小，犯错的机会少；听的内容少而且重点突出，不累人。这样的好事，何乐而不为呢？如果大家不相信我的说法，可以去听听英国女王的演讲。虽然女王说话速度不快，但谁敢说女王说话不连贯、不流畅？是不是听着很舒服，而且给人一种高大上的感觉，对吧？

练习与实战

在本节中，我要再次强调一下"口语使用"和"口语练习"的差异。学习者一定要分清楚，你说英语的场景是"用英语解决问题"，还是"为了提高英语口语水平而进行练习"。虽然我强调过多说的重要性，但是多说并不一定能直接带来进步，因为多说可能只是简单重复，甚至是重复错误。所以，口语练习的目标是以"改错误、去毛病"为前提的"多说"。下面的内容就是大家梦寐以求的"口语提升之道"。

第一，充实表达内容。不管问题多简单，大家回答的时候都要力争以每秒 2 ～ 3 词的正常速度，说满 15 ～ 20 秒。如果内容不够，请仔细思考，必要的时候可以查阅资料或者在网络上搜索。

第二，修正简单的语法错误，例如漏加一般现在时第三人称动词后的"s""es"、表示过去式的"ed"或者不规则动词变形错误、两个动词连用、缺少连词等基本语法错误。必要的时候可以把个人的口语表达录音，并准确地进行文字记录，然后查证文本中的语法问题。

第三，强迫自己使用生词。在每 20 秒左右的表达中使用至少两个你刚刚学过的生词。如果这些单词确实不能用在某个场景之中，大家可使用其他生词进行内容创作。大家有可能需要从单词的意象出发，对表达的内容进行微调；练习过程中出现这种情况是正常的，也是可以接受的。

第四，录音，并注明话题、做好版本标记。

第五，严禁背稿。在整个练习的过程中，不要背诵现成的文段、不要把打算说的内容写下来、最好连提纲都不要有！尽量凭记忆去说，说得不好，就再说一次，直到说出让你有信心将录音示人的版本为止。

第六，使用不同话题，重复上述练习过程，直到你对自己的口语有了信心、场景用语基本驾轻就熟为止。

总结

练习是困难的，但不管是保证必要的练习时间、明确场景优先级别、分析具体场景的词汇使用方法、控制语速还是分清练习和使用的区别，所有这些练习要点中的"难"都体现在扭转错误的观念和坚持不懈的努力，除此之外，大家的口语水平的提高别无他法。

当然不排除随着外语教学研究的发展，可能会出现更加高效快捷、让人喜闻乐见的方法。如果有这样的方法，欢迎大家和我反馈沟通，我也希望第一时间学习并普及新知识。话说回来，在我们的有生之年，如果不能在我们的大脑中植入芯片，让我们的大脑变成电脑，口语学习之路还将依旧静静地躺在我们脚下，等待我们的跋涉。

练习

使用本节推荐的方法，结合本章第一节中练习（2）的问题，进行口语演练。

∧

写 作

∨

死循环，不能带来任何成果，
但却让人十分踏实，坐以待毙没有悬念。
英语作文就是这种情况：
因为没写过，所以不会写；
因为不会写，所以不去写。
难道英语学习者只能听天由命吗？
其实，打破写作的死循环很容易，
找出纸、拿起笔，开始写作就可以了。

因为没写过，所以不会写 20

　　大家对写作似乎非常熟悉，但不管你备好笔纸、打开电脑，或是拿起手机将思绪变成文字，这些活动到底算不算写作、和写作又有什么关系，答案却没有那么简单。常见的写作场景是：面对老师硬性规定的作业或者考试中的必答题目，大家硬着头皮边写边数字数，写够字数就是万事大吉，难怪这样的文章自己都不愿意读第二遍。

　　在本节中，在对"写作"进行定义之后，我会以记叙文、议论文和说明文三种常见文体为例，剖析大家在写作中存在的问题，逼着大家面对"英语学习者一般不写作文"这个事实，同时我也会解释为什么大家的作文"写了也是白写"。今天的药和往常一样苦，大家无须过分紧张。

写作的定义

∧ 三种定义 ∨

作为本书写作部分的第一节，我觉得非常有必要弄清什么是写作。为此，我翻了三本字典查询了 writing 这个概念的英文解释，这里和大家分享一下。

《韦氏大学英语词典》第 11 版中的定义是 "the act or process of one who writes"，也就是 "一个写作的人的行为和过程"。这个解释并不让人满意，因为我们还得去查找 write 的释义。我们再来看看《牛津高阶英汉双解词典》第 7 版中的定义："the activity of writing, in contrast to reading, speaking, etc."，中文版解释就是 "和阅读、口语等相对的写作活动"，这个定义不够具体，依旧不太理想。我们最后看看《新牛津英汉双解大词典》中的解释："the activity or skill of marking coherent words on paper and composing text"，即 "把可以组合的单词写在纸上、制成文本的活动或者能力"。"皇天不负有心人"，我们终于找到了一个比较可靠的定义。

以上三本字典的质量都是过关的，但为什么解释的差距这么大呢？究其原因，字典也是人编的，字典的解释，从某种角度代表了编者的态度。考虑到字典编者无可置疑的能力，字典中解释的差异可能代表了三种对写作定义不同深度的认识。第一种观点认为：只要 "写" 了，就是写作；写什么不重要。第二种观点强调写作作为语言基本能力的功能性和重要性。第三种观点明确指出，只有把词以一定的规则串联起来形成文章才叫写作。这样比较下来，第一种是粗浅认知，第二种是常规理解，第三种是学术导向。

∧ 难度与惰性 ∨

写作，和口语一样，是语言的输出功能，和听力、阅读两种语言的输入功能相对。语言输出难于语言输入是很好理解的：阅读和听力需要的只是吸收和理解，上下文能帮忙、不会的单词也不一定影响理解。实在不行，我们还可以用"我懂了大意"来做挡箭牌。相比之下，语言的说、写就难多了，因为只有脑中有干货、肚里存墨水，我们才能滔滔不绝、文章锦绣。

这种输入、输出的难度差很自然地降低了大家语言输出练习的热情，造成了能不写就不写，能少写就少写的结果。以雅思考试为例，中国考生听、说、读、写四项考试中成绩最差的是写作。不排除写作科目难度和考试要求的原因，但"比基尼考"的态度更是大家成绩不理想的根本原因。华丽学院也开设过雅思备考课程，我们的经验证实：虽然考生了解考试的形式和内容，但很多考生第一次按照要求写完作文就是在考场上，因为他们从没有在考前进行过达到考试要求的作文练习。这就是和对考试一概不知的"裸考"相对的"比基尼考"说法的来历。这就是我所谓的"一般不写"。下面，我将用三种常见文体为大家讲解"写了也是白写"的原因。

记叙文

在国内语文教学中，记叙文的讲授和练习并不少。我们在学习过程中，最早接触的作文文体就是叙事文体。当然，这种文体在英文中也有，叫narrative。但非常遗憾的是，我们的中文记叙文的学习经验并没有给我们的英语记叙文写作带来帮助。

我给大家举个例子吧。我记得我小时候写过这样一篇作文："请描述一个事件，体现同学间的鼓励和真正的友谊"。是不是各位也隐约记得自己写过同样或者类似的作文呢？我记得我当初大致是这么写的：百米比赛前，我十分紧张，紧张得连走路都不利索了。枪响了，我拼尽全力、从起跑线冲了出去。可能是太紧张，或者太担心被对手甩下，我脚下一乱就摔倒了。这时候，李雷停下来鼓励我说"张嵩！站起来！你可以的！加油！"他的话犹如一针强心剂，让跌倒的我爬起来并超水平发挥，最终获得了冠军！李雷！你是我永远的朋友！

不管大家是否看出了我作文中的破绽，至少我自己是强忍着笑给大家写完上面的段落的。大家觉得，就算飞人博尔特替我参加了那场百米赛，也不可能做到跌倒、被安慰、爬起来，依旧赢得冠军。除了我这个故事之外，大家是否写过"某某因为帮我做出了一道数学难题，我们就成了永远的朋友"的作文？大家是否经历过今天老师表扬了某人拾金不昧的事迹，明天一帮同学作文中的主人公都捡到了钱，然后争先恐后地交给老师？大家是不是也受过语文老师"制造困难、渲染背景"的思路"点拨"？

如果大家对上面多数问题的回答都是肯定的话，那我们再回想一下我们写过的为数不多的英文记叙文，是不是也有这样的问题呢？如果说学校布置的作文略显僵化的话，那大家是否自主自愿地写过实实在在的英文日记，又坚持了多久呢？用英语写不真实的记叙文有什么用呢？

议论文

接下来我要说说 argumentation，也就是议论文。大家在写这种文体的英语作文的时候，其实多多少少受到了中文作文中"夹叙夹议"思路的影响。其实这本身不是什么问题，只是这种文体给了大家"夹叙夹议"中的"议"等同于"英语议论文"中的"议"的错觉。大家都是中国人，请各位仔细想想夹叙夹议是不是一边讲故事，一边抒发自己的感受或者总结一些心得。但不管感受还是心得，基本都停留在个人认知的层面上，还需要进一步论证。这进一步要做的论证是英语议论文中不可缺少的部分，但在中文作文中则不一定是必须进行的。

举个例子吧。我有一次携妻女出国旅行，在一家商店购买衣物的时候发现，如果当日累计消费达到一定数额之后，所购商品全部将会有很大幅度的折扣，可我希望购买的服装总价确实离可获折扣的金额还有不小的差距。这时，我看到商店中还有一位已经挑选了不少货品的同胞，走过去聊了聊发现我们竟然是同乡。于是，我就试着问老乡能否代为付款，然后我把打折后的钱款以手机转账方式归还，对方欣然接受。可我转账的时候，手机信号不稳定，无法登录网银。这位好心人记下我的电话、留下自己的账户信息就走了。后来我回到酒店，第一时间给对方汇款，并留言致谢。如果说以上内容为记叙，我们大致可以总结出"国人遍天下、国人帮国人"或者"助人为乐，中华美德"等心得。

英语议论文的思路是：论点、论据、论证的过程。如果我们还是以刚才的例子去写英语议论文、论点还是"国人遍天下、国人帮国人"，可能就行不通了。因为如果要论证这个命题，我们需要国人在世界各地分布的数据支持，同时我们还要证明遍布世界各地的国人大部分是乐于助人的，这才是英语论证的思路。我个人的经历完全无法作为例证出现在这种逻辑严谨的思路之中、形成作文。这种议论思路的差异十分重要，可能也算是大家脑海中的"东西方文化差异"吧，所以请大家务必仔细体会。

说明文

最后一种常见的文体是说明文，这种文体的英文名称可以是 description，report 或者 exposition。这种文体可以用来描述具体的人、物或者反映数据，也可以用来展示流程、解释理论。

不管英语国家使用哪个名称代表说明文，这种文体强调文字"忠实"的属性是确定的，也就是：写什么都行，但一定要忠实地再现样貌、数据或者过程，以便为读者提供准确信息。其实大家对"说明文"并不陌生，产品说明书、景点介绍、服务指南都是以说明文形式呈现的。这种文体在高等教育中很常见，特别是理工科学生的毕业论文多为这种文体。

对很多英语学习者而言，这种文体的难度体现在作者很难自我控制、不去添加个人解读或者避免个人情绪表达。如果我们用说明文写一份社会贫富差距的调查报告，严格地讲，数据列完，这篇文章也就结束了，任何关于贫富差距形成的原因、个人对于贫富差距的感慨、有效缩小贫富差距的措施，是一概都不能写的，因为所有这些内容都和报告数据展示的根本目的无关，最关键的是，这些内容都是无法得到直接的数据支持的。因此，从某种意义上说，说明文的最高目标就是让读者看完文章之后，能对数据、形象、过程形成一个准确的概念。但这点谈何容易！

总结

角度不同，写作定义不同；如果写作存在困难，英语学习者应该从更加学术的角度出发重新审视写作这个科目，最好从记叙文、议论文、说明文三种最常见的文体入手，多多练习，不断积累，提高写作能力。

思考

(1) 你最后一次认真地写英语作文是什么时候？你的作文是否符合本节中相应文体的要求？

(2) 请大家结合作文题目，对某同学创作的文段，从论证的角度（可适当或者完全忽略文段中的纯语言问题）进行点评。

题目：

Some people think visitors to other countries should imitate local custom and behaviors. Some people disagree; they think the host country should welcome cultural differences. Discuss the two views, and give your own opinion.

文段：

On one hand, when traveling to other regions, visitors must show respect to local customs primarily. However, in most cases, people's offensive behavior is due to the fact that they know rarely about it. So it is an easy way to establish good relationship with local people by more comprehensive understanding of local culture. Moreover, visitors had better not judge other cultures by the standards of their own.

没有规矩，不成方圆，这个道理大家都懂，
但很多时候，我们真不知道"规矩有那么多"。
此时，大家要么主动忘记了关于"规矩方圆"的名言，
要么开始怀疑这种说法的可靠性。
这是人们"一切从简"的天性，可以理解，
只是在英语写作这件事情上，应该行不通，
因为写作不是你自己写得酣畅淋漓就可以的。

21 写作的条条框框，你要忍

在上一节中，我们一起对比了写作的三种定义，并对常见的英语写作文体类型逐一进行了分析。大家可能已经感受到了英语写作似乎不是那么简单。虽然英语作文不是八股文，但每个写作步骤都有一些具体的要求。虽然这些要求不是或者不全是"红线"，但是对规则的把握、对写作流程的恪守，是养成良好写作习惯、提高英文写作水平的起点。在本节中，我将根据真实写作的操作顺序，从预设、提纲、撰写、修改四个方面把英文写作中的条条框框为大家总结一下。

在开始之前，我要提醒大家注意：设定规则的初衷不是限制作者发挥，而是保证内容的有效传递。所以大家一定不要在开始阅读本节之前就产生抵触心理、认为本节都是规定，一定很累人。大家可以换个角度，把这些规矩看成大家通向成功的路标，只要大家跟着路标、按图索骥，完成写作过程，大家的作文应该不会差。希望大家采纳下面这些积极且行之有效的操作步骤，完成具体的英文写作任务。

预设

　　因为英语写作也是写作，所以我们开篇先来谈谈写作的"预设"。在这个话题下，我要和大家说说写作的目的、文体和选题这三个点。

⌃ 目的 ⌄

　　我们先来看看英语写作的目的。从文学艺术这个高尚的角度来讲，人们写作是因为有话要说，而且这些内容他们认为或者实际上真的很重要，所以要记录下来、传给后代。从实用的角度来讲，人们写作可能就是为了记事、存档、传递信息。当然，还有第三种，为了水平提升而进行写作练习。但不管出于哪种目的，写作都是在表达、记述我们的思想。

　　由此看来，不管使用哪种语言，大家在提笔之前，都应该有一种难以压抑的欲望，也就是"忍不住要说点什么"或者"这件事情有必要讲明白"的感觉。如果没有，你依旧可以写，只是你写的时候会像是在挤牙膏，而读者看文章的时候会感觉像是在吃牙膏。

⌃ 文体 ⌄

　　文体，相对写作的目的来讲就简单很多了。如果是记述事情，那就是记叙文；一个故事写得长是小说；很多小故事写在一起就是故事集。如果你身处某个具体职位，你可能会写很多说明文去描述事物、介绍情况、制定章程、解释过程。学生、学者、应试者则更多专注于强调事理和思辨的议论文体。我建议作为英语学习者和初级使用者的读者们，多多关注说明文和议论文这两种文体，因为尊重事实、严守逻辑不仅是写作进步的基石，更是大家人生中需要恪守的原则。

∧ 选题 ∨

选题是个大家经常忽略的问题。大家有没有遇到过自己命题却无话可说的情况，查证资料、冥思苦想之后依旧写不出内容的情况？大家有没有过感觉开始写得很好，但越写越写不下去，写到一半之后修改题目或者干脆另起一页从头写起的情况呢？为什么会出现这些情况？无外乎三种原因：一，你不懂题目；二，题目太大写不完；三，题目直白不用写。所以选题是个技术活。

不管写作的欲望存在与否、写作形式可选还是已被指定、命题是否可写，这三个点都高于文本本身，并且可以决定写作的成败。我思考了很久，并最终把上述正文内容概括为"预设"。

提纲

"好记性比不上烂笔头"是指把事情用纸笔记录下来比用头脑记忆更加牢靠。不过我现在要赋予这句话一种新的理解。头脑中的想法其实有快慢之分，"快"的想法就是未经辩证的直觉，例如"一见钟情"。有的想法是经过事实检验和逻辑梳理的，需要我们花时间去想，这就是"慢"的想法。

写作的时候，我们渴望 ideas，但我们得到的想法都应该先用"快慢之分"衡量一下。也就是说，你想明白了你要写什么和你写出来的是什么，很可能是两回事。所以，我们需要用提纲梳理我们的想法，也就是说，我们需要列提纲。

由于本书的性质是"英语学习通识"，我就不为大家细致讲解如何列提纲了。但是我要给大家展示一下好的提纲。虽然大家可能看不懂下列两个提纲（图片框中部分）的细节，但两者高下立见，我相信所有人的评判都应该是相同的。现在大家想想自己写过的、要写的提纲和下面哪个提纲更像呢？是否你的提纲就基本决定了你的文章的成败呢？

Is marriage at a young age a good thing in china ?

Outline:

1. What is marriageable age-The marriageable age in China-China's policies of population(200)
2. Background-NPC deputy Huang xihua suggest decline the marriageable age in China(200)
3. The advantages of early marriage and some particular benefits of early marriage in China(350)
4. The disadvantages of early marriage and some particular defects of early marriage in China(650)
5. Conclusion-The disadvantages of early marriage in China outweigh its advantages(100)

PROBLEMS AND SOLUTIONS OF APPLE INC. IN A POST-JOBS AGE

Part 1
1. Jobs was the founder of Apple inc. as well as the spiritual leader, and he is gone.
   A. Apple Inc. history (3 apples)
   B. Secret of his success
   C. Continue Jobs' legacy (his charisma)

2. Compared with the previous products, the new products are of a Jobs-free style. The New Ipad
   A. The change
   B. The innovative (this part is worth your attention or it will overlap with "the change" part)

3. The confidence of the partners, shareholders, suppliers will shrink to wither and hence sales drop and market share is taken.
   A. Share price fell 2%
   B. New iPad sales are insipid, manufacturers reduce working intensity in China.
   C. The new iPad selling three days sales of 3 million, Apple shares rose 2.65% on Monday on The NASDAQ Stock Market, the closing price first break in the $600 in after-hours trading, and rose $2.70 to $603.79, or 0.45%

这里再多说一下议论文以及这种文体的提纲。在写议论文的时候，大家的思路基本是：A观点有理、B观点有理，我同意A和B的观点。这样写是可以的，因为文章达到了议论文的最低要求；同时，这样写了也是白写，因为你根本没有提出个人的观点。

不管是受中庸之道的影响，还是话题超出了大家的知识、能力范围，大家总是"骑墙"，而不敢"站队"。如果大家在"国家应该在经济和艺术哪个领域投入更多"这种话题上还保持中立，那就实在说不过去了。针对议论文这种文体，与其说提纲梳理结构，还不如说提纲确定了写作的方向。

撰写

现在终于聊到动笔了，更加细碎的问题也来了。我把它们逐一介绍一下吧。

1. 文章要有开头、主体、结尾。英语议论文和说明文这两种常见的文体，就是这种结构。不管是由于疏忽，还是时间不够，或者根本不知道，不是所有学习者的作文中都有这三个部分。

这里要说一个非常细小的知识点：分辨 to sum up 和 above all。前者的意思是"总起来说"，起总结的作用；后者译为"最重要的是"，引出议论中最重要的一个观点。如果大家不慎把 above all 用在最后一段的开头，是不是容易让人认为你的文章没有总结收尾呢？

2. 考虑到大家能接触到的英语作文大多篇幅有限，内容也相对简单，各位在写作文的时候应该有意识地分配、控制一下段落的长短。基本原则是：首尾段落最好短于任意一个主体段落、主体段落之间不要有太大的长度差别。这里和大家分享一个调查结果。使用常规字号、A4 纸常规排版，7 行文字是大脑缓存信息的极限。也就是说，如果一个读者连续看了 10 行文字，那么前 3 行的内容他可能就记不清了。这个调查结果给出的启示就是：注意适当分段；在内容允许的情况下，当段落达到 7 行左右时，应考虑分段。因为只有这样，作者的内容和写作的意图才能无障碍地传递给读者。

3. 语句长短要有差异。与段落不同，语句应长短交错，因为结构、词数相似句子的重复会造成段内 "文字节奏" 的单一。否则，不管读者是对短句应接不暇，还是对接踵而至的长句产生习惯性的阅读困难，都会产生阅读障碍，从而获得不良的阅读体验。坐火车打瞌睡就是一个很好的例子。

铁轨是一节节地铺在枕木上的，两节铁轨的衔接处叫作 "道缝"，车轮经过道缝时会发出 "哐哐哐" 的声音。由于铁轨长度相等，火车的速度在一定时间范围内是保持不变的，所以 "哐哐哐" 的噪音很均匀、很有节奏感。这种简单、有节奏感的重复，消除了意外的可能性，我们的头脑也就不用分出更多的精力去应对变化。久而久之，头脑和思维就会因为没有新信息去处理而 "闲得慌"，从而产生困倦感。所以赶火车的时候，身体上的 "累" 并不是我们在火车上犯困的唯一原因；有节奏感的噪音也能让我们入睡。如果你不想让你的读者犯困，请间隔使用长短句。

修改

写完了作文只是写完了，大家至少还要再细细地读一遍，这就叫 "检查"，检查出问题，我们就要 "修改"。这个过程经常因为时间所限或者学习者倦怠而被省略掉。如果是时间原因的话，我无话可说；如果是因为 "懒" 而不去检查，那大家就是把本可以获得的分数留在了老师的手里。如果要检查，大家需要关注哪些问题呢？

1. 检查可数名词用法、主谓一致、动词时态相关变位（特别是不规则动词的过去式和过去分词）、两个带有时态的动词的连用、句子之间的连接等基本语法问题。如果大家不懂我刚提到的这些语法问题，或者对这些问题存疑，请上网查找华丽学院语法课程，相信大家一定会得到清晰的解释说明。

2. 检查标点。之所以把这个问题单独拿出来说一下，是因为很多英语学习者对此知之甚少。请大家就相关知识点进行学习、查证、补充。

3. 如果不是在考场上写作文，大家可以把自己的作文拿给水平更高的同学或朋友看一下。他们肯定会或多或少地提出可靠的意见，就算大家对他人提出的问题存疑、进行查证也是好事。最后，也是最难的，在时间允许的情况下，请大家最大限度地删减无用的字词。

在保证信息不受损的情况下，能删掉多少字就删掉多少字。如果之后出现了词数不达标的情况，请大家补充内容。这样的操作实际上是在呼应我在开篇提到的"写作的目的性"，也就是：有话就说，但是不能说废话。

总结

英语写作和其他科目或工作任务并无二致，都有特定流程和具体步骤要求。大家之所以觉得这些要求不是助力而是阻力，是因为心理作用和操作陌生所致。稍稍用心，这两个困难都是可以克服的。

思考

(1) 国家应该在经济和艺术哪个领域投入更多？
(2) 请以"国家应该在经济和艺术哪个领域投入更多"为题，列出作文提纲。

大家总是羡慕别人某方面超凡的能力，

却很少有人探究如何获得这些能力。

能力，是一种特质，而特质是习惯的累积。

习惯不分大小，但确实有优劣之分；

好习惯悄无声息地加快了进程、放大了效果。

不容置疑，写作的能力也源于良好的习惯，

那么，好的写作习惯到底有哪些呢？

写作中，能力源于好习惯 22

很多人认为"好文笔"是上天的恩赐，是一种无法习得的天赋。其实事实并非如此，我在上一节中提及的条条框框，就为大家提供了具体写作过程中的有效帮助。

从长远的角度看，写作能力和身体健康、事业顺利一样，都和成功者幕后的计划、拼搏、坚持息息相关。我这么说并不是在否认：有的人天生体质好；成功者可能有一定的家庭背景和资金支持。我只是希望大家理解个案中能力起点的高低与能否进步并成功没有必然的关系。

我们回到写作这个话题。为了让大家能够把英语写作能力的提高过程放在日常、坚持不懈，并以"化整为零"的方式高效进行，在本节中，我将从素材积累、逻辑提升和高效练习方法三个方面展开论述。今天的内容大家应该了解得不多，我相信大家一定会兴趣满满地读完本节！

素材积累

∧ 素材的范围 ∨

说到素材积累，我觉得首先应该明确一下素材的范围。英语写作涉及的素材，从大到小包括：

A. 阐述权威观点或介绍事实的论文

B. 美文或范文

C. 模板

D. 句子

E. 相关词汇

简而言之，素材就是信息、文章、句子和词汇。在这里，我要单独谈一下背诵范文和例文。希望通过背诵，特别是短期突击记忆优秀作文去获得思路和语言的做法是行不通的。请大家扪心自问：你背诵的素材是否用到了写作之中、并且帮助你提高了写作能力？吸收之后的步骤不是使用，而是"内化并尝试使用"，这就是简单背诵素材无法提高写作能力的根本原因。所以大家志在必得的素材可能只是富含信息的段落和词句等语料，但二者可能都无法直接应用于作文，并占据一定的篇幅——事情没有大家想象的那么容易。

虽然我们准备素材的目的是提升英语作文水平，但是素材的积累其实不限语种，更没有固定的来源。换句话说：只要是你能够用上的各种素材，都可以收集。你聊天获得的信息，朋友圈刷出来的内容，新闻中听到的消息，百度中搜索到的解答，其实都可以成为有用的素材。当然，如果只是收集素材，大家的脑袋就变成环保袋了，因为收集素材的目的不是"囤积"而是"使用"；想要信手拈来，我们就必须做好准备。素材不应该只是被简单记录；素材至少还需要经历分类和处理这两个步骤。

∧ 素材的分类 ∨

所谓分类相对直白：政治、经济、文化、科技、教育、体育、媒体、社会、环保、犯罪、工作、生活、娱乐……这是大家完全自己可以列出来的条目。如果大家不满意上面的分类，大可以自己整理出顺眼、顺心的个性化分类。然后每过一段时间，看看各种类别素材积累的数量，补充一下积累不足的类别，这样，分类的工作就基本完成了。

︿ 素材的处理 ﹀

接下来我要说说素材处理，这是大家基本上没有关注过的操作。由于收集素材是为了将其用到英语作文中，所以中文素材要真正进入素材库还需要翻译的过程；即便是英文素材，我们也要确保其语言层面的准确。因此，我们需要一个"审核机制"，也就是说，大家要找个信得过的人帮忙审核文字，然后才能拿来用。

下一步是对素材进行编辑处理。这里我要补充说明一下：大家收集的素材不能过长，因为过长的素材不易使用，会导致我们的收集流于形式。我个人认为一两句话就好，50 字是极限吧。我们再回到素材编辑的话题。大家对收集的词句、语言结构或者一两句的文段进行必要的修改和逻辑梳理之后，尽量将其连接成段落，然后总结出段落的中心思想，或者标题句。这样一来，零散的素材就变成了有机的整体。同时，在整理的过程中，大家也会对素材有更深刻的认识。

我在这里提醒一下各位：让大家把素材整理成段落有两个原因。其一，熟悉素材。因为毕竟我们不能一写作文就翻素材本，至少考试的时候是不可以的。编辑素材的过程就是理解分析素材的过程，而这个过程有助于记忆。其二，善用素材。如果大家不分题目，直接生搬硬套"素材段"，结果肯定不会理想。而把零散的素材编辑为"素材段"，且提炼出中心思想，会在一定程度上提高素材和作文题目的匹配效率，也就是说，一看到题目就能想到素材。

有的学习者醉心于老师们提供的素材和模板，对此我有三点要说：一，素材的质量要在大家能掌握的范围之内，老师的再好，你可能不懂、用不上，所以素材还得自己收集；二，一字不改地生搬硬套，要么是抄袭、要么是跑题，后果都很严重；三，直接背素材是不良习惯，大家可能是因为没时间去做准备，也可能是因为懒得自己进行作文备考。但这两种原因一般会造成大家"背都背不对"。一图胜万言，请看：

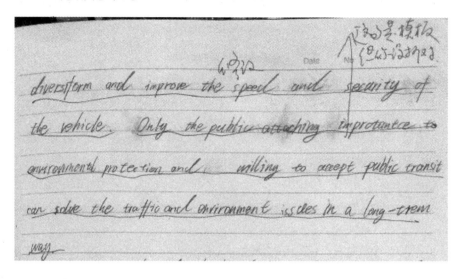

⌃ 素材积累的副作用 ⌄

如果大家真的把素材收集的工作做好了，那么单词、语法、句型等问题也就随之解决了。因为素材要么是英文的，要么需要大家翻译成英文。在理解和处理素材的过程中，大家应该会遇上不懂的词句和语法，但这些困难都可以通过查字典、问高人等途径来克服。如果是这样的话，大家的单词、语法是不是不用再单独拿出时间来学了呢？

逻辑提升

"逻辑是硬伤"这种说法流行过一段时间。这种说法之所以流行（过），是因为它引起了大家对"没逻辑的后果很不好"的共鸣。有无逻辑对于写作成败的重要性非常直接：写作是白纸黑字地传递内容信息，"经得起推敲"也就成了写作的难点。我们用例子来说明问题吧。

某国某种瘟疫蔓延。感染瘟疫的人，必死无疑，只是"大限之期"不能确定，即染病后，病人可能是当场死亡，或者和正常人一样生活几年或几十年后因瘟疫发作去世。虽然瘟疫肆虐，但是针对性药物已经被研发出来且治愈率为99.99%。不过经过某种证明，我们可以确定的是：这种疗法的治愈概率永远不能有任何提高，而且如果接受治疗的人就是那不幸的万分之一，这种药物就会代替瘟疫要了病人的命。如果你是该国的卫生部长或者当事药企的发言人，你是否会向民众推荐这种疗法呢？

逻辑出错的最大问题在于"质疑条件"。我承认这个例子是假设的，例子中的很多条件很极端，但从逻辑的角度出发，这些条件就是客观存在且不容质疑。如果大家和我争论为什么治愈率不能继续提高，那我们的讨论就要换题目，我们的讨论就要离开逻辑、直奔医学了。其二，逻辑的困难是掌握、平衡所有条件，不管是"发病不定时但必死"，还是"治愈率很高但不能保证百分百"，这些都是条件、都可能影响结论，因此我们必须把这些条件全部纳入我们的考虑之中。第三，立场和出发点应该影响结论，所以"卫生部长"和"药企发言人"应该口径不一。这个例子是否有标准答案？如果有，标准答案又是什么？这就是本节的思考题。

高效练习方法

练习是英语写作水平提升过程中不可能逾越的环节，同时我也认识到了学习者在练习中可能遇到的问题。

1. 就算不考虑修改和提升的过程，写作练习本身也很耗时。大家可能很难找到能够让自己持续高度集中并完成整篇文章的环境。如果练习环境不佳，思路不能够连贯，练习的效果也就有限了。

2. 练习有效性存疑。就算大家可以找到合适的写作练习环境，但是很可能对时间的把握欠佳，养成拖沓的写作习惯，忽视"内容—时限"的对应关系，从而降低练习的效果。

3. 最后，练习针对性不强。英语作文的文体虽然有所不同，但文章中主体部分的重要性是相同的，也是应该认真对待的。如果再考虑到文章的首尾基本思路相同、结构固定，完整撰写作文可能会降低练习的效率。

针对上述问题，我向大家推出"高效写作练习法"。下面我将为大家分步骤进行讲解。

1. 确定文体和题目。请大家根据之前的讲解，避免可能出现的问题。

2. 完成提纲。此步骤十分关键，所以大家要谨慎操作，确保提纲和各级标题的有效性。

3. 完成标题句。在提纲中选取标题并扩充成为段落标题句；标题句应尽量限定在 15 个英文单词以内，以确保段落内容的统一和观点的清晰。

4. 计时完成段落。计入标题句词数之后，建议段落不要超过 100 词。100 词的段落，写作时间及格线为 13 分钟。在练习过程中，如果标题句不单独撰写，而是和段落写作一起完成，时间及格线可延长至 15 分钟。上述时限针对手写，如果大家使用键盘输入，还要在具体标准基础上再提速 2 分钟。请大家严格记录自己的练习总时长，并根据段落的词数，通过简单计算，确认该段落对应的及格时限，以便确认自身水平差距、明确努力方向。

5. 将文段交给有能力者（高人同学或教师）进行批改。必要时，进行改写或重写。

关于标题句，我要补充一下。虽然有 15 个单词的限制，但还是可能出现逻辑上的转折和内容上的叠加，也就是大家使用了带有 and 和 but 的并列句型。如果大家使用并列句，则段落理应包含的信息瞬间扩容：大家要针对标题句中所有的信息点，在该段内进行描述、解释、说明。如果大家在标题句中使用了从句等带有逻辑内涵的表达，那问题就更加复杂了。因为除了覆盖信息点之外，大家还要理清信息点之间的既定逻辑。请大家注意。我话都说得这么清楚了，大家还等什么？开始动笔练习吧，你的写作成功之路，自此开始！

总结

经过三节的讲解，大家应该对英语写作有了一个基本清晰的认识。认清写作本质、开始写作练习，这些固然重要，但素材积累、逻辑提升和高效练习方法这三个要点可能更接地气。不管怎样，希望大家写作进步，用文笔描绘内心世界、反映大千世界！

思考

(1) 根据本节中"瘟疫"的例子，回答下列问题：
   A. 如果你是该国的卫生部长，你是否会向民众推荐这种疗法？
   B. 如果你是当事药企的发言人，你是否会向民众推荐这种疗法？
   C. 如果你是患者，你是否会采用这种疗法？
   D. 如果你的家人染病，你是否会建议、(对你监护的孩子) 直接决定采用这种疗法？
(2) 请论证上一题中你给出的任一问题答案的合理性。
   A. 如果你的思路相对复杂，你需要起草一个提纲，并将该提纲中主体部分内的某个观点展开，写成一个不超过 100 词 (含标题句词数) 的英文文段，完成观点论证。标题句不超过 15 词。
   B. 如果你的思路相对简单，请直接使用不超过 15 词的标题句引导一个不超过 100 词 (含标题句词数) 的英文文段，完成观点论证。

翻 译

世界上语言众多，只有"同文"才能交流，
于是，每每提及外语，我们总会想到翻译。
学习外语的过程好像也少不了翻译这个步骤：
外语—翻译—母语—理解，这个过程顺理成章；
但这个过程应该更短，因为交流时机转瞬即逝。
我们能把"更短过程"的可能性变成现实吗？
如果你愿意改变学习方法，答案就是肯定的。

学外语，理解比翻译更重要 23

　　下面这个学习场景大家一定不陌生：大家拿到英语学习素材之后，第一反应一般都是查看中文译文，或者自己动手开始翻译。通过翻译获得的母语（文本）好像一个巨大的影子，跟在英语学习素材的身后，甩不掉、逃不脱。大家不禁会发问："我什么时候才能甩掉翻译这根拐杖呢？"

　　不翻译不懂，翻译了之后也只是似懂非懂；经常翻译，让不少人在使用外语时带上了严重的母语痕迹，而未经翻译的原文看起来又总是觉得有点别扭。总之，会不会翻译、翻译还是不翻译，都是让人头疼的问题。本节的内容会非常有意思，我将会和大家展开三个问题的讨论：世界上的第一个翻译是谁？中英文思维到底有没有差异？学习外语的过程中到底要不要翻译？我们即刻进入正题！

世界上第一个翻译是谁

∧ 翻译能力并不唾手可得 ∨

在我学习英语的初期，我也有过"不管是哪两种语言，世界上第一个翻译是谁、世界上的第一次翻译是如何进行的"这样的问题。关于这个问题，有人给出了如下回答：可能某人在掌握一种语言之后，进入到另外一种语言环境之中，例如一个小孩子出生在中国，童年在国内度过，青年时期移居美国，然后就自然而然地掌握了两种语言，翻译也就不在话下了。

这种说法看似有理，但实际上讲不通，因为例子中的这个孩子是不懂任何英语的，那他到美国的第一天里是如何理解外语的呢？更有可能的情况是这样的：两种语言的使用者初次见面并接触到对方的语言的时候，是从水浅的地方摸着石头过河的。

∧ 从水浅的地方摸着石头过河 ∨

所谓"水浅"是指从具体直观的事物和动作入手进行翻译和交流，例如：一方指着房子说"house"或一边蹦一边说"jump"。这样一来，简单内容的交流就变得可能了，即便出现了误解或者不解，问题也不难解决。所谓"摸着石头过河"是指语言不通的双方在交流的过程中可能遇到了，也应该会遇到一些大家在最开始的时候没有察觉到的问题，例如抽象概念的辨析。I hope to 和 I want to 虽然都表示意愿，但是毕竟有差别，不过这些差别应该不大影响交流。而两者之间的差别也会随着交流的增加，被交流的双方感悟到。

当然，最初的沟通肯定不会像上面说的这样顺畅，双方磨合的过程可能也比我们想象的要长得多。但我们可以确定的是：在表情、动作和具体事物的辅助下，大致相同的生活背景和一定的生活阅历，应该可以让语言不通的双方完成一定程度的交流。

∧ 如何当"第一个"翻译 ∨

要回答这个问题，我们可能不得不谈一下 Ted Chiang 的小说《你一生的故事》。如果大家没有听说过这部小说，大家应该听说过或者看过《Arrival》(中文片名：《降临》)这部 2016 年上映的科幻电影。影片中语言学家和外星生物交流的片段以及外星圈形文字都给我们留下了深刻的印象。同时，这部影片传递了语言转换与语言学习的真谛，我将引用原著小说来结束这个部分的讲述。

"学习某种陌生的语言的唯一方法就是和说这种语言的人进行互动，我的意思是说，问问题、交谈这样的事。不这样的话，基本上是不可能的。所以，假如你想了解外星语，你就得派出接受过语言学训练的人——不管是我还是其他人——去和外星人交谈。"

中、英文思维是否存在差异

下面我们聊聊中英文思维到底是否存在差异。我会就这个话题在后面的章节中展开专门讨论，今天我们就从翻译的角度简述一下这个问题。华丽学院在词汇 QQ 群中进行了单词造句活动，有一次我和学员的讨论非常贴近我们现在的话题，下面就和大家分享一下。当天，活动要求大家学习并造句的单词是 cheat，有一位学员写出了下面的句子：

I could not cheat my appetite for the new notebook, and finally I got it by tightening my belt for a month.

他要表达的意思是："我骗自己说我不需要这台新的笔记本电脑，但是我没成功，最终我只能节衣缩食一个月，省下钱添置了这台电脑"。首先，句中 appetite 用得不好，应该使用的单词是 desire，因为虽然两词意义非常相似，但 appetite 主要指"食欲"或者这个概念的引申义及比喻义。此外，"欺骗欲望"是一个很难解释、不常见的概念。如果一定要表达"不管为什么，欲望不存在了，我不再想买了"，大家需要使用的词组是："克服了欲望""控制了欲望"

或者"欲望自行消失了"，也就是使用 overcome，resist，control，suppress，avoid 等词和 desire 进行搭配。

这个例子表面上好像在说翻译不容易，找到合适的词不容易，需要不小的词汇量。但事实是：中英文思维和语言的用法不存在本质的区别；这位学员可能是没想清楚，或者中文水平一般，但我们可以确定的是：他对词意没有完全掌握，也没有清晰表达出自己的想法，所以他的造句出了问题。

其实，我们确实可以说 cheat one's appetite，请看英文网页截图。

25 Ways To Cheat Your Appetite And Stay In Shape!

MAY 10 • DIET & FITNESS, HEALTH • 5430 VIEWS • NO COMMENTS ON 25 WAYS TO CHEAT YOUR APPETITE AND STAY IN SHAPE!

The safest and most waterproof way of shedding weight is simply to change your eating habits…and your appetite. The signals that indicate hunger do not always work properly in overweight people, so you have to learn how outsmart yourself

1

Eat from a small plate, drink from a small glass, and then even a small portion won't look quite so miserable any more. Your stomach receives the good news via the eye – that "here's plenty of food; I'll certainly be satisfied".

2

Sit down to every meal. This helps you to concentrate on the food before you, to relax, and to eat and chew slowly. The danger has been averted – that you "just nibble" a bit in between times – simply because something tasty and tempting is within your reach. So a thoughtless intake of calories has been avoided.

但是，网页中的文章要表达的内容是：通过特定的饮食方法，例如用小盘子吃饭、专注地吃饭，让自己的食欲受到控制，以达到保持体型的目的。这里的 cheat 用法很具体，和上文提及的例子中的场景有本质的区别。

其实，就是说 cheat 这个词也有很多讲究。英文中不用脏话，但极其狠毒的说法有两种：一种是说某人是 loser，第二种就是说某人是 cheat 或者 cheater。前者说某人能力极差，后者说某人人品极差。所以我们用 cheat 的时候要非常谨慎——"情感不忠""考试作弊"可以用 cheat。不过，要表达"欺骗感情"，我们用 play with one's feelings 或者 lead somebody on 才是地道的表达。

但"哄孩子"或者"自我安慰"，我们要用 fool oneself into thinking/

believing。在这里 fool 相当于 trick，也就是"自己骗自己"，或者是"傻傻不知道"的意思，显示了某人心智的软弱或不成熟。因此，我们可以比较稳妥地说：中英文思维的差异小于正误理解的差异，也就是说你觉得中英文不对应时，绝大多数情况下是你的查证工作做得不好，或者你在语言的理解、掌握、使用方面存在问题。

学习外语是否需要翻译

最后我们聊聊学习英语到底要不要翻译。我个人觉得这个问题根本不是问题，因为我看不出学习的过程中我们为什么需要翻译。大家说得很好：不翻译我不懂啊！我看不懂内容就不知道材料说的是什么，我还怎么学英语啊？这种说法看似合理，但实际上是有问题的。我们举例说明。

"西瓜"的英文表达是 watermelon，这种对应是语言层面的。但实际上，"西瓜"这个概念对我们而言是没有什么意义的，因为"西瓜"这个词本身是个概念，大家头脑中反映出来的"西瓜"实际上是一个图片，是这个概念的具体形式，可能是大家最近看过、吃过的那个西瓜，或者是我们在头脑中存储的西瓜图像和西瓜带给我们的感觉，也就是绿皮上有黑色条纹、切开之后红瓤黑籽、吃起来甜甜沙沙的那种水果。这个形象可能是根据我们的经验构建之后重现的，也可能是我们之前某次非常愉悦的吃瓜经历中的某个场景的截图。但不管我们头脑中的形象是如何产生的，"西瓜"作为一个概念，对大众而言是空洞的、没有意义的。

说到这里，我相信脑筋转得快的读者已经理解我的意思了。我们学习英语的时候，例如我们在背单词的时候，最好不要把 watermelon 这个单词和"西瓜"这个由两个汉字组成的概念对应起来，因为概念比较抽象，记忆起来是困难的。我们要做的是，背到 watermelon 这个单词的时候，要想到刚才描述的西瓜图片或者吃瓜经历中的某个场景定格。这样我们就把"英语单词→中文概念→具体意象"的思维过程缩短了，形成了"英语单词→具体意象"

的过程。因为减少了中间环节，我们提取单词的速度更快了，因为我们跳过了"中文概念"这个步骤，直接完成了"单词→意象"的过程。

因为 watermelon 这个单词常见或者大家已经掌握，所以我们刚才提到的思维简化的作用可能不是十分明显，但在学习新单词、长难单词或者理解整句、长句的时候，这种思维是非常便利的。这种方法及其对应的过程就是"利用图片记忆单词"的基本原理，但是别人画出来的图片和自己头脑中构建、提取出的事物及动作图片等还是有差异的，就好像"别人嚼过的馍不香"。而且，考虑到不是所有你需要背的单词都有人给你准备好了对应图片这个事实，大家还是在背单词的时候，自己多想一下，仔细回忆、构建场景，这样背下来的单词，一则方便提取；二则自然而然地越过了翻译的过程，或者说至少在使用的过程中减少了用中文概念进行翻译的环节。

总结

语言之间的差异客观存在，但这种差异其实并不像人们想的那样大到无法弥合；同时，不同语言背后思维的差异远远小于语言形式上的不同。正因为如此，语言之间的翻译成为了可能。此外，语言学习的本质是理解和沟通；翻译对绝大多数英语学习者而言，只是路径，而不是终点。

思考

(1) 你是否在记忆单词的时候进行了"单词—图片 / 意象"的联系？

(2) 为什么你在说和写英文之前需要准备好中文（至少是中文思路），之后才能开口和动笔？你打算如何克服这个困难？

(3) 你在进行翻译练习（口译、笔译）时遇到的最大问题是什么？你是否找到了解决方法？

术业专攻、供职从业是专业；

技艺高超，真知灼见也是专业。

但能力上的专业比履历上的专业更加重要，

因为，亮出毕业证解决不了问题。

翻译至少需要两种语言的能力，

翻译更需要实战历练和经验积累，

但翻译专业能给你这些成为好翻译的条件吗？

专业课教出好翻译，不易 24

翻译，对英语学习者来说是一种"神的存在"似的职业：因为能够进行翻译工作，自如使用英语的水平是肯定可以达到了，而且某人的英语水平一定达到了很高的境界。此外，在很多人看来，翻译工作也是一个非常有前途的选择，因此，有能力、有意愿的学生纷纷投考翻译专业，开始了带有明确职业方向的学习。

我在本节暂时不讨论"当翻译是否是一种很美好的工作"这个话题，只研究一下"好翻译是否是教学的成功"。如题所示，我不大相信好翻译是老师教出来的，这种说法确实需要论证一下。所以，在本节中，我将从中文素养、翻译作品的评价标准和翻译实务三个角度为大家分析一下、支持一下我"骇人听闻"的言论。相信大家，特别是翻译专业奋读的读者们，已经迫不及待了……

中文素养

说起"中文素养"这个问题，多少有些伤害大家的感情。我们是母语使用者，难道我们的中文还有问题？要回答这个问题，我还是得给大家讲一下我的亲身经历。我是专职老师，同时也是一个英语教学读物的作者，我和机械工业出版社有着良好的合作关系。在我们合作《雅思口语机经大典》的过程中，由于时间紧、任务重，我将书中部分答案范例的中文翻译工作交给了我的学生。

这名学生是英语专业的学霸，我对她的英语水平很有信心，所以才将这项任务委托给她。但出乎意料的是，她的翻译结果并不令人满意。一图胜万言……

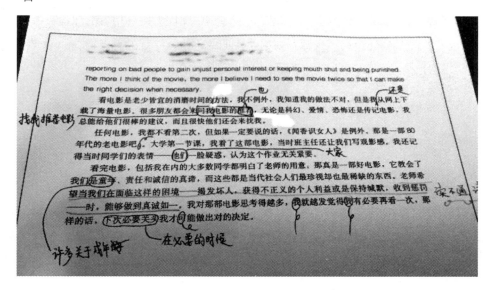

大家现在应该对这段翻译文字的质量有了一个基本概念吧？实话实说，在大家看到的修改中，真的没有误译或者对我创作的英文内容的歪曲，因为在拿到学生的译文之后，我已经对大是大非的问题进行了修订。因此，编辑标注出来的问题应该是我和学生的共同问题：用词不准确、表达不通顺、不符合语言标准、错字别字等问题，都出现了……我现在就在想：《揭秘英语学习 50 "坑"》这本书的编辑又会给我指出多少语言文字问题呢？我看到这些问题时又会作何感受呢？真的不敢想下去了……

我相信国内大专院校了解中文素养在翻译中的重要性，所以在英语翻译专业开设了《中国现代文学》《中国文化概论》《翻译理论与实践》等旨在提高母语水平的课程。但根据我近二十年的教学经验，我觉得国内的翻译专业学生可能真的需要拿出更多的时间，来提高自身的母语基本素质。我们可以从各种文体的写作开始，增强学生对各种文体语言特点的掌握，提高学生规范使用母语的意识，同时扩大其中文词汇量。

简而言之，母语使用者的母语水平不一定高，但如果大家母语都用不好，又怎么能保证把外语掌握好，并且胜任双语转换的工作呢？如果我们的母语都不过关，就算我们英语过关，我们的翻译作品是不是也是"瘸腿"的？但如果我们的翻译专业真的设置了很多与中文能力提升相关的课程，报考翻译专业的学生还会有多少呢？如果学生们的母语水平真的有待提高，学校又该做些什么？

翻译作品的评价标准

大家可能都知道"信、达、雅"的翻译标准，但就是这简简单单的三字要求，不少翻译是做不到的。其实，只是一个"信"字就能把很多翻译压在及格线之下。在这里，我给大家插播一段"科普知识"：不管笔译还是口译，需要译者进行处理的语言叫"源语言"，翻译输出的语言叫"目标语言"。在翻译实践中，"信"就是"准确"，也就是说，目标语言要忠实于源语言，这是任何翻译都要遵守的铁律和作品的底线。但要做到这点，谈何容易！

我大学的翻译老师在第一天给我们上翻译课的时候，对我们这些不知深浅的英语专业学生进行了一次"翻译思想政治"教育。他在黑板上潇洒地写下"It was a cold winter day."之后对全班同学说："你们先翻译着，我一会儿回来"，然后离开了教室。我和所有同学当时都经历了"意外、不屑、冷静、为难、烦躁、失落"这一连串情绪的变化过程。我和同学们的翻译汇总起来有三个版本：

　　　　　这是一个寒冷的冬天。

　　　　　它一个寒冷的冬天里的一天。

　　　　　冬天里的那天很冷。

　　可实际上，这三种翻译都是不准确的。"It was a cold winter day."这句话的准确翻译是：

　　　　　那是一个寒冷的冬日。

　　译文中的"那"对应英语原句中的一般过去时；"寒冷的冬日"准确地对应了cold修饰winter day的语法结构；译文中所有概念的顺序也和原文一致。在讲评完大家的翻译、公布答案之后，老师对我们语重心长地说：

　　"我认为刚才翻译练习的正确答案只有一个。这种情况在翻译实务中不是很多，但我希望大家在翻译的时候时时刻刻想着这个例子，提醒自己、拷问自己——'我现在正在翻译的句子是不是只能对应一个目标语言表达？我的翻译作品是不是最好的版本？'只有以这种态度对待翻译，你们才有可能成为合格的翻译。"

　　听到这里，各位可能会说："张老师，您跑题了！您的翻译老师很好，肯定给了您很多帮助。您为什么还要说'好翻译是教不出来的'呢？"大家可以不去关注我到底是不是好翻译这个问题；就算我的翻译老师再好，就算他在第一节翻译课上就帮我们端正了翻译应有的工作态度，但是这位老师不会时刻陪伴并督促我认真完成翻译，我遇到困难时他也帮不上忙，我对翻译准确度的追求和坚持说到底还得靠我自己。

　　退一万步说，翻译至少应该可以将两种语言准确对应，这个道理还需要翻译老师告诉我们吗？所以我认为，要想成为好翻译，个人努力远比师从大家重要得多。这就是所谓的：师父领进门，修行在个人。

翻译实务

　　《圣经·旧约·创世纪》中有一个"巴别塔"的故事。故事中的这座塔也被意译为"通天塔"。故事大意为：先民怕上帝不守约定、再次让洪水降世，所以希望通过建造高塔进入天国，免受水患。上帝起初对此并不在意。但人们协同努力，工程进展到了上帝不能接受的程度。于是上帝施法让人们讲不同的语言，并把人们散布到世间。这样一来，沟通协作无法完成，通天之塔的工程也就荒废了。

这个故事旨在教化基督徒要信神、敬神；但有的语言学家认为这个故事在讲语言和沟通可以把人提升到神的高度这一道理。不管我们是否相信语言学家对圣经的解读，我们可以确认的是：语言沟通的重要性是毫无疑问的。这时，问题来了：这么重要的"同文"工作，学校或者专业教育能够完成吗？

翻译是一项需要承受压力的工作。在大规模的会议翻译中，现场的秩序、观众的外语水平、源语言使用者的语言习惯和发言速度都会给翻译的工作施压。小规模的会谈往往言语往来频繁，对翻译精确性的要求高。这些都对翻译工作者提出了很高的要求。不同场合、各种要求，这些翻译实务中的困难很难在教学和练习的过程中得到解决。不管翻译专业的学生们如何练习，"这不是工作"这种潜意识都会让大家练习的"仿真程度"大打折扣。还是那句话，只有做了，你才知道怎么做。

此外，翻译，特别是口译，是与人打交道的活儿。要想一做好这种活儿，除了充分的准备之外，翻译人员还需要丰富的社会经验和生活阅历。说到准备，这里插一句。大家不要觉得同传口译是"张口就来"，译员们优秀的表现无不出自大量的相关素材积累和对发言内容的充分预测及准备。

插播结束，我们回到正题。如果某位读者被某公司雇用从事商务会谈翻译工作，你是不是应该做好准备工作？不仅要了解会谈内容，还得了解会谈双方发言人的习惯、立场、甚至工作和生活背景等。面对尴尬的交流内容，身为翻译的你将如何应对？如果你服务的对象需要临时更改行程，你能否快速反应，为其将相关事宜安排妥当？学校和专业课程不会教这类场景的应对方法，但是你作为翻译必须有能力去应对好这些场景，以确保翻译乃至会谈的顺利进行。

总结

　　母语水平亟待提高、翻译工作难度大和实战经验不足是翻译专业培养优秀翻译的三大困难。优秀的翻译无不经历过"木炭承压、受热成为钻石"的蜕变。学校里的专业培训在这个蜕变过程中有作用，但仅仅是"把你这块木头埋在土里"，标注你蜕变过程的开始。如果你认为这个环节是你个人无法做到的，那你就继续报考翻译专业吧。

练习

　　（1）请借助字典翻译《思维，快与慢》一书序言部分的第一段。

Every author, I suppose, has in mind a setting in which readers of his or her work could benefit from having read it. Mine is the proverbial office watercooler, where opinions are shared and gossip is exchanged. I hope to enrich the vocabulary that people use when they talk about the judgments and choices of others, the company's new policies, or a colleague's investment decisions. Why be concerned with gossip? Because it is much easier, as well as far more enjoyable, to identify and label the mistakes of others than to recognize our own. Questioning what we believe and want is difficult at the best of times, and especially difficult when we most need to do it, but we can benefit from the informed opinions of others. Many of us spontaneously anticipate how friends and colleagues will evaluate our choices; the quality and content of these anticipated judgments therefore matters. The expectation of intelligent gossip is a powerful motive for serious self-criticism, more powerful than New Year resolutions to improve one's decision making at work and at home.

（2）请对比原文（图1）和译文（图2），找出译文中一处最明显的错误。

Non-reactive techniques

These do not involve the direct co-operation of the market place and are controlled completely by the company.

...or consumer panels who record their purchases over a certain period. This enables the supplier to identify usage patterns of certain sections of the market.

图 1

选自 *Marketing Plans: A Complete Guide In Pictures*（John Wiley & Sons Ltd.，2012年版）第138页

非回应技术

这种技术并不需要市场的直接合作，而是完全由公司控制。

……或者让消费者研究小组记录消费者一段特定时间内的购买行为，这样供货商可以明确市场特定领域的产品使用情况。

图 2

选自《图解营销策划》（电子工业出版社，2014年版）第151页

每个人都有追求个人理想的自由。

在追求理想的同时，大家也要面对生存的压力，

退而求其次，有时是怯懦，有时是必须。

此外，还有一个更加基础的问题等着大家：

大家是否知道自己为什么选择某个理想，并为之奋斗？

如果你希望通过实现理想获得更好的物质生活，

你可能需要停下来，重新审视一下自己"当翻译"的梦想了。

翻译专业，好似无底深坑 25

　　术业有专攻，但术业无高下。我把这个观点明确地提出来，并且放在本节的最开头，就是不想让大家对我在本课中要讲的内容有任何的错误理解甚至偏见。之所以说把翻译作为专业去学习是一个"超级大坑"，是因为我从大家的个人综合能力、职业规划、工作前景等具体的、对大家好的角度去考虑问题。

　　我现在就从一个英语专业毕业且从事过翻译工作的人的角度，为有志学习翻译专业，并希望以此为业的英语学习者，把未来工作中极有可能遇到的困难和问题预演一下。当然，选择永远是自己做出的；但我作为一个了解内情的老师，有义务、有责任和大家分享我的经验。今天，我将从翻译基本能力和素质、翻译行业的前景、就业与薪酬三个角度分析我的观点。

翻译基本能力和素质

　　我们先来看看翻译的基本能力和素质。从本质上讲，学习某个科目

和能够学好某个科目没什么关系；学好某个专业也并不一定意味着学成者能够在这个领域就业并取得良好的工作成绩。

︿ 语言能力 ﹀

首先说语言能力。我之前已经介绍过翻译的双语能力，在这里我要再次强调译员的母语能力，因为一个人的外语水平不会超过其母语水平。但是在翻译专业课程的学习过程中，大家对母语的关注是不足的。现实情况是：大家不要指望在学习翻译的过程中，提高母语能力的上限，为自己的英语学习、翻译学习开拓更大的上升空间。

大家的中文水平巅峰期应该是大家高中毕业前后，除非个人在中文学习上继续下功夫，我们剩下的半辈子基本上都是在"啃"高中语文的"老本"，我们的中文水平最多处于"保持"状态。所以大家在投身翻译专业之前应该好好想想个人真实的中文水平，虽然高考语文成绩不能百分百地等同于大家的中文水平，但高考语文成绩应该可以作为大家中文能力的反映。

︿ 个人性格 ﹀

除了语言基本能力之外，外向的性格也是一名合格翻译的必备条件之一。具体来讲，翻译应该有交流的欲望，且急人所急。"交流欲望"作为翻译应具备的性格条件，是比较好理解的。就算一个学生翻译专业课成绩很优秀，但如果他非常木讷，且不愿主动与人交流，他是无法胜任口译工作的。其实，这种说法中的条件本身是不成立的，因为如果一个人木讷，且不愿主动与人交流，他的口译成绩应该不会理想。关于这点，翻译专业学生可以用自己班里同学的实际情况进行验证。

"急人所急"本质上和个人情商密切相关。所谓"急人所急"，就是在确保翻译工作顺利进行、翻译内容准确无误的前提下，尽量调整自己的目标语言，让接受翻译服务的人更高效地理解源语言。通俗一点说：好翻译不仅要能够翻译得准确，还要用接收者习惯的语言去翻译，而不是用自己喜欢的、适应的、觉得舒服的语言去传递原文内容。给教授做翻译，语言要文雅一些；为接受教育水平不高的人翻译，语言要通俗、接地气。这才是好翻译做出的"好活儿"。

∧ 证书 ∨

能力和素质不够直观，所以我们需要"证书"。但是，不管是上海的英语口译证书考试，还是国家人事部的"翻译专业资格（水平）考试"（China Accreditation Test for Translators and Interpreters—CATTI），再或者是这两种考试乃至其他翻译资格考试各个级别的证书，都不能成为大家胜任翻译工作的保证。因为，证书就是一张纸，你获取证书的考试内容范围是有限的，远远不能满足工作需要，特别是各种具体行业的翻译要求。

当然，"有证傍身"毕竟给人安全感；学习考证的过程也是积极提高的过程，这没什么不好。我支持大家考翻译证，但也要提醒大家：不要把"证"看得太重。关于什么证书的哪个级别有用，网上说法不一；根据我个人的经验，我认为：拿证比例低的那种证书和级别好用；你拿不到的证书才是你最需要的证书。

翻译行业的前景

聊完翻译必备的素质和能力之后，我们来看看翻译这个行业的前景。这是一个不能不考虑的问题，特别是在瞬息万变的信息社会，"入对行"是个人发展中非常关键的因素。我个人对翻译行业的前景不太乐观，原因有二。

∧ 智能翻译 ∨

第一，机器翻译的发展和流行。时下信息技术发展一日千里，"机器／智能翻译"对翻译行业从业者的压力可见一斑。不管大家是否知道，我们可以在市场上以四千元以内的价格购得手机大小的翻译设备，进行近 20 种语言的语音输入和简单翻译。这里说"简单"，是因为我没有亲自试用过相关产品，且产品展示中的语言难度也相对较低。但是，这类产品将多语种、便于携带、录制回放、语音文段翻译、文字扫描翻译、大容量存储、附带手机功能等特点集于一身，我们不得不感慨科技的力量！

但在感慨的同时，译员的作用到底有多大，甚至语言学习是否必要，可能都成了我们不敢直视的问题。在台式电脑和高速网络的支持下，质量较高的谷歌翻译更是可以满足日常和工作中语言转换的基本需求。同时，我也承认，机器在现阶段或者可能永远无法代替人工进行文学翻译、提供高质量的翻译作品，但是大家及其身边的朋友们对这种翻译的需求有多大？大家是否可以达到从事文学翻译的学术水平呢？

∧ 中文势强 ∨

此外，我看衰翻译行业的前景，特别是中英文互译在中国的前景，是因为中国在国际上的地位日益稳固且在不断加强，中国的经济、政治、文化影响力也在不断提升。在这种情况下，中文会不会取代英语成为国际通用语言？是不是我们以后见到老外都可以说"你好"了？这些问题不需要大家立刻回答，但在这些问题的正确答案确定之前，我们是可以在"英语学习的必要性"上打个问号的。

当然，中文成为世界通用语言与我们现在、未来学习英语并不矛盾，因为双语能力肯定有助于提升交流的效果，但我们需要考虑为此付出的代价。也就是说，大家费这么大的劲去学习英语，以换取理解和交流效果的小幅提升是不是"赔本"？我不帮大家进行价值判断，但是我要把现实和趋势给大家说清楚，以便大家做出合理且符合个人实际情况的决定。

就业与薪酬

∧ 就业中的困难 ∨

我习惯把最重要的内容留在最后和大家分享，现在我们一起来看看翻译的就业前景和薪酬。我们先来看看就业方面的困难。成功的翻译，工作光鲜，待遇优厚，但这是优秀的专业背景、不懈的个人努力和无法预知的机会共同作用的结果。这些条件集于一身的可能性有多小，大家是心知肚明的。所以，成为一名优秀的翻译很可能是可望而不可及的。

大家可能无法想象翻译公司论资排辈的现实，不能理解笔译工作的辛苦和口译工作的难度，更不愿接受社会关系、工作经历、甚至外貌等个人无法掌控但客观存在的因素所带来的不公。这些都是寻常的困难，某些具体的工作场景可能会给大家带来更大的困扰。

在宴会翻译的过程中，翻译享有最高的待遇——几乎可以吃到任何饭菜的"第一口"，因为翻译要为宾客介绍美食。但吃过之后，这"第一口"就可能变成了"最后一口"，因为主人吃饭的时候客人说话，客人吃饭的时候主人发言，不管什么时候，翻译都是要说话的。如果是西餐，翻译可能连第一口都吃不上了……其实，如果是"一直说"也还好，翻译干脆不吃就行了。问题是，当你这个翻译觉得没人说话、把菜放进嘴里要嚼的时候，大家发言了……这种只能看不能吃、吃也吃不舒服的感受，是只有"挨过饿"的翻译才知道的。如果某位翻译胃不好，需要准时用餐，那他所有商务宴请的翻译都不参加了吗？那所有与商务宴请相关的翻译工作就都不考虑了吗？

⌃ 薪酬 ⌄

下面我再说说大家最关心的薪酬问题。口译薪酬差距比较大，翻译活动的规格、翻译的类型（同传、交传）、翻译工作的时长等因素，都将大幅影响收入。但准备入行的人士要注意：作为刚刚入行的译员，大家从事口译，特别薪酬不错的口译工作的机会是非常少的。这种现实带来了一个"鸡和蛋谁先谁后"的困境：新人需要翻译经验获得成长，但工作质量需要从业者的经验给予保障，因此翻译新人的处境是十分尴尬的。

接下来说说笔译，我们就说说中英互译吧。在现今的行情下，百元千字的报酬是正常的，但这"一千字"是中文还是英文会产生很大差别，因为表达同样的内容，语言简洁程度都正常的情况下，1 个英语单词所包含的内容大致需要 1.8 个汉字来表达。因此，按照中文字数或者英文词数计算薪酬，可能产生将近一倍的薪酬差别，所以兼职笔译的读者们一定要事先和雇主确认薪酬计算的标准。此外，我负责任地讲，在保证翻译质量的前提下，一千词的英文翻译成中文至少需要几个小时，因为翻译需要通读、理解原文，如果对翻译文段涉及的领域不熟悉，还需要做大量查证工作。这样算起来，专职笔译工作者可能比麦当劳的兼职员工多赚不了多少钱，当然，前者工作中的技术含量高多了。

总结

在本节中，也就是本书翻译部分的最后一节中，我要告诉大家：选择翻译专业、从事翻译工作是大家的权利，各行各业都需要有志者、有能力者的投入和贡献。但如果大家对即将涉足的领域和自身没有正确的认识，信息不对称的情况就会发生，大家做出的决定就是对事业和自身的不负责任。

思考

(1) (本题只针对希望报考并学习翻译专业的读者、大学翻译专业在读学生和毕业生) 翻译专业是你最理想的选择吗？为什么？如果不是，你为什么希望或最终选择了翻译专业？如果再给你一次选择专业的机会，你会选择哪个专业？

(2) 你了解翻译行业的平均薪酬吗？你可以获得的与翻译相关的薪酬范围大致是多少？

(3) 请在 1-10 分 (10 分最高) 的范围内，为你成为一名翻译的必备个人素质打分：

A. 人际交流能力

B. 临场反应能力

C. 体力 (包括噪声条件)

课 业

大家可以质疑考试的形式和内容，
但是考试的根本目的和作用不容怀疑：
不是难为大家，只是事事有个底线；
不一定需要机械背诵，但掌握内容不容有失。
你恨考试，可能因为你没参加过好的考试，
更有可能的是，你没有掌握所学内容。
但说到底：你真的了解考试吗？

为什么考试，你真的不懂 26

考试，是学生们永久的痛，大家可能一直在梦想着一个没有考试的"大同世界"。每到考试的时候，大家如临大敌、疲于奔命，但结果却往往不尽如人意。学霸们天天泡在图书馆里苦读，学习成绩好是应该的，这我们就不说了。最让人不能接受的是，总是有那么一小撮人，他们好像没怎么费劲，该玩儿的时候他们也玩儿了，但成绩却总是名列前茅。这些人不一定每次都比学霸考得好，但他们的成绩仿佛"得来全不费工夫"。所有这些情况都是因为大家顺应了或者违背了"考试这头倔驴的脾气"。

在本节中，我要为大家带来考试轶闻、教师感受、考试本质和考试类型四个方面的内容。相信这些轶闻记述和真情实感，将有助于大家摸清楚考试的脾气秉性。能驯服考试是理想，不让考试把大家踢得满地找牙是底线——这些话，是不是说到大家心里去了呢？

考试轶闻

∧ 小学学霸 ∨

我读小学的时候，班里有一个非常乖的男生学霸，成绩名列前茅，而且非常稳定。相比之下，我就逊色多了，用老师的话说，我是"前十名之外最好的学生"：我也很稳定，基本在第九到十一名这个区间徘徊了五六年。小升初考试如期而至，学霸考试失手了，我基本是正常发挥，我考入了二类（当时的官方说法是："区属市重点"）初中，他进入了三类初中（"区重点"）。

一次考试不能说明问题，但如果恰巧是"重要"的考试出了问题，问题就无法回避了，多少需要一些解释。根据我的记忆，全班同学基本都是正常发挥，只有一两个平时学得非常好的同学考砸了，学霸就是其中之一。我不排除身体原因等意外因素，不过我认为他"不能考砸"的心理给他带来了负担，而且很可能成了压垮骆驼的最后一根稻草。

∧ 我 ∨

快进三年，中考如期而至。不过，我有幸参加了天津市重点中学"耀华中学"自行举办的先期（在正式中考之前）招生考试，并取得了良好的成绩，获得了直升该中学的资格。因此，我躲过了中考。就这样，我开始了高中的学习生活。在整个中学的学习过程中，甚至在高考中，我都与"最好"的学习成绩无缘，但我确实通过不断提高的成绩完成了华丽转身：从划片小学，到区属市重点初中，再到天津市重点高中，最终考取了北京大学英语系。

∧ 我的高中女同学 ∨

上高中时，有个女生学习历史课时非常刻苦，可能是被逼无奈吧，因为她的历史成绩一直在拖她总成绩的后腿。她真的很用功，书上画了很多圈圈和线条，并且标注了密密麻麻但极为工整的笔记，而且她会背诵所有标注和笔记，但她的考试成绩却始终不理想。我灵机一动，借来她的课本，把她没有标注的课本内容逐一标注并牢记，并参照其笔记修订我的笔记，然后自行找出重点，也都老老实实地背了下来。结果我的历史成绩提高了！

不知道大家是否抓住了这些考试故事中的"点"？不知道大家是否在故事中找到了自己的影子……

教师实感

作为一名从教近20年的老师，我摸着良心和大家说：绝大多数智商正常、心理健康的老师，和同学们一样对考试持负面态度。老师的工作是把知识成功地传递给学生，考试优秀不完全代表知识成功交付，但在求学阶段，我们还有更好的办法确认学生们成功掌握知识了吗？此外，考试严谨的形式需要题目研发；就算拿了别处的试题给学生做，也要批改；特别是如果试卷中题目设计得不好，或者没留神把标准答案弄错了，那麻烦就更大了；最让老师心烦的是，标准答案"不够标准"，顺着讲、逆着讲都有可能掉进坑里。作为老师，我只想说，我不爱给学生出题考试。其实，我只是一名英语培训教师，我考学生的机会不是很多，因此我的感受还是肤浅的。

这时，我们要把目光转向公立学校的老师了：对于他们来说，重要的考试，与其说是在考学生，还不如说是在考核老师的工作。因为，公立学校老师们的个人利益很可能与学生们对 ABCD 四个选项的确认直接相关；老师们应该比学生们更希望考试成绩的提高。如果各位同学能够积极主动地完成学业、掌握知识，我们师生为什么要较着劲去趟考试这摊浑水呢？同学们，能够理解我们这些和大家"站在同一条战线上"的老师们了吗？

考试本质

︿ 量化成果、促进学习 ﹀

至此，本节的内容我已经写了大半，是时候说说考试到底是什么了。考试和"罪与罚"本质上异曲同工。法律规定了社会成员的行为底线，明确了触碰、逾越底线将会带来的惩罚，但法律的本质是"警示、震慑从而尽量减少犯罪的发生"。同理，考试的根本目的也不是为了让学生们难堪，而是告诉学生们"你们的知识还掌握得不够，还需要加油"。当然，考试也有些负面的影响：社会、家庭包括学生个人，可能都会盲目追捧优秀的考试成绩，因此"押题""模板""攻略"等备考方法和相关培训异常火爆、经久不衰。

此时，请大家稍稍把自己的"功利心"压制一下，思考一下我们学习的目的和内容究竟是"知识"还是"考试"。我承认，在当今社会，分数的作用还是不小，但是分数和成绩只能让你在机会面前成为一个过客：虽然你有机会，但是你无法把握住机会。有人会说，没成绩、过不了考试，肯定没机会啊！这种说法我同意，不过你为什么没成绩？如果你是考不好，请你读完本节；如果你是不屑考试，请你"屈尊"参加考试，问题也就解决了吧？

如果上面的说法，还不能让大家真正用心地学习，那大家再听我说一句：考试成绩应该可以非常准确地反映你的知识获取以及掌握的程度。也就是说，好成绩基本上是有效学习过程的副产品；"你学习很好但考试很差"可能真的是心理问题，这个问题我们在下一段中讨论。特别是中、高考这种长期学习历程的总结性考试，更是真切地反映了大家一贯的学习态度和稳定的学术水平。尽管学习不是为了考试，但学习好毕竟是考试成绩理想的前提条件。

⌃ 锻炼心智 ⌄

除学术目的之外，考试还可以锻炼心智。我上高中时，老师经常对同学们说这样一句话：没经历过高考的人，不算真正成人。当然，高考一般发生在学生 18 岁那年（或者前后），高考成了大家成年礼的纪念仪式；但那位老师的本意应该是：没有经历过高考这种严肃且事关年轻人未来的考试、没有经历过这种压力的洗礼，确实很难说学生们做好了成人并对自己行为负责的准备。从这个角度说，学得好但考试差的同学要么不存在，要么需要提高自身的心理素质，以应对未来的挑战。

考试类型

考试大致可以分成两种："选拔性考试"和"水平性考试"。大家可能非常好奇：不就是考试吗？不就是打分，而且分数越高越好吗？大家的理解大致是正确的，但这两种考试确实还有一些区别。

⌃ 选拔性考试 ⌄

选拔性考试，旨在选拔，考试的成功在于你的分数把很多人甩在了身后；根据志愿并择优录取的高考就是大家最熟悉的选拔性考试。因为这类考试需要大家（长久）准备，而且考试结果一般关系重大，所以，高考等选拔性考试确实给大家带来了巨大的挑战。不过，在中国是世界第一人口大国的国情之下，我们还有更好的办法选拔人才吗？我清楚大家对选拔性考试持有负面的态度，但这与本节主题无关，我们暂且不议了。

⌃ 水平性考试 ⌄

这类考试虽然也有评分过程，但是考试的根本目的在于确认应试者自身的学术水平。在这种考试中，大家的竞争对手就自己，也就是说，大家要争取这次比上次考得更好，形式基本固定的随堂小测验就属于这种考试。水平性考试一般无关得失，所以大家应该多多参加；只有这样，大家才能对自己真实的学术水平有一个准确、清晰的认识。

说到英语"水平考试"，这里可能不得不说一下托福、雅思这两种考试，为了方便，以下简化并合称为"托雅"。因为托雅历史悠久、体系健全、效度高，所以它们受到了国际认可和认证；因为它们被世界认可，所以托雅可以在出国求学、工作、移民之时成为应试者英语水平的证明。此外，不是只有出国的人可以或者必须参加托雅考试。如果不考虑考试费用这个因素，托雅考试是谁都可以参加的。大家不要因为没有出国打算而无视托雅这些优秀的英语水平考试。

如果大家事先稍加准备、熟悉题型，这些考试可以很准确地衡量出大家的英语水平。大家总是认为："这些考试我不了解、我没有上过培训班，我怎么去考啊？！"请大家记好，大家参加托雅培训班的最大的收获就是"快速熟悉题目、了解题目思路；尽量避免因题目形式陌生、考试风格不适应而带来的负面影响"，但是，刚提到的这些影响完全是考生通过个人努力可以克服的。以雅思考试为例，总分 9 分，大家参加培训班的收获平均来讲大致只有 0.5 分。如果大家在备考之后，成绩有了大幅的提升，那证明大家的"考试准备"变成了"英语学习"。大家的英语水平提升了，所以测试英语水平的雅思考试的成绩自然也就提高了。

总结

本节提及的考试轶事其实可能天天发生。广大应试者反感考试，是因为大家没有和老师们统一战线，而且对考试的本质、类型及各种考试的应对方法也十分陌生。希望阅读本节后，大家能够理解考试、善待考试，让考试为己所用，并取得理想的成绩！

思考

(1) 在最近一次重要的考试中，你的表现如何？是什么原因造成了这种表现？

(2) 在你成绩最理想的那次考试之前，你做了什么准备？

(3) 你能理解老师出题的用意吗？你能比较清晰地说出考试题目对应的考点吗？

(4) 请用最简单的语言总结：

A. 为什么要考试？

B. 如何能考出理想的成绩？

早上五点到七点到岗签到就是点卯。

起得早、有纪律，自然可以促进学习，

但只凭"勤奋"，我们的学习很难进步。

学习从来不是一根筋、一条道走到黑的事情，

我们需要更多的思考和有效的模式：

不要用行动的勤快掩盖思考的懒惰；

更不要两害择其轻地选择低难度的坚持；

一定不要"身在曹营心在汉"地上课学习。

点卯式学习，你中招了没 27

正如"一千个观众心中有一千个哈姆雷特"一样，广大英语学习者对"学习"的定义，也有着不同的理解。有人觉得学习是上课，有人觉得学习是做作业，更多人可能觉得学习只是考试。

对"学习"的误解和不解，很可能就是产生不同学习结果的原因，甚至是根本原因。之所以这么说，是因为：如果我们连自己在做什么都不明白，我们基本就没有可能做好这件事情。今天，我将从预习与复习、课上与课下、修正与总结、获取教师视角、心宽与手勤五个方面进行讲解，明确大家在学习过程中的问题，让大家的学习不再只停留在形式化的"到课与点名"。

预习与复习

∧ 预习 ∨

　　顾名思义，预习就是在正式课程开始之前，自行学习一下相关内容。大家对预习不上心是有理由的：老师明天就讲了，我今天还耽误这个时间干嘛？万一预习过程中我的理解错了，岂不是费力不讨好？大家的担心是合理的。

　　但我们换个角度思考一下：提前熟悉一下新课内容是不是有助于理解老师的讲解？带着问题听课是不是更加高效？就算你可能在预习过程中形成了不正确的理解，老师在课上讲解的时候是不是也能把你的认知修正过来？这个错误的认知也应该不会在后续的学习过程中再次出现并影响你吧？需要完成的事情最好趁早完成，犯错也不例外——早犯错早修正。但这点很难，因为大家怕犯错，因为大家坚信"不做永远不错"这个真理。

∧ 复习 ∨

　　我特别能够理解大家上完课之后那种"总算下课了"的轻松；不仅是你们，老师也有同感。但是我们理智地想想：我们今天的学习任务真的完成了吗？我不复习一下，是不是几天之后，学过的内容又变成了新课？是不是在课后尽早拿起书本再看一遍会让自己记得更加牢靠？

　　如果大家的老师真正优秀，再加上严谨的备课，每节课的内容应该是很多的，至少需要大家花费与课时相等的时间去复习，但真正做到这点的人是很少的。大家不知道的是，如果能够充分复习，大家完成作业的时间将会大大缩短，而且还能保证很高的作业质量。是的，好好复习加上高效完成作业花的时间不一定比边看书边完成作业的时间短，但如果先复习再做作业，大家就是在通过做作业检测所学知识，这样的学习过程才是完整的。

课上与课下

课上与课下的关系也经常被广大学习者忽略。很多时候，学生们在上课的时候是最清闲的，因为老师忙着讲课，没时间关注所有人。就算有被点名提问的风险，大家也不以为然，大不了说句"老师，我不会"，此时，老师是不是又得重复一遍刚才讲过的内容呢？大家经常会想：课上没听懂，不还有课下嘛？我下课好好看不就行了？反正我肯定弄懂，老师就不要管我什么时候弄懂了，好不好？

我就读的高中是天津市数一数二的高中，母校校风比较开明、活泼。但不管课下师生、同学之间相处的如何融洽，只要上课铃响了，老师和学生都会变得严肃认真、一丝不苟。教室中没有纪律问题，也没有人因为不认真听讲而被老师提醒。师生双方所有的时间和精力都被用到了知识的讲授和吸收之上。有优秀的老师给我们讲解知识是一件很幸福的事情，这是我和我的同学们都知道的，因此我们也在充分享受着这个过程。

课上专注的好处不止于此。因为课上的专注，知识的吸收效率会变得非常高，普通高中里重复性的课在我的高中基本没有，所以我整个高中阶段都是下午四点半准时放学，而且我所在的文科班有四名同学考上了北京大学。其实学习真的不只是靠延长学习时间，提高效率也是同等重要的环节。充分利用课上时间其实就是大家朝思暮想的"学习捷径"。

修正与总结

⌃ 修正 ⌄

我承认，我的学生在学习过程中确实有"修正错误"的操作，但这种修正不是自发的，更不是有效的。每次拿到被老师批改得面目全非的测验和考试卷子时的心情，大家是再熟悉不过的了。"这道题我会，没留神算错了""这个空我就是按照老师上课讲的内容填的""我这思路没错啊"，这些想法让大家变得非常无助，然后默默地把错误的答案改成了老师给出的标准答案。

在大家合上试卷的那一瞬间，低落的心情和学术问题，一并都消失了。消除不良的情绪固然有助于身心健康，但是置问题于不顾给大家的"学术健康"留下了隐患。大家是否可以问问自己：我在哪里出了问题？如何修正这些问题？我如何确保这些问题不再出现？只有这样，才算真正完成了学习中修正的过程。

︿ 总结 ﹀

总结是很少有学生触碰的学习环节。在这方面，高中的历史老师给我留下了深刻的印象。记得有一次考试之后，他拿着一个很大的夹子走进了教室。他打开夹子，掀开其中一页，展开四折之后，一条学生考试成绩曲线跃然纸上。他简单展示之后对大家说：有兴趣了解自己"成绩心电图"的同学可以在课后单独找他，他也会为大家提供其他的数据分析，帮助大家提高成绩。

现在回想起来，有这样的老师是多么幸运的一件事情啊！但最了解我们学习成绩的人不应该是我们自己吗？这个"成绩心电图"难道不应该是我们自己绘制的吗？如果说成绩走势有滞后性，那么又有多少人用"错题本"总结自己在学习中出现的问题呢？总结，真的是大家自己的事情，别人是帮不了你的。

获取教师视角

中国有句古话：知己知彼，百战不殆。其实这句话用在学习中也是可以的。这么说，不是把老师和学生放在敌对的立场上，因为实际上，在面对新知和技能的时候，老师和学生是在同一战壕里的战友，只是大家有着不同的视角。这时，如果学生能够以老师的观点看待学习，从老师的角度出发寻找课业的意义，就会有很多收获。

"一个战壕里的战友"这种说法可以有"深浅"两层理解。浅层理解就是，老师不是学生的敌人，老师的所有要求只是为了帮助学生获取知识。深层理解是：如果现在是学生的你被要求扮演教师的角色，进行授课、指导学习、布置课业，你会怎么做？你对知识点有没有更好的理解？如果有，你怎样把你的理解传递给学生？在学生学习的过程中，你可以预见的问题是什么？如何解决？

这些问题看上去是教师应该考虑的，但一个真正优秀的学生也是可以回答的。因此，如果大家真的希望学习进步，请试着把自己掌握的知识教授给身边对相关领域没有太多了解的人，看看自己能否讲得通顺、讲得明白。如果大家成功了，你学过的知识才真正属于你，也表明你"知其所以然"了。

心宽与手勤

⌃ 心宽 ⌄

最后我们要聊聊"心宽与手勤"，这两个概念比较比较新，我会逐一为大家说明。所谓"心宽"，是指持平常心的态度。在学习上，大家确实可能会因为不可控因素，例如家庭环境、个人能力等，不能获得理想的结果。确实有些人怎么努力也赶不上另外一些人。这时候"心宽"能让大家平静地面对事实，寻求可能的出路。

如果跳出学校环境，泛泛地聊学习，"心宽"还可以让大家高效地学习。例如在华丽学院开设的发音课程中，不少人希望去除其英语发音里的中文腔调，修正明显的英语发音错误，把自己的发音提高到英语学习者的平均或中等以上水平，而不是把"卷福""抖森"的发音作为自己的终极奋斗目标。大家的想法是在了解了发音学习的过程之后，经过权衡做出的理性选择。这不叫"退而求其次"；这是"量力而行"。

⌃ 手勤 ⌄

如果我们只是"心宽"，我们最终将一无所获。因为自我安慰和降低标准只是镇静剂，并不能去除病因。不管是因为我们自知无法达到最高目标，还是因为我们正视实际情况而主动降低目标，我们都要在行动上朝着最高目标迈进。"求上得中、求中得下"的道理是我们都懂的。

人类有高估自己能力的倾向，所以我们要考虑"学习预期成果的折扣率"：如果大家的目标是 60 分，那考试不及格其实是意料之中的事情。这就是我们为什么要心存高远目标的原因——我们要对个人失误和意外因素造成的影响有所准备，以确保我们既定目标的达成。在任何科目和领域的学习过程中，在大家有所建树之前很长的一段时间内都是"一分耕耘、半分收获"，请大家做好相应的思想准备。

总结

学习是一个非常精密、复杂的过程，因此这个过程中任何一个环节产生的问题都会影响整个流程的正常运作。如果大家能把预习与复习、课上与课下、修正与总结、获取教师视角、手勤与心宽这五个经常被忽略的环节把握好，学习上的进步就指日可待了。

思考

(1) 你会预习或者复习吗？为什么？

(2) 你如何提高课上学习效率？（不要使用"集中精力"等空洞的说法回答此题；大家可以考虑"手机关机""坐在前排"等更加具体的效率提升方法）

(3) 你有"错题本"吗？

(4) 在你看来，你的任课老师的学术提问和测验（考试）有水平吗？请举例支持你的观点。

(5) 学习者掌握某种知识的最高境界是什么？

孙悟空被五行山压了五百年，
虽然苦，但是猴子命长，五百年不是事儿。
但对学习者来说，作业的压力从未停止，
学校如此，工作岗位、生活也不例外——
作业有了高大上的名字：调研、实践。
作业真的是洪水猛兽吗？
大家恨的是作业的形式还是留作业的人？
我们真的理解作业的"好吗"？

无脑重复，不是好的作业 28

　　作业和考试异曲同工：考试压力大，但不是天天有；作业压力稍小，但每天不断。老师对作业的态度依旧是偏向负面的：作业布置了是不是得批改？高质量的作业其实凝聚了老师很多的思考和操作，也是费时费力的。那老师为什么不"与人方便，与己方便"地免掉作业呢？

　　学习的过程是同化知识的过程，也就是掌握你不知道的、不理解的知识，并且获得运用这些知识的能力。这个过程远远不是依照"看了、听了、记住了、我就能用出来"这个序列进行的，因为上述过程充其量只是一个"了解"的过程，"同化"知识还需要很多后续过程。用可控的练习去实践所学是非常合理的选择，而作业是最常见的形式。今天，我将和大家分享一下学生眼中作业和我眼中作业的类别，并给出高效完成作业的方法。这些内容都是大家喜闻乐见的吧？

学生眼中的作业

"盲人摸象"的故事大家应该都听过，不同的视角和切入点肯定会导致不同的体验和总结。其实看待作业时，大家又何尝不是在七手八脚地摸大象呢？"作业是必要的"这个观点我们已经在开篇讲过了，现在我们就来看看学生眼中各种类型的作业并进行简单的利弊分析。

∧ 无意义的作业 ∨

这种作业的主要形式就是大量的、重复性的抄写。面对这种作业，学生们的心声无一不是"宝宝心里苦啊"。日复一日，作业像山一样压下来，第一天的疲劳还没有得到缓解，第二天的作业又压下来了，就算你是孙悟空，也会被压成"猴饼"。我的初中阶段基本就是在完成此类作业的循环之中度过的。

在语文课上，我抄写过很多课文的"书下注解"；英语老师则要求我们把每课的生词抄写200遍。这里要说一下英语课上的200遍。英语老师第一天在上课时就跟大家说明如下：

"每一课的生词都会在下一课进行测验，如果全部正确，下一课的生词没有作业，自行背诵就好。但是，如果测验中出现了错误，哪怕是一个字母拼错了，或者单词词性写错了，那么下一课的单词就要每个抄写 200 遍。今天第一课，我赠送一次免抄写，请大家好好享受。"

在这位老师的任期内，我做到了两件事情：抄过一次 200 遍；学会了自律背单词。

不管老师们是否真心相信"（大量重复性）抄写不是目的"，但"理解之后记住知识"肯定是没有问题的。且不说抄了之后能否记住，难道所有需要记忆的内容都要经过抄写的"洗礼"？难道所有的学生们只有通过抄写才能记忆？

⌃ 有意义的作业 ⌄

有些学生确实认为有些作业是"有意义的"。我教过的一位学生曾经回忆说："老师让我们交换作文，把互相批改作为当日作业。这样的作业大家都很喜欢，大家为了尽量准确地完成批改，都在查看相关笔记、资料，这样的过程肯定能帮助了掌握学习内容啊！"确实如大家所说，此类比较新颖的作业会引起学生们很大的兴趣，因为毕竟不再是机械的抄写，而且大家有了"主人翁意识"，也就是从"教师视角"看待作业。

但是，我们换个角度来看这类作业。如果每天给大家布置交换批改的作业，大家还会有兴趣吗？更大的问题是：大家是不是需要时间来达到老师的批改水平呢？如果改错了同学作业中的问题，是不是危害很大呢？作业其实凝结了很多教学思考和对教学过程的把握，"意义"二字的解释可以很多元化，但不是每个角度都可以（长久）促进大家学习的。

有的同学，不管是身为学霸，还是已经被作业弄得麻木了，他们认为"不管有没有意义，作业就是作业"。一个考入香港科技大学的华丽学员曾经和我说过：作业都一样，做就是了。这样的态度其实不太好。大家确实都应该完成作业，但这不意味大家不应该去思考作业的目的是什么。当然，这是很高的要求，因为对很多学生来讲，能完成全部的作业已经很不错了。但是，如果不去思考作业背后的目的，任何作业的完成只是用笔在纸上瞎画，效果也是微乎其微。

我眼中的作业

接下来我要给大家展示一下教师的视角，让大家了解一下我对作业的分类。

∧ 准低级趣味 ∨

抄写《社戏》就是最好的例子，因为回顾我的语文学习历程和成果，我不认为抄写《社戏》很多遍给我带来了什么可衡量、可感知的成果。尽管反对者可能会说："你怎么知道抄课文没帮助你提高语文素养，提高你的文字能力呢？！"但是，正如上文所说，这些效果是无法衡量的，最关键的是，这种作业从逻辑上也无法和我的语文能力提升产生关联：我不会用"鲁迅体"写作，我更不会用鲁迅那个时代的白话词句。但如果老师布置作业的目的就是"练字""练耐心"等非关键教学目标，那这份作业的意义我们就要另当别论了。

∧ "枯燥地"提高熟练度 ∨

第一个跳入我脑海中的此种作业类型就是小学数学的四则运算。我不否认下列观点：那个阶段中绝大多数学生已经具备了基本的运算能力、实际生活中需要这些复杂运算的情况很少遇到、计算器更是随手可得，为了"运算熟练"而不停的练习就是多此一举、浪费了宝贵的学习时间。

但是，大家在超市里碰到不同包装的同款产品，真的没有必要拿出手机算下 50 块钱买 350 克、70 块 500 克，哪款更值吧？大家更不希望闹出英国超市"超值促销！3 镑一个！10 镑 3 个！"的笑话吧。熟练度也是知识掌握的一个维度，但"熟练到什么程度才好"确实很难把握。

∧ "启迪"式的开放作业 ∨

在西方课堂中，这种作业非常普遍，例如："如果你是市长，你最希望给我们城市带来的改变是什么""你这个暑假希望去哪里旅行？你在旅行中一定要做的一件事情是什么"。其实这种作业和中国的日记、随笔或者某些考试中的问答题比较相似。这种作业确实在不同程度上给了学生一定的拓展空间和个性施展的可能。不过，这种形式可能导致"主观评分"或者"好恶评分"。

此外，在小学以上的教育阶段中，这种作业"开阔思路"的宗旨不体现在学生可以天马行空地完成作业，而是要求大家去查阅相关的资料，提出具有前瞻性和创造性、且可以获得现实支持的判断和设想。简而言之，"人有多大胆，地有多大产"之类的答案不是这种作业的目标。说句题外话，大家拿到这种作业的时候，应该会想起"抄抄写写的好"，因为无脑重复毕竟更简单。

⌃ 以"批判"为目的的自我提高 ⌄

前文提到的"互改作文"就是这个类别的最好例子。这种作业的利弊我已经谈过了，这里就不赘述了。在这里，我只简单总结一下、明确一下我的观点：此类作业时而为之应该有益，但长此以往效果为负。

⌃ "目标型"标准细化 ⌄

这是我个人最中意的作业类型，例如：

录制英文自我介绍

- 时长 50-60 秒
- 录音文件类型为 MP3
- 文件名为学员中文名全拼大写
- 音频文件录制参数为 192kps、44.1KHz
- 不可谈及家人、家乡、学校、工作
- 必须使用宾语从句、定语从句各一

- 必须使用某些单词（此处略）
- 不能有超过 3 秒的停顿
- 不能朗读、背诵事先准备好的文稿

不知道大家看到这份作业之后，是否还有心情和勇气做下去。要求十分清晰，而且这些要求就是评判自我介绍口语表达优劣的标准。大家说要求太多，那给你一周的时间，你能完成吗？大家还会说有的要求技术性太强，那给你软件和使用指南，你能完成吗？对于这些问题，现实给出的回答是"No"——我教过的学生中很少（10% 左右）有人能够完成上述作业的标准——不少学生看到作业要求就放弃了，而更多同学在做作业的过程中疏忽、松懈，导致作业未（全部）达标。简而言之：标准不超出你的能力范围，只是你觉得达标"太累"。

如何高效完成作业

最后说一下大家最关心的问题：如何高效完成作业。

1. 端正心态：作业是让你不会上当受骗、不会发生工伤的"实习"；是说话不好听但为你着想的朋友。

2. 尽早开始、并争取尽快完成作业；特别要注意避免拖延，不要过分相信自己对时间的把控能力。

3. 寻找安静的环境完成作业，不要一心二用。有些人认为边听音乐边写作业可以提高效率，并且已经适应这种状态，但我建议大家摘掉耳机，进入一个安静的环境尝试一段时间，你很可能将会发现你的作业效率大大提高了。

4. 理解作业的意图，不管作业是旨在记忆、理解、应用，还是求变与创新，尽量根据作业目的完成作业。

5. 作业中遇到困难是正常的，请大家回忆作业对应的课上内容。

6. 在困难接连出现的时候，大家应该立即停止写作业，带着疑问去复习课堂知识，千万不要死扛或死抠作业难点。

7. 在上述步骤全部完成之后，大家可以就作业中依旧存在的问题，向老师或其他有能力者求助。得到帮助之后，再把作业全部完成。说到这点，我可以负责地说：绝大部分老师能够分辨学习态度的差异，我们知道哪位同学"成心不做作业"、哪位同学"完成作业确实有困难"。所以，对这一点有困惑的学生大可放心。

总结

作业是大家的朋友，作业是大家的家庭教师。高质量的作业无声无息地告诉了大家学习中存在的欠缺和努力的方向。如果大家能对作业秉持积极的态度，并且科学地完成作业，作业就不会再成为大家学习中的负担，大家也能从中获益。

思考

(1) 你认为你做过的作业中，质量最高、让你最受益的作业是什么？

(2) 你上一次全心全意地完成作业是什么时候？

(3) 选取你正在学习的任意科目中的一课，如果你是老师，你会如何布置这节课的作业？

(4) 你在完成作业过程中遇到的最大困难是什么？

双 语

《甄嬛传》让孙俪一众演员红透半边天，

也让"矫情"这个词火了一阵。

我们虽然知道谁矫情，但说不出矫情到底是什么意思；

这，是不是和英语学习者口中的"英语思维"很像？

像归像，但两者确实有区别：

我们可以照着矫情者的模样去给别人"扣帽子"，

但是我们有事儿没事儿用英语思维去唬人就不对了。

英语思维之说，太过矫情 29

　　"英语思维"好像是一个正常得不用再多说的概念：说英语"当然要用英语思维"！但是，当我反问大家什么是"英语思维"的时候，大家就是一脸"懵"了。很多人无奈地挤出来一句："外国人说话时用的就是英语思维，我说英语的时候就不用英语思维，反正我没有英语思维！"

　　这时候，我们有必要引入标题中的概念了。"矫情"的意思是故意违反常情，表示高超或与众不同，可以念成 jiǎo qíng 或 jiáo qing。

　　这个词用在本节的标题中真是再准确不过了，因为"英语思维"这个东西并不是西方特立独行的思维方式，更不是我们国人无法企及的；大家使用这种说法其实是把一些简单的问题玄化了。为什么这么讲呢？在本节中，我将通过思维元素的展示和讲解来回答大家的疑问。我会从概念、条件和主题三个方面剖析思维，并在最后进行所谓的"中、西思维"对比。相信读完本节，大家的思维也能够"西化"了。

概念

如果要讨论思维，我们势必要先讨论"定义"，也就是"概念"。因为思维本身或者思维目的都离不开概念。在这里跟大家明确一下，我们现在讨论的定义或者概念，不是"勾股定理"这样的理论，我们暂时还没有到达这种程度。我们要讨论的是：什么是"勾"、什么是"股"、什么是"定理"。说白了就是，我们要准确地解词。大家可能忍不住了，有必要讲这个吗？有！我们来看看例子。

⌃ 不解 ⌄

Nowadays, the trend of people copying from one another is shown in the popularity of fashion in clothes and other consumer goods. To what extent do you agree or disagree?

先不说大家能不能完全看懂这个作文题目，就说 consumer goods 这个概念，就够让大家犯难的了。虽然对单词量稍好的学生来讲，"消费产品"或者"消费品"的说法能够脱口而出，但如果问大家什么是消费品，大家最多给出"用来消费的产品或者商品"的解释。如果我再追问一下：食物、建材、房子、珠宝、会员资格，其中哪些是消费品哪些不是消费品，大家可能真的就要保持沉默或者答错了。

当然思维敏捷的学生可能会说：这个概念太陌生，不是学经济的学生是不懂的。就算不懂又怎么样？我们不是有字典吗？我们可以查啊。我对这个反问的回应是：你查到释义就真的能懂吗？

⌃ 误解 ⌄

我们再看一个单词 prejudice，不管大家是否认识这个单词，我为大家解释一下这个单词：prejudice 就是"成见"的意思。就算这样，大家真的能够理解 prejudice 或者 "成见" 这个概念吗？大家是不是认为 "窗户确实不是调皮的小明打破的，老师却怪他" 是成见，但是大家知道 "老师看都不看班长打破窗户的证据" 也是成见吗？

如果这个例子还不能说明问题的话，我再给大家第三个例子："必需品"。很多人认为 "英语（学习）是自己的必需品"，不管大家在现实中的决心是怎样的，大家的观点是有问题的。所谓必需品是指 "不能没有；如果没有会影响其他事物存续的东西"。如果不加限制，必需品就是生活、生存必需品，例如空气、食物、水。但是英语算必需品吗？我承认会英语、说好英语应该会让你的工作生活更加顺畅，但是不会说英语你会死吗？

条件

我相信大家可能读过、听过 "一个精神科医生痛陈：30.4% 的北大新生竟然厌恶学习" 这篇微信文章。这篇文章是由一位来自北京大学学生心理健康教育与咨询中心的老师（老师姓名隐去；笔者已致电查证，其身份属实）撰写的，主旨是讨论 "教育的目的"。其中有一段话，我引用如下：

"我做了 20 年精神科医生，我刚做精神科医生时，中国人精神障碍、抑郁症发病率是 0.05%，现在是 6%，12 年的时间增加了 120 倍。这是个爆炸式的增长，我觉得这里面有非常荒唐的事情。过去 30 年是中国经济高速发展的 30 年，我们这样的发病率，焦虑抑郁的发病率也高速发展，发生了什么？"

大家应该都知道，经济的发展势必会导致竞争的加剧，生活、职场压力增大，由此人们的心理自然会受到负面的影响。因此 "30 年间……发生了什么？" 这个问题是不应该问的。同时，这个问题也不是设问，也就是说，这个问题不是旨在引出下文讨论的修辞手法，因为问题的答案作者已经在前文给出了。我宁愿相信这位老师是写作能力有待提升，而不是找不到造成焦虑抑郁 120 倍增长的条件。

在我们的思考中，有意无意忽略条件的情况时时都在发生，甚至一些我们认为是金科玉律的说法都有瑕疵，例如"有志者，事竟成"。但是这句话需要有四个必要条件：

- 一个人在运气不太差
- 处于良性竞争的环境中
- 不短命
- 目标不过于宏大

虽然我们平时使用这句话的时候，默认这四个条件是成立的，但是从严密思维和逻辑成立的角度说，我们的"默认"是没有道理的。我不否认，我的说法有些"矫情"，但是大家也不能对任何事情都用"有志者，事竟成"一言以蔽之吧？如果大家坚信这个"金句"，那你怎么解释"你的英语学习可能就是一件'不能成'的事情"呢？

主题

"主题"这个话题非常有意义，因为对主题的把握从某种角度将决定讨论的成败。英语里有一个词组叫作 be on the same page，也就是说你我只有在同一张纸上"写写画画"，我们两人才能一起想一件事，你我的交流才能算作思维的互动。否则就是自说自话，也就没有交流的必要了。我们再来看看之前提到过的写作题目。

Nowadays, the trend of people copying from one another is shown in the popularity of fashion in clothes and other consumer goods. To what extent do you agree or disagree?

在我们弄明白了 consumer goods 的真正含义之后，问题才真正到来：这个题目的题干在说什么？经过我们最大程度的简化，我们把原文缩减为："The trend is shown in the popularity"。也就是：（人们互相抄袭的）趋势被体现在（时装和其他消费品的）广泛流行之中。但是这还不符合我们日常的表达习惯、不易于为我们所理解。经过再次简化，我们整理出了"消费品销售的火爆体现了消费行为的模仿"。

通过三次让中文翻译更加直白的努力，我们终于得到了可以读懂的中文主题："因为有人买了某种物件，所以其他人跟风去买，所以这种东西卖得好"。我们且不说英文有多难理解；如果不是我们不停地提高中文翻译的质量，让表达更加清晰、自然，我们可能连中文都不能理解。如果再加上 consumer goods 这个"梗"，大家可能几乎无法弄明白出题人在说什么；如果不知道主题是什么，剩下所有相关思考都变成了浪费时间，而根据混沌的思路写出来的文章自然也就无法被理解了。

中、西思维对比

听到这里大家可能会说：刚才讲的都是思维方面的问题，不一定是英语思维啊！而且由于语言不同，中英文可能存在思维的差异啊！没错。不过还是请大家平复一下激动的心情，继续阅读。

∧ 西方思维 ∨

诚然，很多西方人是把地址从小往大写、是把名字放在姓的前面、是把状语或定语放在被修饰或限定的成分之后，但所有这些难道不能一言以蔽之吗？不就是西方人比中国人的思维方式具体，所以把细致的、精确的、重要的、个性化的东西放在前面说吗？

如果这算作是思维的差异，这点妨碍你学习、使用英语吗？如果你受到了妨碍，这不正说明你的思维不够细致、不够到位吗？而且反过来说，你知道西方强调具体、细致和特定事物的思维方式，你的英语就能学好吗？如果一个美国人和一个中国人都会说对方的语言，而且词汇、语法、基本表达结构够用；在思维清晰的情况下，他们使用哪种语言交流是不是都没有障碍？但如果这两个人的外语都很好，可他们的思维都很混乱，那他们是不是使用哪种语言交流都有障碍呢？

"同"大于"异"

东西方的思维方式确实有差异，这点我不否认，例如，西方具体，东方玄妙。此外，政治、宗教信仰等意识形态也多多少少在思维方式上划分了东西方。不过，这种差异在语言上，特别是在具体问题的处理上，造成的影响大家基本可以忽略。

如果我们用中文和英文分别起草一个合同，去约束条款相同的交易，是不是两个版本的合同不会有什么区别呢？格式可能会有差异，但是语言应该基本相同。这是不是有力地证明了：思维的目的性大于思维本身？同时，随着社会的发展和世界交流的增加，人们都渐趋认同"坦诚""简洁""清晰"是交流的基本法则。因此，就算思维方式有差异，也会逐渐弥合。

英语思维的"本质"

在现实教学过程中，很多学生用"语言思维的差异"去掩盖内容缺失，或者词汇、句型等基本语言能力的不足。华丽学院在教学中发现：关于一个话题，使用英语无法作答的学生，使用中文进行表述时，效果也不是很理想。这就说明：不是说你不会用英语说这个话题，而是你用什么语言都不会说。由于事实的残酷性，大家下意识地对问题的本质视而不见，反而默认"我是母语使用者，我的母语没问题"。

当然，我也不排除"中文振振有词，英文张口结舌"这种案例的可能性。这种情况的原因和解决办法都很简单：语法、词汇不足，要想用英文表达特定内容，确实需要大家事先准备，这是正常的。但是很多英语学习者觉得一句句地准备太累了，就主动放弃了。这种"破罐子破摔"的心理和大家所谓的"英语思维"有丝毫的关系吗？

总结

概念、主题、条件这三个思维元素虽然抽象，但都可以解释清楚，稍加思考大家也可以理解。掌握了这些思维元素，回头再看"英语思维"这个语焉不详、旨在推卸学习责任的说法，你我只能无语对视、苦笑作罢了。

思考

(1) 请定义〝中文思维〞或〝中式思维〞。

(2) 食物、建材、房子、珠宝、会员资格，哪个（哪些）是消费品？

(3) 如果你阅毕本节依旧觉得〝英语思维〞是存在的，你是否可以定义并举例说明什么是〝英语思维〞？

(4) 如果你阅毕本节依旧觉得〝英语思维〞是存在的，请指出本节遗漏的〝中、英思维差异〞。

不管你承认与否，世界就是这么不公平：

扎克伯格以本田"飞度"代步是低调；

而我们开"飞度"则是因为囊中羞涩

"不公平"事出有因：扎克比李嘉诚还富有。

如果我们无法与扎克伯格比较财富的多寡，

我们为什么可以用"母语法"学习外语呢？

如果财富上悬殊的差距无须多言，

英语不是国人母语的事实可以改变吗？

母语法学外语，好似一梦 30

有一次处理闲置电脑的经历让我记忆犹新。当商家得知我更换过键盘的时候，就说换过配件的电脑不值钱了。当然，商家打压回收价格的意图不言自明，但是大家也都知道"原装""原配"的东西就是好，不管是兼容性，还是稳定性都有较高的保证。中文就是中国英语学习者们的"原装"语言。

我相信很多把英语当外语学习的读者们都听到过"像英、美国家小孩子学习母语一样学习英语"的说法。这类"仿母语学习法"无不让听者精神一振；大家也希望自己的英语学习能够重新来过，像学习母语一样自然、高效地吸收英语，最终实现英语地道的目标。在本节中，我将和大家聊聊两种语言学习中的自然吸收、高效提升和表达地道，此外本节还会介绍华丽学院的相关理论。本节的内容对英语初学者和即将为孩子进行英语启蒙的家长很有用，请大家仔细阅读。

语言的自然吸收

⌃ 错过 ⌄

"自然吸收",就是像小孩子一样学学玩玩就把语言学好了。我要发问了:绝大部分正在阅读本书的读者都不止十二岁吧?那我就要遗憾地告诉大家:大家已经错过了把英语当母语学习的黄金期了。当然,还有的理论认为"三岁"是母语、外语学习时段的分水岭。

但不管是三岁还是十二岁,和大家的关系都不大了,因为,其实我们在娘胎里的时候,我们就在受周边语言环境的影响,也就是说,我们"生长"在中文环境之中。所以这点能够给大家带来的帮助只有一个了:如果你们希望自己的孩子能够把英语当作母语掌握,那么请大家从自己的孩子还在娘胎的时候就为他们播放原版音频材料,并且和家人全英文对话吧。

⌃ 无奈 ⌄

就算大家真的有能力为孩子、为自己创造母语环境,但由于母语环境也有质量高低之分,自然吸收语言的效果也不一定理想。家庭环境、生活环境会影响母语的形成,毋庸置疑。大家想不到的是,生活中一些与语言无关的方面也有可能对母语的形成产生负效果。

我太太同事的女儿两岁的时候,可以听懂家人之间、家人和她的简单交流,但就是不说话。这个小孩基本是"一哭二指"。如果她想要的东西在视线之内,她就伸手一指,看护她的家人就帮她拿过来;想要的东西看不到,就放声大哭,然后家长就把所有能想到的会造成她大哭的事情捋一遍。直到有一天,在女儿指水壶要水的时候,她妈妈决定逼女儿说话。面对妈妈"你不说'水',我不给你水喝"的坚决态度,小女孩竟然抗争了将近一天!直到嘴唇干了,实在忍不住了,小女孩终于撕心裂肺地喊出了一个"水"字。之后,她就开始说话了。

这个例子可能有些极端，但却告诉了我们一个非常深刻的道理：语言环境自身没有能动性，但大家对语言环境的要求是：能充分地提供优质的语言素材，并且能时刻引导大家吸收、使用语言。面对这样的差距，我只能说：不是大家的要求高，而是大家的要求太高，高到不太现实了。

高效提升

接下来我们看看"高效提升"，也就是"如果像英美人那样学习英语，英语水平就可以很快提升"。我们先说"提升"。对任何语言的母语使用者来说，提升语言质量都是困难的。我们不会忘记修改论文、讲稿的痛苦，可当初已经修改妥当的稿件，后来再看，依旧不忍卒读。我们也经常在使用母语进行口语表达的时候卡壳，需要经过别人的提醒才能说出我们本来就会的词句。提升语言很简单吗？

我们再谈"高效"。大家认为像英美人那样在母语环境中学习英语，可以缩短学习的过程。这是错误的认知。真正的母语环境，是没有中文的，大家接触到的任何文字、语音都是英文的。如果这样的话，大家看到英文单词、听到英语发音的任何时间都应该计入大家的英语学习过程。虽然大家有时候是专心学习，有时候是被动接收，但大家毕竟是在折腾英语这码事啊。这样算来，大家花的时间有可能少吗？那些英美国家母语使用者在英语上花的时间能少吗？不管哪种语言，也不管是否是母语使用者，只要是学习语言，都是"一分耕耘，一分收获"，何来"高效提升"之说呢？

有些话很朴素，但是很精准：背着抱着一样沉。大家要弄清楚的是：语言学习的过程不一定等于全身心投入学习的时间，但只有全身心地投入学习，进步才能快；可供学习的素材唾手可得也不意味着你愿意并且能够随时吸收素材、掌握素材。大家有时过于强调客观环境，而忽视了主观能动性。

表达地道

⌃ 你的中文地道吗 ⌄

接下来，我们分析一下"表达地道"。一般来讲，大家希望英语地道是指"词句使用符合英文表达习惯，而不是使用中式英语"，这种观点我理解。但是如果大家连中文都无法地道表达，又怎么能做到英语表达地道呢？我知道我的说法比较刺耳，但我的说法只是"尖锐"，而绝不是"妄言"。

我在在线公开课（请有意了解作者的公开课的读者登陆 cctalk.com，搜索"老张"，即可查看往期公开课回顾，并有机会参加直播互动）上经常回答学生们形形色色的英语学习问题。为了保证交流的高效，我提出了如下要求：

"请使用中文或英文，以疑问句的语序和语气，用一句话完成提问，且无须交代问题的背景和来龙去脉。"

鲜有学生使用英语提问，而绝大部分的中文提问基本都不符合要求。这说明：我们作为母语使用者，稍微复杂一点的中文语句，我们组织起来也是有困难的，地道的英语表达就更无从谈起了。

⌃ 大家都是"外貌协会"的 ⌄

大家对于外语地道表达的渴望体现了大家"重形式轻内容"的倾向，而这种倾向又会导致"语言内容质量过关"的错觉。大家的"地道"是指词汇、语法、句型使用得和母语使用者一样，但这只是语言的表层现象、是语言的形式。词汇、语法、句型协同作用传递出的内容，也就是"大家想表达什么"，才是语言的本质。但面对更加具体的"单词不会""句型不熟"等语言表象问题的时候，大家就忽略了对内容的把控，或者直接默认"我知道自己要说什么"。

大家不知道的是：语言的内容会影响语言的形式。如果一定要表达逻辑不清、没有信息的内容，再好的词句也是逻辑不清、没有信息；反之，Long time no see 这句没大词、语法错的句子却是被认可的地道英文表达，因为其言简意赅，也就是俗话所谓的"话糙理不糙"。国内英语教学实际上是在语言形式层面的研究和学习，简而言之，就是"用什么说话、怎么说话"；但国内英语教学对"如何思考、说什么"这个根本问题视而不见。因此，对语言地道的执着是不理性的，好比一个身材不好的人，却拼命买模特身上穿的那个号码的衣服。换种高雅点的说法，（国内）英语学习者强调英语地道使用无异于"缘木求鱼"。

"华丽"理论

∧ 美丽的陷阱 ∨

在本节的最后，我们从理论角度来看看怎样学习英语这门外语才算"靠谱"。首先，大家必须明确，外语学习和母语学习的机制是不一样的。为外语学习者营造母语环境的教学出发点是好的，但如果不考虑外语学习者的身份，没有更多的输入、修正、扩充，学习者的成果不会很大。其中的道理很简单：因为大家是中国人，所以用外国人学习英语的方法教大家，不管看起来多美，但注定是行不通的。这就是为什么有 TESOL（Teaching English to Speakers of Other Languages）、EFL（English as a Foreign Language）、TEFL（Teaching English as a Foreign Language）这些教研方向和学术专业的原因。在这里，我也再次提醒大家谨慎对待"类母语"的学习理论、教学方法和培训机构，不要掉入"美丽的陷阱"。

从世界范围来讲，没有太多可以转化为生产力的外语教学理论。如果有，就是"勤学多练""背用结合"等常规的语言学习方式，和母语学习并无二致。这么说并不是否认语言在意识、文化、心理层面上的差异性。但如果要理解这种差异性，我们首先要了解这种语言。但就大家现在还在语言基本元素、特别是词汇层面挣扎的实际情况而言，文化、意识、心理等形而上的层面对大家来讲就是空中楼阁。

∧ "华丽两花" ∨

华丽学院认为学习英语需要"两花"。首先，大家要"花时间"，因为母语形成的过程都如此漫长，而且一直处于可以提高的状态，外语就更不用说了。词汇的积累和使用、发音的尝试和修正、语法的理解和实践，都是要花时间的。我之前提过的 20 年 1200 多小时的母语口语经验就是大家学习外语需要花时间的最好证明。

如果说花时间大家已经习惯了、背念记默大家也是样样精通的话，那么"花心思"就是大家没有进入过的神秘国度了。大家在学习外语的时候很少问"为什么"："为什么这个语法点叫这个名称""为什么这里不用 A 词而要用 B""为什么不能用我写的句子表达我想说的意思"等问题都是合理的。其中，确实有极少数的语言现象是约定俗成的，甚至是"以讹传讹"的，但是绝大部分大家能够提出的问题都有合理解答。弄清楚这些答案是非常必要的，因为只有弄清楚这些问题的答案，大家才真正理解相关的知识点。

总之，没有时间的付出和成果的累积（"量"）是不行的；不花心思、不去琢磨（"质"）也是不行的。必须"量""质"双管齐下，我们的英语学习才能有"质量"！

总结

在分析了只是"看似美丽"的东西方母语学习之后，再考虑到英语作为外语的教学理论研究至今也没有可行定论的现实，国人使用"母语法"学习英语的想法就站不住脚了。虽然现实条件不尽如人意，但如果大家坚持"花时间""花心思"，大家的英语学习进步和成功都是可以实现的。

思考

(1) 请在"1—10分"的范围内 (10分最高)，评价你的中文综合运用 (听、说、读、写) 能力。

(2) 你是否使用过"仿母语学习法"进行英语学习？收效如何？如何评价你使用的方法和课程？

(3) 在学习母语 (中文) 的过程中，你认为最有效的学习方法是什么？这种方法是如何帮助你提高母语水平的呢？

孟母用实际行动告诉了我们：好的环境很重要——
好环境里榜样多，模仿榜样更容易。
但认为"高尚小社区"重要的人是孟母，
奔走找房源、辛苦三搬家的人还是孟母；
这样看来，孟母其实比高档社区更加重要，
所以，"三迁"只是孟母教好孩子的办法。
良好的语言学习环境多多少少能给学习者带来帮助，
但如果你是自己的"孟母"，不是更好吗？

语言环境，远超交友出国 31

　　我在之前的章节中简单谈过外语学习中与"语言环境"相关的问题，但这个话题很大，确实值得我们给予更多关注和思考。我相信大家都知道"近朱者赤、近墨者黑"这个被我们当作真理的成语以及这个成语背后的现象。不过，这个成语用于我们语言学习的环境论之中，是有些不妥的。

　　且不说中文中还有一个成语"出淤泥而不染"，语言学习过程的漫长和进步的困难，也让环境这个具体因素在某个具体学习阶段中的作用变得微乎其微。在本节中，我将从听、说、读、写四个方面分析语言环境的作用，提出"语言环境没有能动性"的核心观点并给出相关实例，最后为英语学习者提出营造并使用英语语言环境的方法。我相信本节的内容将为大家带来全新的观点和思路。

语言环境与听、说、读、写

听、说、读、写是最常规的语言学习方面的分类，这是没有问题的。不过这四个语言学习项目不能仅仅停留在科目名称的层面，英语学习者提到的"英语语言环境"其实也应该有这四个分类。但遗憾的是，英语学习者谈到语言环境的时候，要么笼统地以"中国不是英国或美国，没有英语语言环境"来一言蔽之，要么只是强调"听"这个层面的语言环境，也就是"周边没有人说英语"。这样的观点显得十分"业余"。

现在假设大家到了英国或者美国，下飞机走进机场后大家会听到各种安检通知和航班信息。对，这些都是给耳朵准备的环境。可大家是不是要读懂信息屏和指示牌才能拿到行李、走出机场大厅？不管是发信息联系接机人员，还是询问机场工作人员，你得写英文、说英文吧？就算迎接大家的是同胞，但是在住宿场所、工作环境、学校生活中遇到的多数是外国人吧？不管大家的英文水平如何，在这样的英语环境中总得以各种形式使用英语吧？你和英语的关系不仅仅是英语进入你的耳朵里这么单一吧？

这么说来，大家生活在国内，建立英语语言环境确实是一个难事儿，因为我们无法要求所有的同事、亲戚、朋友都和我们说英语；我们拿起笔来写东西也基本都是用方块字；我们没办法让商家、店铺，甚至网站、报纸都放弃中文使用英语吧？

语言环境没有能动性

︿ "有" 不等于 "善用" ﹀

我们很少听到有教学机构和老师讨论"语言环境没有能动性"这个十分关键的问题，但这种能动性确实可以决定语言环境的有效性。为了让大家更好地理解我的观点，我举个大家聊"语言环境"这个话题的时候经常用到的例子：出国几年就可以搞定英语。不管是中国的实力越来越强，还是大家越来越富，甚至是储蓄的习惯让我们腰包很鼓，出国留学的热潮真的是一浪高过一浪。

在我接触过的、已经通过雅思考试出国留学的学生中有一个数量不好估算的群体：他们出国前的英语能力并不足以让他们完成全英文环境下的学习和生活。不管是"有条件录取"（需要出国补修语言课程，达到一定语言水平之后，才被录取）还是灵光一现考过了雅思，他们出国了。

这些学生意识到了自己语言能力的不足，他们也想了一些办法应对。出国前联系学校里的学长获得接机、找房等帮助，学习的过程中找人代写论文，日常生活中离不开当地的同胞或者中国同学、朋友，总之是尽可能地避免使用英语或者用英语进行交流、处理事务、完成学业。就算万不得已必须自己上场的时候，这些学生也会花费大把的时间获取攻略，或者回避包括语言在内的各种困难。

当然，合理借助外力解决问题是好的，但是不锻炼使用英语解决问题的能力就不对了。这些学生有英语学习环境吗？当然有，但他们的态度和做法却是：能不用英语就不用英语。这就是我所谓的"语言环境没有能动性"。语言环境虽然可以逼大家说话，但是如果大家抱着"闭上眼""不开口""假装听不见"的态度，就算大家生活在语言环境中，语言方面的进步也会是微乎其微。

简而言之，"没有想要，有了放着"是不少人对待语言环境的态度。这就是为什么，很多留学海外的学生的英语能力，只能应对最基本的语言场景的原因，因为他们的语言环境之说只是懒惰的借口和不行动的托辞。

∧ "更好的" 语言环境 ∨

除了"出国待几年就能搞定英语"这种说法之外，国人关于"语言环境营造"最常用的另一种说法就是"找个说母语的男朋友或者女朋友"。由于恋爱关系比一般朋友关系更为紧密，因此同样被大家经常提及的"语伴"之说在下文的讨论中也涵盖了，这里暂时就不赘述了。

我有多年线下英语教学的经历，其间接触到了很多来华工作的英美人士，他们当中很多人都在中国找到了恋人，其中有些人还幸福地完成了跨国婚姻。根据我的经验和不完全统计，在这些跨国婚恋关系中，外方中文水平提高的速度远远高于国人英语水平提高的速度。当然大家可以说，外国人的中文水平提高快是因为他们身在中国，而且这些有外国恋人的中国人的英语水平提升也可能比一般英语学习者快啊！那我反问一下：就算把你扔到外国而且"发给"你一个外国帅哥或者美女去恋爱、结婚，你能保证你的英语水平提升比在中国恋爱、结婚的外国人的中文水平提升快吗？而且我也没见过几个和外国人结婚的中国人，就算他们在国外生活了多年之后，英语运用得比我这个没有海外求学、生活经历的人好啊？这又是为什么呢？

答案很简单：大部分英语学习者"太要面子"。大家一般能不说就不说，能少说就少说，这样的态度和做法为大家的语言学习设置了障碍。再亲密的关系也是外力环境，其作用是有限的。

∧ "看人品" ∨

不少学习者在寻找速成的语言学习方法，相信大家可能听过、看过一个叫 Chris Lonsdale 的新西兰人 "6 个月内学会任何一种外语" 的演讲和理论；其本人也只用半年的时间学会了中文。他的理论中提到了 "language parent" 这个概念。所谓的"语言家长"就是能够和你对练并且可以纠正你表达问题的母语人士，这位母语使用者就像家长教小孩子说话一样教我们外语。首先，这样的语言陪练去哪里找啊？国人中合格的中文使用者有多少，这些人中愿意当而且能够当语言家长的有几个？因此，我只能说这个 Chris 非常幸运！如果找不到这样的"英语家长"，我们就不学英语了吗？

还有一个重要的点我忘记告诉大家了，那就是这位 Chris 是心理学家、语言学家、教育家，他可以半年搞定中文，但是用他的标准要求大家是不是有点过了呢？最关键的是，什么叫学会？我们是不是有必要看一下 Chris 先生的"汉语水平考试"成绩之后，再信他的理论才比较稳妥呢？

如何营造语言环境

其实营造语言环境这个工程本身并不复杂，关键是我们作为语言学习者要理解营造语言环境的目的，并且在这种环境中发挥最大的个人能动性。下面就给大家简单总结一下我们如何在国内营造并使用好英语语言学习环境。

1. 听：有意识听力练习和无意识听力练习的结合，也就是老师们常说的"精听、泛听相结合"。对泛听练习的内容不要过于纠结：小孩子听儿歌、中学生听动画片、大学生听新闻，基本保持这种"理解力和听力内容难度的对应"就好。泛听不懂或者不全懂是正常的，不要操之过急。同时，控制精听内容数量。如果要逐字弄明白听力材料的内容，其实每天一百字的文段就不少了。只要耳朵闲着的时候就可以做听力练习，有高质量的学习时间就可以做精听。

2. 说：在有时间的时候反思一下，刚才经历的场景自己能否用英文表达出来，不管场景多么简单，只要是需要说话的场景，可能都是大家未来会遇到的英语表达场景，我们现在就要做好准备。每天的生活场景可能有重复，我们可以挑选其中重要的场景进行"精练"，也就是把要表达的内容录制下来。反复听、反复录，目标是提高个人词汇和语法的质量和准确度；必要的时候使用字典、网络进行查证。

3. 读：挑选自己喜爱的英文网站，一边获取信息一边练习英语阅读。我们也可以将电脑、手机的设置调整成英文界面，这样也可以让我们学习眼熟但不会表达的信息技术用语。当然，有条件的读者也可以选一本难度适中、便于携带的原版小说或者该书的电子版进行阅读。大家各自的工作、生活圈子中肯定还有我没想到、提到的英语阅读场景，大家善用各种场景就好。和听力一样，阅读也分精读和泛读，只要大家注意两者适度结合，阅读的环境是唾手可得的。

4. 写：其实不是长篇大论才算写作。记事、留言、即时通讯都可以练习大家的写作能力，但要注意的是，上面提到的这些写作练习都是碎片化的，同时也不是以学术为目标的严肃写作。不过，大家可以将严肃写作化整为零，例如找到雅思、托福考试的作文题目，第一天审题列提纲，第二天进行一个主体文段的写作，第三天进行这个文段的修改。这样的操作能让写作练习变得任务明确且简单易行。碎片化写作和严肃写作的结合是可行的，也是必要的。长期坚持，大家的写作能力必然会有质的提高。

总结

语言环境是听、说、读、写各种语言使用场景的总和；语言环境存在与否确实是客观现实，但学习者的能动性会起到决定性作用，因为学习者确实可能"身在曹营心在汉"或者勇敢选择"自己动手、丰衣足食"。

思考

(1) 你身边英语水平高的朋友和同学是否有你无法获得的"英语语言环境"？

(2) 你期望的英语语言环境，具体来讲包括哪些方面？这些方面你是否可以自行获取或自行营造？

(3) 你考虑过"置身英语语言环境中可能会很不舒服"这种情况吗？你做好心理准备了吗？

现今社会是一个讲感觉的时代，

正如一首歌里唱的：要的就是这个 feel。

在现实中，人人都有感觉且受其摆布，

感觉快捷地帮我们判断好恶、完成取舍。

如果"一见钟情"可靠，那为什么会有怨气冲天的前任？

语感说到底也是一种感觉，那语感是否也会不可靠？

如果你连语感是什么都无法清晰定义，

你为什么相信语感的存在和语感的助力作用呢？

谈语感可以，但你凭什么 32

　　请大家扪心自问：我真的能够用一句话清晰地定义外语学习中的"语感"这个概念吗？如果不能，大家乐此不疲地提及的语感到底是何方神圣？为什么会让我们魂萦梦牵、上下求索呢？我毕业于北京大学英语语言文学专业，雅思考试稳定 8 分，自 1998 年起进行课堂英语教学至今，但我依旧认为我没有"英语语感"，就算有，也不值得我完全信任并应用于教学。

　　在这些年的教学中，我越发觉得"语感"是个自欺而且欺人的概念和托辞，体现了广大教师和学习者思维懒惰、不求甚解的学习弱点。在本节中，我会和大家谈到语感的定义、先天和后天的关系、语感实例讲解和如何培养语感这四个问题。本书"揭秘"的性质会在本节中得到完美的诠释。

语感的定义

∧ 思维本"懒" ∨

在日常生活中，我们倾向于用更简单的思维和思维结果解释问题、总结现象。思考、分析要动脑筋，动脑筋就要消耗能力，所以想事情是累人的，所以大家不愿意做。在我们必须表态、行动的时候，我们往往"看别人怎么做""想想我自己习惯怎么做""凭我的第一反应"。现实生活中这样的例子比比皆是：我们被舆情引导（2016年罗尔事件），被旁人左右（网络暴力），我们经常不顾实情、用情绪代替思考（2013年蔡洋砸车）。人们这么做有两个原因：以为月亮被天狗吃了是认知缺陷暂时无可补救；但认为语言学习需要语感则是当事者疏于思考和求证。

大部分英语学习者认为：语感是一种神奇的东西，是一种让你在四个答案都不认识的情况下做对选择题的东西；是包括老师在内的人们不会解答你的问题，或者无法清晰解释原理时的借口。有些情况确实不好解释，但请大家注意："不好解释"并不是"不能解释"。

∧ "火感" ∨

诺贝尔经济学奖获得者 Daniel Kahneman 在他的《思维，快与慢》一书就提到了一个很有趣的例子。一个消防队长带着队员冲进火场后，没有发现明火。虽然他不明白为什么要下令全队撤离现场，但就在队员们全部退出火场的那一刻，楼板坍塌了，原来火源在地下室。由于队长的"火感"，队员们活了下来。看到这里，读者们肯定会说，这难道不是活生生的、可以和语感进行类比的例子吗？大家不要着急，听我慢慢分解。事后被问及此事，队长指出，他让队员们撤离是因为"看不到火，但现场体感温度很高"。这种情况表明，火在燃烧，只是你看不到，因此现场情况更加危险，所以他命令队员们撤离。与其说这是感觉，不如说这是经验。

︿ 语感本是经验 ﹀

虽然经验可以以感觉的形式瞬时呈现出来，但经验和感觉两者有本质的区别。经验是对过往事件的亲身体验和分析总结，是客观且具有指导性的；感觉虽然也可能来自过往经历，但感觉更多是情绪化的、非理性的，用于指导实践会很危险。这就是为什么我们说"人不可貌相"的道理；这就是为什么说与其认为某人"感觉准"还不如说他"经验丰富"的原因。因此，真正的语感是：在长期成功学习过程中积累的，并可以为具体问题瞬时提供合理且正确指导的学习经验。

之所以说广大英语学习者的语感是不靠谱的，是因为大家的英语学习屡战屡败，是因为大家还在为四六级过线挣扎，是因为大家连常见不规则动词的过去式 / 过去分词都没有搞定，是因为大家这辈子说英语也不过几个小时。大家从哪里收获英语学习成功经验用于总结，并且在具体问题中下意识地反应到这些总结呢？"下意识"的刹车也是经过你小心谨慎的反复练习学到的，甚至连呼吸这种再自然不过的事情，都要婴儿在降生时被护士掐一把让他在哭泣的过程中开始第一次尝试；你凭什么用语感高谈阔论？你为什么相信迷信语感之说的人们呢？

先天和后天的关系

大家在英语学习中之所以关注语感，是因为获取语感的过程确实因人而异，可能和我们无法量化也不能改变的语言天赋、语言能力有关。我举个骑自行车的例子：要让两个轮子的自行车在路上行进，保持平衡是关键。但，平衡是你想保持就能保持的吗？难道不是反复练习、试图保持、失败再试、屡败屡试、初尝成功、巩固进步之后，你才有了在自行车上的平衡感吗？但是确实有些人平衡感很好，三天两日就学会了骑车，这让手脚不协调的人十分受挫。

在这里我要鼓励一下各种"感觉"不好的人。虽然有的人骑车学得快点，但也不是一上车就能够骑得飞快吧？更不是说拿本书研究平衡理论，用天平练习平衡技巧之后就会骑车了吧？所以，坚持不懈的练习才是让大家理解感觉、找到感觉的根本出路。时间长短可能无法控制，但是绝大多数的感觉都是可以通过大量实践积累获得的。人的天赋不一，但基本够用且后天可补。所以，不要过分强调不可改变的起点，而忽视可以提速的脚步。

你的语感可能不靠谱

为了说明大家的"语感"不靠谱，我还是给大家举一个例子来说明问题。英语中表达"我喝多了、我醉酒了"这个意思的时候，母语人士会用"I had too much to drink."这种说法。但有的人会问，我们为什么不用"I drank too much."这个表达呢？我觉得这个问题很有意义，于是我经常在直播课把两句话展示给在场学员，让他们选出正确且地道的表达形式。不管大家是否可以判断两个表达的正误，绝大部分的回答是：语感；而且大家给不出合理的解释。

我们仔细分析一下。"I drank too much."是一般过去时，虽然可以表示过去某一点的动作，但这个时态还可以表示过去通常的动作。从语法角度讲，特别是加上 yesterday 这样的具体时间状语之后，应该可以表达"醉酒"的说法。但"我以前喝酒很多，只是现在喝得少了，或者戒酒了"也是一个合情合理的说法，我们又该如何表达呢？是不是也要用"I drank too much."来对应呢？

"我（昨晚）喝多了、醉酒了"的地道翻译应该是"I had too much to drink."。这句话中不定式的用法强调"具体情况"，用来描述某次醉酒的经历，也就是我们要表达的意思，是更加合适的。当然，大家会说 too... to... 结构的意思是"太怎样以至于不能做什么"啊，意思不对啊！其实这个问题大家换个角度看，我们为什么不能把 too... to... 结构看成"做某事很难，以至于做不到"呢？"做不到"是"太难"的正常结果，但是有些事情说不定还有可能做到，例如"昨晚那么多酒，我还是喝了"

也是可以理解而且有表达的必要性吧?

通过这个例子,我相信大家明白了下面这个道理:除了极少数超出我们认知能力范围之外的事情,绝大多数结果都是有原因的。大家说"我没看到、我不知道原因"是合理的,但是说,"虽然我说不明白,但我觉得就是这样"就是不讲理了。

如何培养语感

最后我用一个学生的例子来说说如何培养语感、如何使用真正的语感指导英语学习和英语运用。

第一,基本功扎实。不管是背单词还是学语法,大家都要做到百分百的确认并且深刻理解。例如 nurture 这个单词。我们可以将其理解成"培养、培育",但是有多少人注意到了动作发出者和动作承受者之间的关系?也就是大家弄明白"谁培养谁"了吗?正因为绝大多数读者做不到"基本功扎实",所以大家追求语感的步伐也就停留在这个阶段了。这就是大家的语感"求而不得"的原因。

第二,对自己不百分百确定的语言事项保持高度怀疑。这个有点难,但是如果大家适度控制怀疑对象的数量,还是可以完成后续操作且不给自己带来太大困扰的。这里补充一句:其实大家输出的英语基本都是有问题的。因此,当我看到学生写出"My best friend named Lan Ying nurtured my love of photography."这个句子的时候,我心里产生了疑问,我在怀疑:nurture 这个词可以用在"朋友对我的指引和帮助"这个语境中吗?

第三,仔细查证。为了确认 nurture 这个词是否使用恰当,我查阅了它的英文解释。根据《牛津高阶英汉双解词典》第九版的解释,nurture 的意思是 to help somebody/something to develop and be successful。

第四,深入理解、对比。通过字典的解释和例句,我们可以看出,"促进某人、某物发展"这一动作的主语一般都是"老师、长辈"类型的人物，因为 nurture 这个词含有"看着某人、某物积极变化"的意思，而这种意思一般都用在"长辈对晚辈、人们对事物"的语境中。所以，如果 Lan Ying 不是"Lan 姨"的话，最好不要用这个词。

第五，在实践中正确记忆。在我得出上面的结论之后，我自然知道学生的句子有问题，但这并不是整个过程的终点和重点。因为我一定要弄明白：我自己应该怎样使用这个词，这个词应该用在怎样的语境中。我用 nurture 表达"培养孩子"是可以的，但我说"nurture 这本书"可以吗？如果我说"nurture 了父母使用智能手机的兴趣"可以吗？

第六，成功掌握，顺利使用。经过上面五个步骤之后，大家应该对 nurture 这个词有了准确的认识，因此今后使用起来也应该没什么问题了。这就是语感培育和运用的整个过程，但这个过程中的每一步不都是理性的、可查证的、可感知的吗？谁还会说语感是虚无缥缈、无法解释的呢？

总结

语言学习的复杂性让学习者手足无措，于是大家更加倾向于相信简单但非理性的归纳总结。语感就是这种情况最好的例子。明确方向、合理操作、坚持不懈是培养英语语感的唯一途径。

调查

（1）请确认你身边经常使用"语感说"的朋友、同学的"真实英语水平"（班级排名、雅思托福成绩）。

（2）让你身边没读过本书且相信"语感说"或者自认为有"语感"的朋友、同学比较本节与"醉酒"相关的两个英文句子的区别；并让他们比较哪句英文翻译"我（昨晚）喝醉了"这个句子更加合适。

教学

有很多相似的概念，大家熟悉但不去分辨。

"教学"和"学习"就是两个这样的概念：

前者说的是师生互动，后者指学习者自我修行。

其实写到这里，我们本节就可以结束了，

因为严苛地说，学习是学习者自己的事和老师无关。

没有老师，你就不学习吗 33

大家可能都有过类似的经历：当你盯着一个汉字看一分钟以后，你会发现这个字很奇怪，或者你干脆不认识这个字了。这个例子的适用范围非常广泛，例如"老师到底是做什么的"这个话题。大家都应该有从师的经历。就算大家真的没有上过学，大家的父母、前辈、领导、朋友都可能在不同的时空扮演着大家心目中老师的角色。但正是因为大家对老师这个社会分工类别的熟悉，大家可能就不再仔细思考"老师到底是做什么的"这个话题了。

大家不知道的是：如果学生不能清晰地了解老师真正的责任，就不能对老师的责任产生合理的预期，自然也就和老师"不一心"了，学的效果就很难有保障了。在本节中，为了明确学生、教师、教学三者之间的关系，我将用最直接、犀利的语言告诉大家老师应该做什么、不应该做什么。当然，以下内容是我个人的观点和立场，但是我相信应该有不少老师和我的感受相同。如果大家觉得本节内容"扎耳朵"也是正常的，因为大家并没有站过讲台，更不用说一站二十年了。

"老师不是什么"

我们先来看看"老师不是什么"，也就是：老师本不应扮演的角色、发挥的作用。

∧ 老师不是学习的标配 ∨

相信大家听过"无师自通"这句话，别人能做到，你为什么不能做到？而且从逻辑角度讲，世界上第一个老师的老师确实是他自己。也就是说，对每个学习者来讲，老师本不是标配而是选配，也就是升级之后的配置，是"有了最好，没有也应该可以"的助力。

大家当然可以说世界上的第一个老师是天才，一般人无法企及；那对于有些人天资平平，但通过个人不懈努力自学成才、最后成名成家的案例，大家又作何解释呢？因此，从学习的角度来讲，有老师帮忙固然好，但没有老师指导也是正常的。因此，大家不应该对老师有过多的要求，因为老师毕竟不是"必需品"，因为大家不能一边吃着国家限价的食盐，一边抱怨 LV 皮包不是白菜价。

∧ 老师不能教好所有的学生 ∨

和学校相比，医院应该是一个对业务要求、服务质量要求更高的地方，因为老师教不好最多是误人子弟，但医生医术不精可能会伤人性命。不是所有离世的病人都是因为医疗事故或者医者无能吧？那为什么就不能存在老师教不好的学生呢？

这里我要明确一下，我在此说的"好"不是指品行和性格，而是指学术水平达到一定程度；说白了就是，不管哪位老师、用什么方法教学，都会遇到做不出、做不对题目的学生。我们在这里不讨论用统一的学术标准去评价学生是否合理；单从"知识吸收"这个角度来说，有人可以学会，有人学不会——这才是理性的精神。正因为"人的天资不同，不能用同样的标准要求大家"，所以老师解决不了"十个指头不一样长"这类由客观存在的个体差异造成的问题，因为老师只是"美甲师"，而不是"接骨医生"。

∧ 老师不应是不求回报的义工 ∨

我敬佩所有支教的老师，我个人也是国家精准扶贫项目之一——"互 + 计划"的导师，我也在做无偿的公益项目；除做公益之外，我也是在沪江开设收费课时间最长的老师，所以我有资格讨论这个话题。我再次申明：老师不是义工，没有义务无私奉献；因为"义工"和"公益"是两个有本质区别的概念：前者"干活不拿钱"；后者"有大爱、最先考虑公众的利益"。

首先，如果老师只是奉献，那我们的基本生活如何保证？当老师和清扫街道、维修电脑、站岗执勤、管理国家本质上没有区别，都是工作。既然是工作，就是在创造价值，这些价值创造者的劳动就应该获得货币形式的肯定。我们为什么不能用学术能力换取更加优厚的待遇和高质量的生活？

同时，我认为"老师本该拿一万元却只收一百元"不是品德高尚的表现，而是营销打折，只是折扣力度很大罢了。因为，如果是做公益，那干脆就不要收钱了，难道老师不知道一百元也能难倒很多需要学习机会的学生吗？同时，"高质量的产品和服务应该高定价"难道不是价值规律的体现吗？说到这里，我真的觉得上面提到的课程和服务只值一百元，而一万元的定价只不过是营销手段或者销售噱头罢了。

我在这里顺便"吐槽"一下不放假的教师节。如果决策层和相关部门认为应该给老师们设定专属节日，那是否可以给教师节添加法定的带薪假期，同时覆盖我这样的社会培训教师？

∧ 老师的德育责任至多是垂范 ∨

一个孩子呱呱坠地后，其家长就有了默认的教育孩子的责任和义务，并且是未成年人的监护人、承担一定的法律责任。孩子上了学不意味着家长教育责任的终结，只是孩子需要学习知识，而家长由于时间和能力的原因无法提供孩子这方面的教育。老师具备基本的道德素质并用更高的标准要求自己、垂范是没问题的，但究其根本，这是老师的自我修养，这和老师是否有责任把持学员的道德准绳是两回事，大家不要混为一谈。

其实老师教学工作的中心是传授、讲解知识，而对于课堂纪律、学生操行只是监督和引导，而且老师在这些方面的努力都是从保证教学顺利进行的角度出发的。例如："尊敬他人"可以保证同学之间关系融洽；"独立完成作业和禁止考试作弊"能让老师获取教学的准确反馈。我曾经问过很多学生："如果你是大学老师，如果你知道你的学生同时进行多段恋情，你找这个学生谈话吗？"大家听完问题之后都会犹豫一下，然后有些人说"会"。那大学为什么不进行"操行"评定，并以学分形式反映呢？如果"人品课"不能开，那是不是就不应该有负责该课程的老师，或者说老师就没有这方面的责任呢？如果大学没有德育责任，为什么中学和小学就有？难道成年人的人品就一定好、成年好人不会变坏吗？

⌃ 老师不是学生评定教学的对象 ⌄

标题有些晦涩，我简化一下：学生不能评定老师的教学。首先要明确，我的观点是：在老师没有讲错知识的情况下，绝大多数学生没有评价老师教学理念和教学方法的能力。老师的教学只能由更有经验的老师来评定。同时，我认为学生可以评价老师的为人和基本道德水平。不过这两点不是我要讨论的主题。这里提醒大家注意。

我以一个年轻父亲的身份负责任地讲："你当了爹妈之后就明白了"这句话是真理。大家不要急着反驳我，等大家为人父母之后，再回想一下自己父母曾经说过的很多话，会发现它们非常有道理。我认为，在绝大多数情况下，学生无权评价老师的教学，但是老师可以评价学生的学习。原因很简单：绝大多数老师都当过学生，但学生却通常没有当过老师。

很多学生无法理解教师的教学要求，是因为他们只是站在自己的立场上看待学习，同时学生们没有"前后眼"、他们不可能站在一个未来的时间点来看待现在的学习过程。这就是为什么很多学生毕业若干年后，想起老师当年的教学和指导时，会觉得老师当年教得很好的原因。这时候，学生们要么暗自庆幸遇上了能让自己听话的好老师，要么就在后悔自己当初为什么不乖点、好好听老师的话认真学习。

"老师是什么"

讲了这么多"非教师属性"之后，我现在就来谈谈"老师的工作到底是什么"。

在现今这个信息社会，老师的任务变得非常简单直接，但重要性却加强了。网络的发展让信息的传递和分享变得方便快捷；而且随着时间的推移，这种便捷性还会大幅提高。在这种背景下，"（老师的）知识独占性"受到了极大的挑战，因为从网上可以获取的知识的可谓无限，这样一来，"为什么向某位老师学习"就变成了一个十分尖锐但却合理的问题。

但恰恰在这个时候，老师的作用就体现出来了。虽然知识是具体的，但是学习知识的过程中会出现很多个性化或者常见的问题；由于学生没有学过，更没有跨过这些沟沟坎坎的经历，所以他们有时无法克服学习中的困难。这时，老师的教学经验，也就是在教学实践中获取的"大数据"可以提醒学生、帮助学生。这里我明确一下，这种指引作用，不只是答疑解惑，还应该包括学习方法传授、学习困难预警、学习计划制订、学习成果考核和学习心理干预。这样看起来，老师的工作包括学习过程中所有除了教授具体知识之外的所有事情。

最后用一个我想了很久、觉得十分贴切的比喻来总结一下老师的角色。老师其实是主治医生，而不是值班护士。学生们总是希望老师像值班护士一样随叫随到，但实际上真正的老师是每天早上带着一群值班护士查房的医生。主治医生有权利在保持联系方式畅通的情况下，把治疗环节交给护士；医生虽然有义务保证你的病情稳定或者向好的方向发展，但病能不能好不是医生说了算；

"戒烟戒酒""坚持运动"的医嘱虽然"简单"，但对于有些病人来说却不"易行"。老师和医生一样，有些事本就不在我们的工作范围之内；有些事，我们想做也做不来。

总结

关于"老师是什么、不是什么"的讨论看似和本节的标题没太大的关系。但是，如果大家没有把教师的工作范围界定清楚，就很可能把本应自己完成的学习任务交给老师，这样的话，学习的结果自然不会理想。只有教学双方权责明确，才能协同合作并取得理想的学习效果。

思考

> （1）为什么（绝大多数）老师要求小学生起立回答问题，但是大学生们却可以坐着和老师对话？
>
> （2）你认为老师可以教会学生如何自学吗？
>
> （3）作为学生的你为什么认为有些老师比别的老师"教得更好"？是否你的同学都持有相同的看法？如果你和你的同学就此观点不能统一，那么谁的观点才是正确的呢？
>
> （4）在"老师的德育责任至多是垂范"这部分的举例中，"大家听完问题犹豫一下"的根本原因是什么？

虽然大家已经开始习惯本书的风格，
但是本节的标题应该还是超出了大家的底线。
我们应该"师夷长技以制夷"，
"外来的和尚好念经"也确实有一定的道理；
而且，不能因为某事的弊端而采取全盘否定的态度，
就像我们依旧在使用有副作用的药治病。
但如果副作用大到让药从"治病"变成"致病"，
你还会不会接受这种治疗呢？

外教站讲台，有些不靠谱 34

外教曾经在中国的英语教学市场中发挥着神一般的作用，哪个培训班有外教哪个培训班火；哪个课程是外教主讲，哪个课程卖得好。其中还是有一定的逻辑的——外语还是外国人说得好，学外语自然要找外教了。随着中国的开放和国际交流的日益增加，外教似乎已经成了外语培训（机构）的必需品，大家的态度依旧是"学外语找外教是很自然的事情"。

我有近 20 年的英语教学经历。由于工作关系，我对外教非常了解，甚至作为伴郎参加了加拿大同事在中国举行的跨国婚礼。华丽学院其他教师也有不少接触外教的经历，并和不少外教成了朋友。我承认外教群体中不乏优秀老师，但对外教整体素质的概括依旧只能是"良莠不齐"。原因多种多样，有的顺理成章，有的出人意表。在本节中，我将从分析母语能力、深究外教资质、反思外教"优势"、探讨外教教学实务四个方面展开讨论。

为了避免大家的误解，我在这里事先言明：本节不是在攻击掌握母

语的外教，而是根据我的教学经验、从学术角度分析现状，并为大家提供一些"内行人"的视角，以便大家能够选到个人心仪且确实可以帮到大家的课程和教师。**欢迎英语学习者、教师在本书的读者互动群中提出自己的见解，以便提升本书、本节的质量。**

分析母语能力

∧ 中文母语能力 ∨

聊外教不能不提"母语"，但这件事没有大家想象的这么简单。母语，是一个人出生之后最早说并且坚持说的语言，也是大家最常用、用得最好的语言因为母语问题不分国籍，所以我就聊了我们中国人。

母语水平有高低之分，而大家经常倾向于高估自己的母语能力。说到母语能力高低，我们中国学生可能有两种思路：有些人会想一下自己在语文课上的表现和成绩，然后给自己的中文打分；另外一些人可能觉得"难道我一个中国人还不会说、说不好中国话啊"，然后认为自己母语没问题或者干脆不考虑这个问题了。其实大家不去考虑自己的中文水平也是有一定道理的，因为大家使用中文进行日常交流、工作生活应该不会有解决不了的问题，大不了一件事情说半小时，或者对方没懂再讲半个小时呗？但从另一个层面来说，如果让大家登台演讲、舌战辩论、教学答疑，是不是很多人就怯场了呢？大家怕的其实不是"场面"，大家的紧张实际源自自信的缺乏，缺乏自信经常是因为自己都信不过自己，也就是"自知水平不够"。

∧ 英语母语能力 ∨

下面，我们聊聊外国人的母语水平。其实，正如上文所述，也没什么聊的，因为都是人，大家在说话这件事上没有太大的差别。大家可以看看下面这段选自"Don't Forget About Me"的歌词。

> If I fall, can you pull me up
>
> Is it true you are watering up
>
> And when I'm tired, do you lay down with me
>
> Am I here so I can sleep without you
>
> Without you there's holes in my soul
>
> Let the water in

我们不讨论歌曲是否美妙，我们也不说歌词的内容是否通畅易懂，我们就说说上面这段歌词中的"there's holes"是不是违反了基本、公认的语法规则呢？此外，lay 的用法也有问题，在 do 开头的英文问句中，lay 是动词原形，只能作"放置"或相关义项解释，绝对不表示"躺（下）"、也就是 lie 作为动词原形的不及物动词的意思。

当然，大家可以说，这不是精读课文啊！没必要这么纠结啊！但是肯定有人会喜欢这首歌，他们很可能会研究歌词，会熟读甚至背诵歌词，那他们是不是就学错了呢？如果母语能力尚待确认、母语材料良莠不齐，那母语人士也不一定就有开班授课的能力，对吧？

研究外教资质

∧ 到底谁算外教 ∨

解释完"母语"的概念，我要谈谈外教的资质。首先，外教的英语不都是母语。"外教"这个定义很微妙，因为这个称呼的本意是：来自外国的老师。但是来自外国的语言老师就一定是把某种语言作为母语的使用者吗？

这个问题引出了一连串的问题：菲律宾国籍的老师算外教吗？韩国人在中国教英语算外教吗？从中国大学毕业后出国学习，拿到美国绿卡的中国人回国教英语算外教吗？美国小孩在中国长大后又在中国教英语算外教吗？张嵩老师去韩国教英语算外教吗？张嵩老师去美国教英语算外教吗？再说一个不大可能的情况：土生土长却因为某种原因中文比英文说得好的美国人来中国教英语，算外教吗？如果他教中文呢？

这样说起来，拥有母语使用者身份不应该也不能默认为具备教授这种语言的资质。书教不好，说小了是骗钱，说大了是误人子弟（当然，中国英语老师教不好也是一样）；不管是否有自知之明，这样的外教教书就好像是在讲台上"贩毒"。

∧ 资格证书及其他 ∨

这是个很敏感的话题：资格证不等于"水平证"，也不应该等于"水平证"。同时，我们可以质疑任何中外教师资格证书的合理性和可靠性。但是，正是这些看似繁文缛节的证书和获取证书的过程，让从业者对行业有了基本的认知，让他们从外行到内行的转变成为可能。TESOL、TEFL 等"英语作为外语教学"证书至少证明了持证者的从业决心和教学态度，但是，我们的外教是持证上岗吗？关于证书，我们可以比较稳妥地总结如下：有证不一定能教（好），但没证肯定不能上岗。"学历和专业背景"在教学中的作用和"资格证"是一个道理，我在这里就不赘述了。

反思"外教优势"

∧ 外教为什么来中国 ∨

外教在中国教授英语的目的可能不像我们想的那么单纯。中国是发展中国家，这是无可争议的事实。但是，身处第三世界的我们当中有多少人愿意前往埃塞俄比亚这类比中国还不发达的国家去教中文呢？如果大家不愿意去的话，那么英国、美国、加拿大、澳大利亚这些发达国家的外教为什么喜欢来中国教书呢？

来中国有偿支教合情合理，但是又有多少人持有工作签证呢？他们在中国教英语是为了提高中国人的英语水平，还是因为中国英语培训市场"钱多门槛低"呢？不管这一问题的答案如何，我们可以达成一致的是："白求恩"虽好，但更多的外国人不是"白求恩"，无私的国际友人应该哪个行业都不多见，对吧？

︿ 语言的准绳是什么 ﹀

外教的母语大都是方言和个人语汇，这是个不是问题的问题。中国方言众多，但在教育体系中，不管学校位于哪个地区、老师的籍贯是哪里，师生都在努力地说普通话。我们并不是否认方言的历史和作用，只是认为统一的发音和用语可以给人们的交流带来方便。虽然英美等国家没有所谓的普通话，但是以 BBC 为代表的英式发音和以 VOA/CNN 为代表的美式发音确实起着类似普通话的作用，被媒体广为采用。不过，西方民众还是习惯用什么口音用什么口音，也有打算向媒体或者"主流"靠拢的打算。例如在英国，有 3% 的人口使用标准英式发音（Received Pronunciafion）。

如果你不能接受国内学校老师带着乡音讲课，你为什么可以接受操着不知道是哪个地区口音的外教教你口语呢？如果你真的知道某个外教乡音很重，你会跟这位老师学习英语吗？此外，老师有自己的语言表达习惯，讲物理、化学问题不大，但是如果外教带着强烈的语言（词汇、句型等）风格给大家讲英语"语文课"、示范语言的用法就不太好了吧？

外教教学实务

∧ 责任感 ∨

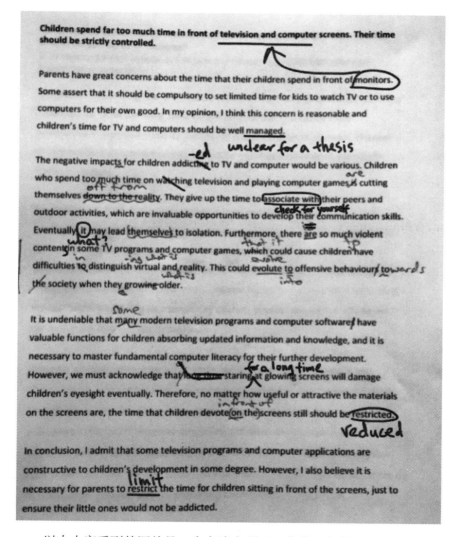

Children spend far too much time in front of television and computer screens. Their time should be strictly controlled.

Parents have great concerns about the time that their children spend in front of monitors. Some assert that it should be compulsory to set limited time for kids to watch TV or to use computers for their own good. In my opinion, I think this concern is reasonable and children's time for TV and computers should be well managed.

The negative impacts for children addicting to TV and computer would be various. Children who spend too much time on watching television and playing computer games is cutting themselves down to the reality. They give up the time to associate with their peers and outdoor activities, which are invaluable opportunities to develop their communication skills. Eventually it may lead themselves to isolation. Furthermore, there are so much violent content in some TV programs and computer games, which could cause children have difficulties to distinguish virtual and reality. This could evolute to offensive behaviours towards the society when they growing older.

It is undeniable that many modern television programs and computer softwares have valuable functions for children absorbing updated information and knowledge, and it is necessary to master fundamental computer literacy for their further development. However, we must acknowledge that staring at glowing screens will damage children's eyesight eventually. Therefore, no matter how useful or attractive the materials on the screens are, the time that children devote on the screens still should be restricted.

In conclusion, I admit that some television programs and computer applications are constructive to children's development in some degree. However, I also believe it is necessary for parents to restrict the time for children sitting in front of the screens, just to ensure their little ones would not be addicted.

　　以上大家看到的图片是一个在澳大利亚工作的朋友的雅思作文练习。为了提高分数，他找到一位出过书的当地朋友为其修改作文，浅色字体改正的标注就来自这位母语使用者。不过，我用深色字体改正了一下，又标出了很多问题，而且其中绝大多数是肯定有误的表达。我们不排除那位母语使用者可能非常宽容地认为"有些问题是作者笔误"并且相信"作者不会再犯，或者仔细一些可以避免此类问题"而没有标注出来。我承认,"责任心"是个主观的标准,因此,所有人的感受和评价可能都无法避免"以偏概全"。但是,如此点评,批改者的责任心确实有待提高。

∧ 教学经验 ∨

讲个段子吧:一名华丽学院学员大学毕业后出国深造。由于突发意外,在录取他的学校报道截止日期之前,他无法在国内完成膝伤手术,所以打算在国外完成手术。但一个月后他悄然归国,准备在拥有国内最好的运动外伤专科的北医三院完成手术。就此他解释如下:美国是世界上科技、医疗水平最先进的国家,但全美最有名的、最有经验的医生也就做过十例以内同类手术,但是北医三院的大夫,不管哪位主刀,他们基本都"切"过三五百条腿了……大家问过自己的外教教过多少年、教过多少学生、有多少学生成材了吗?特别是考虑到外教对中国学生学习习惯和特点的了解有限,在中国教书的外教基本上可算作新手或准新手了。

结论

作为外教,母语重要但不是首要的;特有证书不说明问题,但没有证书一定说明有问题;外教教学的优势和劣势并存;外教的教学经验、特别是对中国学生的了解有待提高。还是那句话,本节只是指出外教群体存在的问题,但并不否认德才兼备、了解中国学生的外国教师为提高大家的英语水平所做出的贡献。也希望大家好运,能遇到真正的好外教!

思考

(1) 对"英语外教"的科学定义是什么?

(2) 请在1-10分(10分最高)的范围内,为"外教在中国学生英语学习中的重要性"打分。

(3) 你认为外教在哪些英语教学科目(发音、语法、词汇、听、说、读、写)中不可或缺?

同行，是一种很微妙的关系，尤其是教师行业，
"文人相轻"这个观点，让老师们不去"互评"。
但不互评让已经高高在上的教学变得更加神秘，
特别是对尚在学习过程中的学生而言。
我一直坚信："事无不可对人言"——
只要讲理，只要心正，"相轻"不仅无害，而且有益；
因为只有学生们了解了教学和从业者必备的专业性，
他们才有可能在专业指导下学习，取得进步。

当老师，不是自称就可以 35

老师是一个生活中非常常见的概念和称谓。因为老师普遍比学生年长，且中国几千年的儒家思想中"尊师重道"的思想依旧有其强大的影响力，所以老师在中国的社会地位比较高。因此，尽管某人不是以教书为业，但是只要他值得我们尊重，我们就会称其为"老师"。

但问题也由此产生了。我们可以为了表达敬意称呼某人为"老师"，但某人是否可以以"老师"称谓自居，或者因此既成事实而开始教学工作呢？特别是近年来，在线教育发展火爆，"学而优则教"好像是再自然不过的现象了。在本节中，我将从"专业人"和"专业事"两个角度为大家分析一下教学和教师工作的本质。请各位老师理解我良善的出发点：虽然无法避免对老师的点评，但所有说法都是从学生的角度和利益出发的。我欢迎读者通过本书的读者交流 QQ 群与我交流，我也会尽全力"有聊必复"。

专业人

︿ 定义 ﹀

　　我们首先看"专业人"这个概念。要聊"专业人",我们还是得从"专业"二字入手。提到"专业"二字,大家的第一反应就是大学专业背景,例如法律、英语、机电等专业。这时候我们还真得借用一下英语来进行更加细致的区分。因为,在中文中,"专业"二字可以指"对某事有透彻的理解"。但是,如果只是"理解",不管有多透彻,对教学来讲,都是不够的。就此,下文将会做详尽的说明。而我们今天要聊的是 professionalism 对应的"专业",至于"法律、英语、机电"这些领域,其对应的英文概念是 majors。

　　professionalism 这个词自然来自 profession,其真正含义大家可能似懂非懂。我们先来看看《新牛津英汉双解词典》对 profession 的解释:a paid occupation, especially one that involves prolonged training and a formal qualification. 中文译文为:(尤指需要长期训练和正规资格的)(拿薪水的)职业。这就意味着:如果你的老师没有接受过长期专业培训、没有相关资质、不以教书为业挣钱吃饭,那这位老师就不是专业老师了,对吧?

︿ 专业培训 ﹀

　　专业一定要经过长期专业培训吗?是的!

　　我是一个说话稳妥的人,我也知道有些人真的是自学成才或者是在某方面具有天赋。不过,这里我依旧坚持我看似绝对的观点,因为如果我为了说话稳妥而留下"活话儿",大家就会觉得"自己是例外",这就是我不愿意看到的情形了。

　　回到正题,只有经过时间的历练,大家才能够对某个领域有正确、深刻的理解和把握;大家觉得科学家说出来的话,很深刻、很到位,就是这个道理。当然这个所谓的培训过程,在我看来,可以被长期的实习、反思、修正代替。道理其实很简单：老师得在教学研究上花时间，而不是一节课接着一节课，忙到自己没有时间反思"我在教什么""我教得好不好""我在哪些方面可以提高"这些十分严肃而且会直接影响教学效果的问题。

∧ 相关资质 ∨

专业一定要有证书吗？是的！

当然，证书不等于水平，但有多少人是有水平而不屑考证或者囊中羞涩而不去考证呢？如果我告诉大家：你只需要出考试费用就能获得你想要的证书，大家是不是会蜂拥而上呢？但这不正说明了：考证不易，证书对大家而言不是唾手可得的。

此外各种证书的含金量是不一样的。如果衡量一名老师的英语水平，BEC 高级的"优秀"、托业的高分、中 / 高级口译证书的含金量不会比雅思 8 分的含金量更高；如果想要了解一名英语老师（包括中国教师、外教）的教学素养，我们要看的是 TESOL（Teaching English to Speakers of Other Languages）等国际认证的对非母语使用者进行英语教学的证书；相比之下，国内"教师证"的效度就差多了。

∧ 谋生手段 ∨

专业的人一定要靠专业挣钱吃饭吗？是的！

因为，一个专业的人肯定付出了很多时间、精力、金钱去接受培训、去考取证书，那他为什么不想收回所有的职业投资呢？难道他真的是只为了兴趣，而没有任何相关的职业规划，或者纯粹是因为没事做而成为了某个领域的专家吗？如果某人兼职教书，是否可以基本断定此人教书只是以"扩大收入"为目的？如果这位"老师"有足够的教学能力，为什么不把教书当成（唯一）主业呢？如果兼职从事教学工作，那这位"老师"会不会"重收益、轻教学"呢？

⌄ 专业事 ⌄

聊完了"专业人"之后，我们再来看看"专业事"。我们可以用此时此刻这个时间点，把"专业事"划分为两个部分：此时之前叫"经验"；此刻之后叫"研发"。

⌄ 经验 ⌄

教学和学习离不开"经验"，因为从本质上讲，知识就是经验的总结和传承。此外，学习、研究很多时候是理论的、是书本的、是意识层面的，但是在现实中，实际问题却往往不是"照本宣科"就能解决的。尽管大家最终可能会发现，解决问题的理论已经静静地躺在书本中了，但大家在实践过程中会碰上很多障碍，可能需要调用大量的知识、进行大量的分析。

这时候经验就是最珍贵的：新手就算理论掌握得再好，知识储备再丰富，思维再灵敏，哪怕已经做了大量研究，可能也赶不上那些实践经验丰富的熟手。由于新手没有经验的支持，而且经验之谈往往被新人视为"迂腐""以偏概全"的负面总结，所以很多时候内行、有经验的熟手的观点和做法并不为大众所接受、就算最后被接受也需要一个过程。

提到经验，不能不聊聊"成功的学习经验可以复制"。这种说法让没有足够教学能力或者根本不了解教学行业的人成了英语培训教师或者指导大家学习。首先，一些老师会宣扬自己的成功经验，并希望众徒仿效。殊不知，英语学习成功的原因多种多样：父母是专业人士；学习者个性沉稳踏实、过目不忘举一反三、甚至幼年移民海外过双语生活……这些条件是可以成功复制的吗？

此外，"学而优则教"还面临着一个更加尖锐的问题：绝大多数英语老师都是通过自己不懈的努力学成的，那为什么让学生报自己的班、参加自己的课程呢？还有一种"有经验"的特殊人群，他们就是学生们口中的"学霸"

或者"大神"。他们是一种可怕的生物，因为他们经常很随机地出现在各种学习环境之中，并且在谈笑之间就完成了对"学渣"的碾压。

其实这些人当中的多数确实是用功的学生：他们饱读诗书、刻苦坚持，否则也成不了公认的"大神"。但如果让他们为其他人答疑解惑、讲解教学重点、教授如何避免常见问题、剖析学习心理、制订合理的教学计划、完成教学成果验收，他们实际上是无能为力的。其实"学霸"和"大神"也只是成功的学习者，但他们依旧是学习者。

⌃ 研发 ⌄

所谓"研发"就是寻找新的教学方法，开发新的课程和体系。这其实是很多机构和老师们不擅长的事情。给大家看几个常见的例子：

● 《新概念》是很好，否则也不会火爆了 40 年，但我们是否可以在书中优秀教学理念的引导下，采用更加现代的文本进行教学？

● "自然拼读"确实是非常诱人的教学理论和方法，可自然拼读是旨在提高母语孩子阅读能力的方法，为什么会用于教想要学习口语和发音的中国孩子？

● 就算出于提高兴趣考虑，老师们在使用多媒体素材进行口语教学的时候，是否能够要求学生除了单一的模仿之外还进行一些个性化的语言创造和内容扩充，同时布置相应的作业进行教学效果的巩固呢？

中国人学习英语长久受挫的现状，不得不让大家面对"到底哪里出了问题"这个难题。这个难题是有答案的，但这个答案不是大家一拍脑袋、一查网络就能锁定的。同时，了解问题的症结，只是解决问题的第一步，如何在尊重语言学习过程漫长这一事实的前提下，扭转学生学习败局好像是一个无解的难题。

教学不能不考虑学生的实际水平和心理，但也不能一味迁就学生的感受。要做到这点，我们就需要"学术正直"，也就是说老师要"理解学生且尊重事实"，这真是一种非常稀缺的品质。"学术正直"得来不易，但这不应该成为教学方信奉"拿来主义""凑热闹""炒冷饭"的挡箭牌。毕竟学生是把自己的时间，也就是部分生命交到了老师的手里。如果老师滥用了这份信任，就是真的"误"人子弟了。

总结

其实"教书"本应该和"治病"一样，是"专业人"做的"专业事"。之所以老师好当、行医困难，是因为当不好老师不会直接伤及性命。但学生们付出了时间、精力，并期待获得学识、提高自身能力。大家想把自己的学术未来交到谁的手里，还请谨慎选择，三思而行。

思考

(1) 你是否主动要求过更换（校内或校外）课程的老师？

(2) 你一定对你的老师持有正面或者负面的评价，请思考这些评价是否有事实的支持？

(3) 你是否查证过老师讲授的知识点？老师的讲授是否全面、是否准确？

"好心办坏事"在生活中很常见，
对此，大家一般持宽容态度：初衷好很重要。
很少有人关注"好心"的另一面：
"好心人"可能傻傻地高估了自己的能力。
任何没能达成目标的努力，都是效率上的失败；
如果项目周期长、结果不可逆转，麻烦就大了。
小孩子学习英语就是这种情况：
"根歪了"不是修剪枝叶就能弥补的。

亲骨肉学英语，你别添乱 36

今天的话题我自己看起来都觉得有些违反常理："谁家没有孩子？哪个家长不希望把自己知识早早教给孩子，以便让孩子为今后的学习生活做好准备？""英语不就是一个科目，老师教的是英语，我作为家长教的就不是英语了吗？""我是英语老师，我能教成千上万的学生，反而教不了自己的孩子吗？"这些反问听起来言之凿凿，但这些言论和理念经得起推敲吗？

"违反常理"不等同于"不讲道理"，如果常理可以被推翻，那就说明常理是不合理的；某种理论被认可，有可能只是因为传播的人多，所以谬论变成了常理，地球不也曾经被认为是"平的"吗？在本节中，我将从学术教育很专业、儿童教育说法很多、作为英语老师的家长的局限性这3个角度说一下我为什么反对家长教孩子英语，为什么家长提供的英语教育对孩子的英语学习没有帮助。观点很尖锐，请（家长）读者阅毕本节之后再"喷我""拍我"……

学术教育很专业

∧ 两种态度 ∨

虽然我在公立学校执教的时间很短，但是我确实和很多公立学校的家长有过深入的交流。公立学校的家长对孩子的学习一般持有两种比较极端的态度。第一种就是："我工作很忙，终于熬到孩子上学的年龄了，所以我要把孩子送给老师，老师就是这个孩子的再造父母了！我们这些真正的爹妈就等好消息了！"不少公立学校的老师们，面对这种推卸责任的态度，毫不手软地把每天的作业以微信等形式发到父母的手机上，而且要求父母在作业本上签字。

第二种是："你们老师教的都是些什么？！还不如我的水平呢！孩子，听好！这个知识点是这样的！"然后就开班授课了……我提到这两种家长观点，不是为了强调家校矛盾；我只是希望家长读者考虑一下学校和家长在孩子的教育中各自应扮演的角色。

∧ 专业就是专业 ∨

当然，家长需要工作、孩子需要学习，所以孩子们通常都要上全日制学校。但这并不是孩子要上学的唯一原因。教学是科学的过程，需要专业人士完成，这就是师范学校存在的原因，这就是教师资格证书有其合理性的原因。从整体上讲，老师的专业能力和教学能力肯定要比普遍为非专业的家长高。我不排除个别例外，例如，我表哥在他女儿的英语老师出的试卷中挑出了一堆错误，甚至有理有据地否定了一些标准答案，但这种情况毕竟是少数，我们不能因此否定全体教师的教学能力。专业事还是留给专业人去做才稳妥。

当然，"专业人专业事"的观点并没有否认家长在孩子教育中的作用。在家庭中，家长能做而且应该做的是为孩子提供安全、和谐的生活环境，通过言传身教塑造孩子正直、坚强、负责、勤劳等优秀品质。老师负责孩子的品质教育、家长指导孩子的学业不是不可以，但从本质上来说都是"名不正、言不顺"的事情。还是那句话，我不排除特殊情况，但是大家也不要放大个别案例，以偏概全。

儿童教育说法多

　　家长可以指导孩子包括英语在内的科目，是"学而优则教"理念的具体表现。虽然大多数家长在学生时代并非英语出众，但是大家普遍认为"小孩子现在学的这些东西我还是可以应对的吧"。请家长自己思考一下，你学过不证明你学好了，你的学习方法和思路也不一定能够传授给孩子。即便你把这些能够传授给孩子，孩子也不一定能够接受，对吧？

　　其实，英语学科不是我们现在讨论的重点，我们要聊的是教孩子的方法。孩子的年龄不同，教学内容和方法也应该有所变化。低龄儿童语言学习的要点是重复和熏陶；面对年龄稍大一点的孩子，我们可以稍微强调语言的功能性，也就是让孩子明白"会说英语增加了交流成功、获得收益的可能性"；高中生的英语学习需要关注语言的质量，应该解决字词等语言形式层面的问题，因而家长更应该关注语言的内容。

　　在进行上述家庭英语教育时，大家要关注孩子的注意力，也就是"找到孩子踏实的时候，趁这个时候让其多学点"。不过家长也要注意，随着孩子年龄的增长，要有意识地延长孩子注意力持续的时间。这确实是技术活，虽然孩子是自己的，但孩子是否还能坚持、还能坚持多久，确实不好掌握。

作为英语老师的家长的局限性

　　下面就是我们的重点，也是部分读者十分关注的问题：英语老师为什么不能教自己的孩子？先给大家说一下学术界对这个问题的看法和做法。根据我身边老师们的经验，优秀英语老师的孩子的英语学习并不都是顶呱呱的，在英语学习方面，优秀生的比例和非英语老师子女中优秀生的比例并没有大的差别。

由于一家人关系紧密，因而教学工作难以开展，这是有一定道理的。身为父母的读者都知道，孩子，特别是年龄小的孩子对老师意见的重视程度远超他们对家长意见的重视程度。同样的事情，家长说不管用，但老师说却管用。我们不必深究原因，不过这个结果却让身为英语老师，但不教孩子班级的家长们束手无策。此外，孩子很可能不在家长实际任教的年龄段之内，英语学习内容和相应的教学方法也因此会有所不同。虽然教学科目都是英语，也都是公立校教学体系，但是老师不一定能辅导自己的孩子。

家长可以做的事情

虽然这不是本课的主旨，但是我还是想多说几句解决问题的办法。不管家长是不是英语老师，有一件事情大家是可以做的，那就是：为孩子创造英语环境。例如，在孩子休闲娱乐的时候，我们尽量让孩子看质量有保证的，也就是世界知名出版公司、媒体机构出品的原版卡通视频；我们也可以在通勤、出行的路上让孩子收听他们喜欢且适龄的原版音频。当然，优质原版绘本也是非常好的课外读物，但此类读物一定要配有原版音频，方便孩子跟读、模仿。此外，家长还可以从多媒体材料和绘本中提取与日常用品相关的词汇，做成卡片，挂在家中对应的物品之上，方便孩子随时学习。

但此时，我要提醒所有家长：一定要尽量避免"自己成为孩子英语语言环境的组成部分"，也就是说，在大家没有十足把握的时候，不要为孩子进行示范朗读，不要和孩子用英语对话，不要不懂装懂或者似是而非地给孩子讲解英语知识点。如果孩子不记得单词怎么念了，家长可以让他重复收看、收听含有生词的视频、音频；也可以让孩子直接引用多媒体材料中的功能性语句，例如"Where is the bathroom？"，但家长尽量不要使用英语参与对话，也就是说：孩子说英语，家长回中文。如果家长确认孩子发音、语句存在问题，请督促孩子去回放、重听相关素材，进行自我修正。

总之，家长可以和孩子一起学，指导工作尽量留给专业人士，同时提高孩子自我修正的意愿和能力。我相信广大家长还是明白事理的：孩子初学英语时还是一张白纸，这张白纸是非常珍贵的，与其让家长在上面乱写乱画，还不如留白，以免去涂改、修正的麻烦和痛苦。

总结

大家只关注"家长一般教不了孩子英语"的学术原因，但忽略了家庭教育的重要性、英语教学的专业性、各年龄段教学的特殊性。这些问题虽然不是家长完全无法解决的，但解决问题所需的专业素养和时间付出是大多数家长可望却不可及的。

思考

(1) 如果有人给你足够的投资，你在没有外力支持或者很少外力支持的情况下，有能力开设少儿英语培训中心，并整合资源、安排课程、把控质量，把教学工作做好吗？

(2) 如果你在英语学习方面曾接受过家长的指导，请分享一下你接受家长指导的过程。

商品和服务要从竞争中胜出，需要优势，
客观存在的优势叫卖点；不真实的优势就是噱头。
其实英语培训市场早已是片"红海"，
哪里还有什么全新的技术和无敌的认知？
但是人性的弱点是希望学习成果唾手可得，
所以大家不去关注课程的内容而看重包装。
"中看不中用"不只是用于评价别人的选择，
而你可能正在"绣花枕头上"美梦连连……

英语班，噱头多多内容少 37

不管逻辑上是否成立，"活着就要学习英语，如果经济条件允许，学习英语就要参加英语培训班"是国人英语学习的普遍信仰。大家总是把英语培训班当成灵丹妙药和最后的希望，希望这次参加英语课程培训的结果是好的，希望这次是自己学好英语之前最后一次报班。英语培训市场火爆的需求，造就了市场中更加激烈的产品竞争。英语课程的提供方，不管是机构还是个人，深知大家的各种心理和营销策略，为大家精心打造了各式各样、卖点十足的课程。

很多事情都是"看起来很美"，英语课程培训也不例外：很多学生在学习结束之后，或者在课程刚刚开始的时候就会抱怨课程名不副实。在本节中，我将从教师配备、数字游戏、评测分班、课程承诺 4 个角度分析英语培训课程常见的噱头。希望今天的课程能够给广大的英语学习者提个醒，并帮助大家在日后做出合理的课程选择。

教师配备

︿ 摇摆的标准 ﹀

我们首先来看看教师这个培训课程不可或缺的组成部分。在我上大学三年级的时候，我参加过某知名出国考试培训机构教师职位的面试。在我完成所有与学术、专业相关的测评后，在面试环节，面试官以"心理不健全"为理由，将我拒之门外。那时，我已经在其他培训中心做了近两年的老师，我跳槽是为了更高的薪酬和更好的平台。此外，我也代表北大参加了全国的演讲比赛。

我只想问：面试官老师，您真的有心理咨询师证书吗？更多的时候，教师招聘则没有这么严格，特别是在培训机构缺少老师的时候，"英语专业""专业八级"等学历和常规证书就成了机构选择教师的硬件标准，教学经验和实际教学能力则根本不作考虑。正因为教师录用的标准并不严格，教师的流失率是很高的，这就会造成教师更换频繁、学员需要时间适应新老师的问题。

︿ 只有卖羊肉，才能挂羊头 ﹀

老师是自带光环的人群，但机构还是觉得光环不够大，"天王""天后""魔女""教主"这些名头被机构和老师你争我夺。除了神化老师之外，华而不实、语焉不详的介绍也是宣传的套路。"访问学者"是一个机构合作方案和几日交流就能搞定的头衔；某某大学博士可能学的是机电工程专业；英语某科目专家没有论文、也不写书……当然，老师们拿到头衔、跨专业教学、教学理论正在形成之中都不是什么问题，但问题是这些不宜过度宣传，因为这些在本质上和英语教学能力不直接相关或者根本无关。

︿ 好外教是奢侈品 ﹀

说到老师不能不说说外教。我们之前的课程中有过与外教相关的讨论。这里我再次、简单地提醒一下有可能选择外教课程的同学。如果是线下课程，请大家追问外教来华的签证类型；不管是否为在线课程，请大家确认外教母语使用者身份，即外教的国籍、成长环境均是以英语为母语的国家，也就是英国、美国、加拿大、新西兰、澳大利亚和南非等国家。

数字游戏

∧ 效率高到没上限 ∨

"文字游戏"是常见的无良宣传手段，而"数字游戏"又是文字游戏中对学生最有杀伤力的一种手段，所以我们将以"数字游戏"为主题进行讲解。最常见的数字游戏是"超短学时，超强功效"，例如："X 小时搞定 N 个单词""X 天某某科目过关"。此类宣传有的实在太夸张，我们就不赘述了，有点常识和理性的学生还是能够看出来问题的，至于能不能战胜自己心中的小恶魔就要看大家自己了。

在这里我要细说的类型是下面这种。虽然是"X 小时"，但人家课程提供方没说是"讲课 X 小时"还是"学习 X 小时"，对吧？人家也没说多长周期之内完成者 X 小时的授课吧？此外，老师在授课时间内，扔给你一个长长的词汇清单让你回家复习、预习，上课时老师只是"蜻蜓点水"跳着讲几个单词，从某种角度来说，这是不是也算虚假宣传呢？但这样的课程上不上是不是没差别呢？

∧ 单价低到亏老本 ∨

此外，低课时单价也是一个大问题。当然，花 1000 元去学 100 课时，比花 1000 元学习 50 课时要便宜很多，但问题是：大家真的需要这么多课时吗？你能坚持学完这 100 课时吗？这 100 课时的内容是不是能用 70 课时、甚至 50 课时学完？如果 100 课时的课程，你学了 50 课时之后要退费，老师或机构是退给你一半学费，还是三分之一、四分之一的学费呢？

这些都是学生们不会、不愿、更可能不敢面对的问题。这些问题本来不是身为培训教师的我需要说给大家听的，因为这些问题在本质上与消费者（学习者）的自身利益更为相关。当然，我们也要客观看待价格问题。"便宜没好货"不一定是对的，同时"在市场规律下，价格和价值将会无限趋近"是没问题的。所以，各位打算参加英语课程培训的读者们还是擦亮眼睛、打响算盘之后，再付费上课。

评测分班

此外，英语培训课程还有一个比较偏学术的坑，这就是"评测分班"。之所以说这个坑比较学术，是因为这个坑的设计超越了广大学生的认知能力。分班评测是无可厚非的教学操作；在学生水平参差不齐的社会英语培训中，评测与其后的分班是非常合理的操作，也应该推广。但是"谁给学生评测""用什么材料、手段进行评测""评测的准确性如何保证""评测是否和分班准确对应"都是让人不安的问题。

一般来讲，培训学校中单价低的普通大班是没有评测分班的，就算有，也是由咨询人员完成的，因为可以进行评测的老师，也就是水平高、经验丰富的老师进行评测会要求酬劳，而这部分费用是培训中心"额外"的成本。尽管我们进入培训学校后，把销售人员、课程咨询人员统一称作老师，他们的水平也可能确实比想要学习的学生水平高，但是一般咨询人员的水平是不足以参与教学、也没有资格进行评测的。此时，评测的过程通常比较草率：拿份不知道哪里找来的试卷就开始了。

标准化试题其实还好，标准答案的准确性我们也不追究了，但是，评测分班的分析是很有学问的。如果有些学生只是因为紧张、粗心而导致评测结果不理想，我们是不是应该考虑将其分到水平稍高的班级中？如果有些学生只是某个语言点有问题、反复出错，他们是不是也不应该去与评测结果对应的班级呢？而口语、写作等主观考试的评测又是由谁、以什么标准完成的呢？这些问题可能没有固定的答案，但是不分析、不考虑、不向学生明言，都是不对的。

特别是在分班过程中，咨询员根据学校、课程的具体开班情况，歪曲评测结果、诱导班次选择，这就是故意欺骗作为消费者的学生的行为了，但这种情况并不少见。在有些培训中心，评测是走过场，凑够学生人数开新班是正事。面对这种情况，大家一定要多多询问、慎重选择。浪费了金钱其实还是小事，但浪费的时间是找不回来的，你的生命就会因为无效的学习偷偷地缩短了。

课程承诺

∧ 保过 vs 退款 ∨

最后的噱头是"承诺"。大家听到这种说法之后肯定一头雾水："承诺"这么郑重、认真、负责的态度和做法怎么还会有不实之说呢？有！例如，有的培训机构宣传"保过保会"，但是极少、甚至没有机构宣传"无效退款"，这是因为机构可以接受给你加把椅子，让你跟着新班再学一轮，但是应该没有哪家机构愿意把收到的钱退回去。

话说回来，"无效退款"在教学活动中其实也是没有道理的，因为教学是老师（教）与学生（学）双方共同努力的过程，学习没有效果不一定就是教学方的责任。教学方想得很明白，一次没学会的学生来重修比较正常，两次学不会的学生，你还有心情坚持学习第三遍吗？就算培训机构给你打电话叫你重修，你可能都会觉得没面子，因而不再去上课了，是吧？

∧ 搞定、通关 ∨

再来说说"搞定""通关"这类成果导向的宣传。什么叫"搞定"、什么叫"通关"？课程全部学习完毕叫"通关"？都理解了叫"搞定"？知识都掌握了算"通关"？我能用我所学的知识教书肯定算"搞定"吧？你给我出题，我考多少分算"通关"？这个评测谁来做？谁能、谁敢确切地告诉我什么叫"通关"或者"搞定"吗？

∧ 新 vs 旧 ∨

"新"或者"全新"这个概念也对某些想要报名的学生有杀伤力。这个话题与"承诺"不直接相关，在这里，我合并一下内容、简单地说一下。新教材、新思路、新方法确实有其先进性，但在"适合国内英语学习者、把英语作为外语进行教学"这个场景中，真正靠谱的"新"是很少的。且不说 40 多岁的"新概念"依旧流行，就说"自然拼读"这种不适合国内英语学习者的理论经过包装、瞬间爆红，就体现了学习者对学习效率不切实际的追求，也体现了教学理论研发的困难程度。

还是那句话，如果大脑里装芯片的技术还没成功，大家可能还要踏踏实实地学习。在我看来，踏实学习两三年摸到英语的门道、小有成果，远比期待现在还看不到广泛应用可能的技术或者声称可以大幅提高学习成果的方法，更加靠谱吧？

总结

课程是有组织的教学活动，本应该是积极的过程。但国内英语培训市场乱象丛生，不管是教师资质、宣传攻势，还是过度承诺都可能伤害大家的英语学习热情。在这里，我再次提醒大家谨慎选择培训课程和机构。

思考

（1）你总计参加过多少次付费英语课程（活动）？你在英语学习方面的收获是什么？

（2）你认为社会英语培训课程中最大的问题是什么？除了本节提到的问题，还有什么其他弊端？

（3）你理想的培训课程是什么样的？你觉得你的"理想"是否能够实现？

态度需要行动去实践，但行动不是形式，

例如，尊师是态度；吸收教师的讲授内容是行动；

但"站起来回答问题"就只是尊师的形式，

因为，小学生知道尊师，大学生却不懂了吗？

其实学习中的形式化做法太多，远不止起立答问，

过多的形式会让大家觉得形式就是行动，

然而，形式毕竟是花架子，不会带来进步。

看看你的英语水平，是时候做点实事了。

接受指导，不是磕头拜师 38

在过去，求学拜师需要"行大礼"这个仪式，也就是向老师跪地磕头。这样做应该有三个原因：一，表现对老师这种职业的尊重；二，感谢老师传授技艺，给了自己一条谋生的出路；三，表示对知识的敬畏。前两点比较好理解，我们就不多言了。不过，第三点真的值得我们好好思考。

我们对待知识应该敬畏，但这种敬畏不能只停留在感觉层面，因为敬畏说到底只是一种态度，而不是一种行动。那我们应该怎么做呢？在本节中，我将分析"知行"关系，并结合实例，为大家展示常见的接受指导的误区。"教学"这章是本书的重点，而本节又是本章的最后一节，因此本节的重要性不言自明。我"要求"所有读者仔细阅读本节，把本节中所有的内容与自身的学习过程进行对比，有则改之，无则加勉。

"知行"关系

∧ 知道、做到哪个更难 ∨

十多年前，我完整地看过一场大专辩论会。那场辩论会的主题是"知行哪个更难"，也就是"获取新知和实践新知哪个更难"。其中，"知难行易"是正方，"知易行难"是反方。整场辩论会有两点让我记忆犹新：第一，正方是娘子军，四位辩手清一色仪容端庄且伶牙俐齿，让我有了一种"宫斗剧"的即视感。

第二，反方四辩的总结陈词："大家都知道怎么画一个正圆，也就是圆心和圆上每一个点都是等距。但是由于颜料、纸张、圆规的原因，我们实际画出来的圆并不是正圆"。我依稀记得正方获胜了，但是反方四辩获得了"最佳辩手"的称号。在我眼里，就因为上面这句话，正、反方其他七名选手都成了他的陪衬。

我之所以记得这句话，并且在十几年之后拿出来和大家分享，是因为这句话接地气、对现实有指导意义。很多人认为"我明白了就行了，为什么还要反复练习、练习到某种程度？我到时候肯定可以用得上、用得好的"。但事实是大家想的那样吗？下面我们就分别审视一下"知"和"行"这两个点。

∧ "知道"其实很难 ∨

"因为你不知道，所以你不知道"看似一句废话，但这句话深刻地体现了"理解的过程很困难"这个真理。难点在于：大家要跳出自己的思维模式，去理解自己不知道、想错了的事情或者原理。在语言学习中，我们经常会遇到概念和定义，而这些概念和定义，很多时候都是通过高度集成的术语表达的，因而显得十分抽象。

"不定式""先行词""从句"，这些大家在生活中很难接触到的概念无时无刻不在给大家添麻烦、制造障碍。大家只是知道"不定式"是 to do 结构，但"不定"是什么意思？这个语法概念为什么叫这个名字？这个概念能让我们建立哪些语法联系，并且解决哪些问题？这些问题都是大家没有想过的，也不是大家"心存敬畏"就可以对答如流的。

曾经有一名学生在语法课程服务 QQ 群内，写下了这个句子。

【潜水】拉拉穆里(⬛⬛⬛) 10:36:11 PM
I have a piece of news that I have taken part in the half marathon Match. 这样对吧？@SEAN

此后，我给她重复了 10 遍同位语从句常见的使用范围，告诉她为什么"她的句子语法正确，但是这个句子因为场景简单让同位语从句的使用显得累赘，进而让她的练习失去了意义"。我甚至给出了修改意见。

【群主】SEAN(⬛⬛⬛) 10:45:11 PM
我觉得，就你的意思来说
【群主】SEAN(⬛⬛⬛) 10:45:23 PM
用不上"消息"这个词
【群主】SEAN(⬛⬛⬛) 10:45:32 PM
我想告诉你，我已经……
【群主】SEAN(⬛⬛⬛) 10:45:37 PM
我觉得这样就够了
【群主】SEAN(⬛⬛⬛) 10:45:50 PM
或者，我想告诉你的是：我已经……

在我给她解释 10 遍之后，我问她为什么还不懂。对，一共 10 遍，一遍不多，一遍不少……她说她反应慢，于是我给了她每日一问的限令——想得慢没关系，我多给你一些时间吸收：关于这个问题一天只能发问一次。但第 11 轮问答，还是出现了。

@SEAN 恳请老师讲一下为什么有的时候不用同位语从句，哪些不用同位语从句。尤其是我造的句只有同位语的句子结构而没有实际意义这种情况。

这条消息让我对这个世界的认知土崩瓦解：真的有人需要一件事情解释 11

遍？我觉得相比"理解障碍"而言，造成以上情况的更大原因可能是"理解意愿"——我们是否愿意从别人的、正确的角度考虑问题。上面的提问非常真诚，但是我觉得只是"显得真诚"，面对 10 遍清晰的解答却依旧重复提问，这难道不是视而不见、不是一条路走到黑还要拉一个人陪你撞向南墙吗？

∧ "做到"也不容易 ∨

"知"的难度已经为大家展示了，下面我们聊聊"行"。大家知道发"th"的浊音要求舌尖轻触上齿，大家也明白发出浊音需要声带振动，同时气流和唇齿之间的缝隙发生摩擦。但是学生们在实际发音的过程中，舌齿接触过紧阻碍气流、过分强调声带振动发出浊音而忽略了气流充盈、摩擦不持久不稳定，这些问题都不是一朝一夕、三天五日就能解决的。

根据我的教学经验：我的学生能够正确发出这个音，一般都需要大约一个月的练习。我经常听到很多学生在尝试几日未成功之后愤愤而言："发一个音有必要这么仔细吗？"对此，我想说："你为什么不在开始练习之前就问这个问题呢？当初是谁说'发音不准不罢休'呢？"而更多的学生则是，尝试一下两下，连发问都省了，直接不学了……

事情做起来之所以有难易之分，是因为做事的人的个体差异。你体力好，所以觉得做这件事不累；我动手能力强，所以觉得某事做起来简单；他性格沉稳，所以能够规避一些"大坑"。可是，一般学习者都希望能够有一份量身定制的"说明书"和"操作流程详解"，并且希望有人能够手把手地教自己走完整个流程；但这在现实中是不可能的！和画圆一样，我确实可以为学生讲清楚一个单词、一个语法点、一个长难句，但是单词浩如烟海，语法点那么多，句子数量是无限的，我转世轮回多少遍也没有足够的时间去提供量身定制的辅导啊……

此外，还有一种常见思路：我要具备做好的能力之后才开始做。这就是我们所谓的"玻璃心"的最好写照。只有开始做，才有可能做好；只有开始做，我们才能够身体力行地理解概念、定义和操作流程；只有开始做，才能开始犯错，才能有修正问题的机会。世界上没有over night success，也就是"一夜成功"，大家看到的只是结果，而成功者之前的努力都被大家下意识地过滤了。

接受指导的误区

"接受指导"很难，通常会出现以下几种误区。

1. 选择有效指导途径大多依靠运气

在如今的信息社会中，学习途径真的是多种多样，但正是因为指导和教学的来源很多，大家选择的难度也就大大增加了。且不说很多人都有选择恐惧症 / 无能症，就算有能力进行选择，学习者又将面临一个悖论：如果你知道该选谁、该选哪家，你就应该已经对学习内容有了较为深刻的理解。

但是，如果你已经具备了这种理解，你为什么还要学呢？说到英语培训，难道不是谁的广告牌大、哪位老师名气大、哪个机构的教学场所交通便利、哪个学习网站的噱头十足，谁就更有机会抓住学习者吗？如果是这样的话，选到好老师、好机构不就得看你的运气如何了吗？

2. 克服对未知世界的恐惧很难做到

在开始全新领域的学习之时，大家很兴奋——终于可以学到自己想学的东西了；很多人感觉很安全——有了这个课程，某个科目就有救了。此外，大家潜意识里应该还有一种对未知的恐惧。其实，大家"恐惧死亡"就是最好的例子：没有死人复活之后告诉活人"那边的世界有多不好"，那大家为什么都"怕死"呢？说不定死了之后去的世界更好呢？

大家的恐惧是有道理的，因为我们所处的世界可能有这样或那样的不足，但是大家至少体验过，也有很多应对的办法，但是"那边"，因为"没去过"所以不确定是好是坏，所以"不想去"！学习新知，可能不会像死亡一样给大家带来那么多、那么大的恐惧，但是在原理上并无二致——恐惧，肯定有，只是程度不同。

3. 修正现有知识体系真是难上加难

货真价实的"零起点"学生，至少在现在的英语教学环境下，应该是少数，更多的人是有基础的、是掌握了一定学习资料和学习方法的。这样的学习者，受到学习经验和背景的影响，多多少少都会产生"您和之前的老师说的对不上""这个和我的理解不一样""您为什么这样讲、这样思考问题"等困惑。

这些困惑是合理的，但它们势必会降低接受指导的效率。最简单的例子就是，在一张白纸上写字很容易，在一张有字的纸上写字我们要先找空白，而在一张写满了字的纸上再写字的话，我们只能擦了再写。纸上有没有字是既成事实，我们无法改变，但不管是"找空白写"还是"擦了重写"是不是都会降低辅导的效率呢？

4. 按照特定要求学习令人难以接受

教学有其科学性，虽然有些内容的学习顺序可以商量，学习的具体方法也允许个人选择，例如有人只有通过抄写才能完成记忆过程，但是有些辅导过程中的具体任务和要求，让很多学生难以接受："课文我看懂了不就可以了，为什么还要逐字地、精确地进行翻译？""单词记下中文解释不就行了，为什么还要记音标、中英文解释、例句、搭配啊？""这个知识点我已经掌握了，为什么还要做与这个知识点相关的练习啊？"

这些问题本身完全是合理的，但不合理的是：大家在发问之前，潜意识里就认为这些做法是多余的。上一段中提到的教学过程中的任务和要求是有原因的，但这些原因是英语学习者在其学习卓有成效之前基本无法理解的。就好像大家只有真的为人父母之后，才能理解父母曾经和自己"唠叨"的那些话中的真谛。一切只因认知有阶段性，提升认知也需要时间和经历。

总结

接受指导需要大家进行心理层面的调整，而就算心理的调整顺利完成，大家的进步还需要行动的保障。这就是为什么指导就在眼前，但却经常和你擦肩而过的原因。

思考

(1) 你认为你不喜欢接触的人的意见是否有价值？你认为你喜欢、不喜欢的人意见的价值有高下之分吗？

(2) 你是否为了扩大意见范围，主动获取、接受过你不喜欢的人的意见？

(3) 你一般如何思考比较复杂的问题？你相对重要的决策过程是如何完成的？

∧

心　理

∨

大家在思考很多问题的时候过于主观：

大家认为鼓励是学习中老师应该提供的；

大家觉得鼓励一定能产生积极效果；

大家相信鼓励可以让学习变得高效……

总之，大家想要什么都应该去找"鼓励"。

大家不愿意想却心知肚明的是：

想太多，现实就会啪啪地打你的脸。

鼓励这件事怎么想、想多少才合适呢？

鼓励是药，但却不能治病 39

  在大家多年的求学生涯中，师生关系是大家再熟悉不过的一种关系了。学生一般会默认从教师那里得到三种东西：知识、批评和鼓励。获取知识比较直白，无须多言；批评，不管是建设性的还是破坏性的，相信大家也不陌生。但是，"鼓励"这种反馈有点可望而不可即。

  我承认，尽管"温暖教育"在慢慢普及，师生关系也日趋平等，但是，来自教师的鼓励依旧好似一种"稀缺品"，学生更是把鼓励当成"灵丹妙药"，认为获得鼓励是通往学业成功的必经之路。在本节中，我将为大家拆解"鼓励"这个词的定义，分析鼓励的三种作用，直言我对"鼓励"的看法。我在本节中的"直言"应该已经到了"知无不言，言无不尽"的程度，可能会让有些读者难以接受。但如果大家能够理性到"事无不可对人言"的程度，我相信大家会从中受益。

"鼓励"的定义

  解释词语还得靠字典，为了让大家明确"鼓励"（encourage）到底是什么，我们先看看《牛津高阶英汉双解词典》第 7 版提供的定义：

1. to give somebody support, courage or hope

给予某人支持、勇气或者希望。这就是我们最常用的义项。

2. to persuade somebody to do something by making it easier for them and making them believe it is a good thing to do

通过让某事变得简单，或者让做事的人相信某事是（值得做的）好事，而劝某人去做某事。这个概念有点长；简而言之就是："这件事这么简单、这么好，你不做吗？"

3. to make something more likely to happen or develop

让某事的发生和发展变得更有可能。这个义项是"扶植某事"的意思，和我们的主题有点距离，大家看看就好。

"鼓励"的三种作用

下面，我将围绕前两个解释中出现的三个方面，为大家详细解说一下。

∧ Support ∨

鼓励可以是实实在在的"支持"，而这种支持将会让大家手头上的事务变得更为简单。人的能力总是有限的，在处理具体事务的时候，例如在工作、学习的过程中，人们经常感到力所不及、力不从心。这是再正常不过的了。因此，这个时候来自别人的帮助就显得弥足珍贵，正所谓"雪中送炭"。但大家要明白的是："雪中送炭"不是每天发生的，是偶然现象，是小概率事件！而"雪中无炭"才是日常情况。

总的来说，这种"鼓励"是暖人心窝的援助，和大家期待的"言辞鼓励""感情支持""为表示鼓励拍下别人的肩膀"，即 a pat on the shoulder，是有本质区别的。与其说是"鼓励"，还不如说是"帮助"。这种鼓励就是"兴奋剂"。兴奋剂可以让使用者精神百倍、迎难而上、超常发挥，给了使用者实实在在的帮助。虽然兴奋剂给大家带来了表现提升，但是，大家不能每天打兴奋剂、指着兴奋剂过日子吧?

⌃ Courage & hope ⌄

鼓励某人,就是给予某人"勇气和希望"。这层意思就是广大学生梦寐以求的、来自老师的"正能量"和"正信息"。这里告诉大家一个有意思的词组 a shot in the arm,也就是"在胳膊上打一针"。我真的不知道针管里面装的是什么,但是和大家一样,我的第一反应就是那滚烫的、黄澄澄的、营养丰富的"鸡汤"。如果大家已经对"鸡汤"无感了,为什么还要老师的鼓励呢?勇气和希望虽然虚幻,但确实能够给人带来促进积极变化的情绪和感觉。那么,问题来了,这种情感能够维持多长时间?"鸡汤"断供的时候是不是后果不堪设想?而且,在"鸡汤治疗"的过程中,我们的努力收效甚微或者根本没有成效的时候,我们是不是会更加失望和沮丧?最大的问题是:大家如何区分"勇气、希望"和"鸡汤"呢?

如果"鸡汤"不靠谱,那么"鼓励"这个概念中的"勇气、希望"是不是没什么意义、可以忽略、甚至应该被我们忽略?因为"勇气、希望"和"前一天晚上酒喝得很畅快,第二天早上醒来头昏眼花,而且发现手机丢了"没有本质上的区别。此时,鼓励变成了 placebo,也就是安慰剂。这种药,没有药用成分,只作用于心理,如果是心病还好,但如果真的身体有问题,还得规规矩矩地对症下药,去除病因,然后才能痊愈。

⌃ A cause to believe ⌄

鼓励还可以"让别人相信某事是(值得做的)好事"。但是,别人让你相信的事情都是正确的吗?例如,几百年前教廷烧死了布鲁诺。例如,你被告知中了大奖,但要领奖必须先交保证金。就算别人让你相信的确实是好事,你真的会这么以为吗?例如,你应该多背单词,而且还要把音标、双语解释、例句、搭配、辨析都记下来,并且自己造句反复练习。

鼓励的这层含义是不是在扶着大家往正路上走？但是大家会怎么对待这种"需要你做点事"的意见呢？如果你以一句"臣妾做不到啊"来搪塞别人的好意，让你相信某事值得做的口舌是不是可以省去了呢？这里的问题在于：大家一般都会相信自己相信的事情，而且倾向于相信过程相对简单、较为省力的事情，因此说服别人其实是极为困难的。这不由得让我想起了"洗脑""灌输"等负面概念。说服别人，口才自然不能少，如果能有点"药物辅助"就更好了，是吧？这时，我只想到了"致幻剂"……

我如何看待"鼓励"

∧ "鼓励"可以很实在 ∨

在我看来，《牛津高阶英汉双解词典》第 7 版对"鼓励"这个词的解释少了一个层面：其实鼓励也可以是"以积极反馈及其预期提高某人做事的欲望和效率"。这个层面的意义和内涵我们绝对不应该忽略。此种鼓励已经不止于言辞、情感的激励了：成绩上去了家长会带你出去旅游，通过某个考试职员有升职机会、完成了某个项目你的公司就能把融资拿到。

大家可以说上面的说法过于直接、实际，让努力有了商业中等价交换的感觉。好，那我继续说说其他类型的"积极反馈"。是不是有人只是为了称号去努力？是不是有人做善事只为了净化心灵？退一万步说，我很努力，做出了成绩，我不能在心里为自己叫个好、得意一下吗？这些感受我们可以称为"正向反馈"，这是积极的心理，是没有问题的。不管是提高生活质量，还是寻求内心的愉悦和积极，这样的鼓励是不是更加实至名归呢？但是，这些鼓励和别人又有什么关系呢？难道不都是个人努力之后的收获吗？

∧ "鼓励"之我见 ∨

不知道读到这里大家的感受如何，如果已经觉得心情低落，没关系！因为后面的部分会让大家的心情更加低落……作为从教近 20 年的老教师，我把我在教学中关于"鼓励"的心得和反思给大家说说。

1. 我的工作是传递知识，让大家学习进步。鼓励，只是提高教学成果的手段之一，只是众多选项中的一个。我要选择最有效的方法，而不是大家认为可以产生效果的方法。学生往往只是接收了鼓励中赞扬的成分，而没有将其转化为行动的动力，从而导致了"鼓励"的滥用。我的经验告诉我："鼓励"不是有效的教学方法，至少不是最有效的方法。

鼓励不一定高效是因为，a pat on the shoulder 本用于联络情感；a shot in the arm 也不过是一针管鸡汤。而 a kick in the butt，也就是"打屁股"，在我看来才是最有效的"鼓励"。不过，考虑到我的严厉已经吓走了不少学生，我也会在合理的限度内改改自己的作风，抽空尝试鼓励一下我的学生。

2. 鼓励的目的是给予大家信心，让大家有继续学习下去的勇气。但信心的来源是什么？难道不是成功的经验吗？难道不是坚持不懈的努力吗？如果没有成果、没有努力，大家的信心就是无源之水，我再怎么鼓励大家，都是在和大家一起骗自己。我承认电影中有太多"Underdogs win out"，也就是"咸鱼翻身"的桥段和故事，但这种故事你觉得有可能发生在你身上吗？你不是运气欠佳，而是你只看到剧中人最终收获成功，却忽略了成功者持久的付出和承受的打击。我记得有一位网络大咖曾经说过："不要相信那些励志电影，因为小概率事件才有冲击力，才值得拿出来拍一拍、演一演。"如果你把电影中的情节当成真实的，你就只是在为电影票房做贡献。

3. 大家弄错了一点，其实，与其"期待鼓励"，不如"赢得鼓励"。鼓励有"滞后性"：拼尽全力、克服困难这些过程一般都在你单打独斗中完成。这时，鼓励不在我们身边，我们也不知道去哪里找它；等你功成名就的时候，大家就会对你关注备至，各种形式的鼓励也会如滔滔江水，绵延不绝地朝你涌过来。这个困难期大家并不陌生，可能就是大家正在经历的过程。现在，我们回到教学中来，不管是老师忙，还是你的进步不明显，作为学生的"你"还是要先迈出第一步，也就是"取得足够多的、能引起老师关注的进步"。说到底，"鼓励——进步"这个无限良性循环的起点还是在学生这个环节。

总结

可以收获"鼓励"确实很好，但没有"鼓励"也是正常的。收获鼓励的原因是你很努力、做出了成果。与其斤斤计较别人对自己的好评，不如兢兢业业地创造良好的业绩。

思考

（1）你上次获得比较大的鼓励是出于什么原因？这次鼓励给你带来了什么帮助和收获？

（2）你喜欢鼓励别人吗？你对别人的鼓励起到了什么心理层面之外的积极作用？

（3）不管工作还是学习，你认为鼓励和指标（例如业绩考核、作业提交期限、任务达标等），哪个更能敦促任务的完成？如果你是企业管理者或者老师，你会选择哪种方式去要求你的员工和学生？如果你的选择不见效，你会转向另外的那种选择吗？

不管人类如何进化，有些人性弱点我们无法摆脱：

懒惰让人们降低了能量消耗，延长了生命；

贪婪和抱负其实也只有一念之差、一线之隔。

总之，人性就是倾向于更加舒服、更加省力。

但如果舒服和省力相互矛盾的时候，我们该如何选择呢？

发展兴趣就是这种情况：

莫名偏好或者天赋异禀让我们相信兴趣的选择，

但谁能确定兴趣能否带我们实现理想的目标呢？

兴趣听起来好，多谈无益 40

其实，我很早就想动笔曝光这个害了无数人的"坑"，但由于本书的章节安排，一直拖到此时。人们普遍认为兴趣是成功的必备条件之一："我对某件事不感兴趣，我怎么能成功？"这成了很多人不全身心投入学习的挡箭牌。同时，更多人把别人的成就归功于他们对其事业的兴趣，（选择性地）忽视了其他比兴趣更重要的因素的作用。不管大家多么认同"成功依赖于兴趣"这个观点，却无法解释"某人某事做得很好，却志不在此"这种情形。

在本节中，我将为大家仔细解读兴趣的定义和分类，并分析兴趣学习的四种困境。兴趣这个话题可以稳妥地涵盖所有科目的学习过程，所以今天的内容和举例不只限于国人英语学习这个范围。同时，提醒大家注意，"兴趣坑"可能是整个学习过程中最大的坑，所以大家一定要仔细阅读本节。

什么是兴趣

∧ 定义 ∨

根据《新牛津英汉双解大词典》的解释，兴趣的核心定义是：the state of

wanting to know or learn about something or someone；英文概念的直译是：想要了解某人、学习某事的状态，意译为：好奇、好奇心；关注。兴趣还可以细分为"物质兴趣"和"精神兴趣"两种。大家吃饭、喝水说到底是一种生理上的、为延续生命而持有的兴趣，而学习、求知、探索则属于精神范畴。

︿ 兴趣的直接与间接之分 ﹀

我可以比较稳妥地将本书所有内容概括为：各个话题以结果为导向的讨论的总和。因为，身为作者的我坚信：努力要有结果，有结果的努力才值得坚持，也更容易长久坚持。这一点在兴趣的"直接、间接属性"上有很好的体现。

"直接兴趣"就是对某人、某事产生了了解、探求的欲望。"不知道为什么，我就是喜欢做某事"就是对直接兴趣最直白的表达。"间接兴趣"是，认识某人、了解（做到）某事之后，大家获得的物质或精神补偿。例如，我们认识了投资人士，我们企业的融资就多了一分希望；我们画出了一幅漂亮的画，看着自己的画作，心里有种说不出的喜悦。没有直接兴趣，我们应该不会开始从事某个项目或某种事业；没有间接兴趣支持的努力和成功是无法想象的，也就是说，"某人在某个领域取得了成功，只是因为他/她醉心于这个领域"是不成立的。相关原因我们在本节后文中会有详细的解说。

兴趣对行动起到了不可忽视、但程度有限的指导作用，在下面的讲解中，我将以"出门"作为类比来进行详细的讲解。兴趣能够让学习者完成"走到门口"这个相对简单的过程，但是兴趣可能无法帮助大家开门、成功出门，更无法保证大家的目标就在门后。下面我会为大家逐一分析各种在大家对某事产生兴趣后可能发生的情况。

四种兴趣学习的困境

如果我们把"成功"比作"走出门，到达我们想去的地方"，兴趣充其量只能让大家"走到门口"。对此，很多人可能会持不同意见。但大家考虑一下，到达目的地之前是不是还有很多"很小但极为重要的步骤"？"开门、出门、前行"这些过程都是必需经历的，就算你有兴趣（走到门口），你的兴趣能帮你开门、出门、前行、并到达目的地吗？

门不是你想怎么开就怎么开的

我们来看一个与英语学习相关的例子。如今，碎片化学习是一种流行的学习模式，大家都觉得这种方法提高了时间的利用率，因此大家对这种学习方法产生了强烈的兴趣。从整体上来讲，这没有错。不过，碎片化学习理论强调的是用散碎的时间完成小型任务，但哪些大的学习任务可以化整为零、如何把大任务化整为零都是技术活儿，也都是超出很多学习者能力范围的任务。

很多英语学习 APP 或者微信群推出了各种碎片化学习活动，例如每日一句、经典著作拆分讲习、小文段阅读理解等都是常见的形式，这些形式就像钥匙环上那一把把各式各样的钥匙，但并非任何一把钥匙都能打开你面前的"碎片化学习之门"，也就是说并非任何英语学习内容都可以使用碎片化学习方式来完成。而这一点是很多人不知道的。

在我看来，如果大家执意要进行碎片化学习，那最好的学习内容就是背单词了，因为背单词是我能想到的最符合"可将任务合理拆分成零散任务块"这一标准的碎片化学习项目。可是，就算你找准了钥匙，如果你把钥匙拧错了方向，也开不了门：利用碎片时间背单词没问题，但拼写、音标、中文解释、英文解释、例句、辨析都要背吗？这么多解释应该背哪个？

因此，"找对打开面前这把锁的钥匙，并往正确的方向拧钥匙"，才能打开门。

有的门打不开

有的兴趣可能是死胡同，例如推翻相对论，这并非完全没有可能，但可能性小到可以忽略了。就好比，找到了正确的钥匙，方向也拧对了，但门也不一定能打开，因为门可能锈死了打不开或者门锁坏了。

说到这里，我不得不提一下"兴趣的发展和延续"。确实，有些人能在具体学习和认知过程中完成"兴趣——钻研——成功——创新——兴趣更浓厚"这一良性循环，并且让这种良性循环保持下去。这是包括我在内的所有人都喜闻乐见的。不过大家也得承认，并非所有人都处于这种良性循环之中，有些人确实会在上述过程中的某个步骤上卡住——兴趣持续时间短，钻研领域没有可见成果；兴趣领域难度太大，超出个人能力；兴趣领域需要很多（经济、时间等方面的）投入，这些都是兴趣无法延续和发展的常见原因。

很多人说"兴趣是最好的老师"，我觉得说"兴趣是小孩子或者部分艺术科目最好的老师"才是准确的。两种意见产生分歧的根本原因在于：如果学习内容不是很抽象、如果成果验收标准不是很具体、很严格，兴趣确实是很好的老师。在小孩学习生活常识，或者某人学习绘画等艺术科目的时候，兴趣相对容易保持，因为生活常识容易学，因为评价艺术作品的维度很多。

但是，如果学习的内容是抽象理论，那么可供学生探索的空间和发挥的尺度都是很小的，因为改写"相对论"不太容易吧……如果再加上严格的评分考核，学习兴趣就会受到打击；这是负面的结果，是无法避免的。这时候，大家再回想一下，"门在面前、钥匙在手、门却锈死"这种情况，大家就应该会有更加深刻的感悟了。

＾ 门太多，选错了 ＾

下面这种情况就比较"悲情"了：大家是不是有"打开门之后却发现走错门"的经历。大家不要怪我矫情，现实生活中确实有这种可能性。从逻辑上讲，这种情况是无法避免的，因为如果门都一样但却指向截然不同的道路，如果房间没有窗户，我们确实是只有开了门，才能看到门外的事物和景象的。这时候，我们打开指向理想的道路的那扇门其实就是在拼概率，说得难听点就是在赌博。

我们以发音这个科目来举例说明这种情况。不管是因为喜欢英语发音的感觉，还是因为良好的发音能提高你的听力水平，总之，兴趣让大家开始学习发音。随着学习的展开和推进，大家逐渐意识到，"发音学习不是我想的那样轻松惬意""我的问题不是英文说不流利，而是我的嘴不利索""我在选择英音和美音之前要改掉我的中式英语发音"等等。这些问题是十分伤士气的，但是，只有士气受挫的时候，你才知道自己不是时刻都能气贯长虹的……你不开始学习，你是不知道学习道路上的困难的。

我们沿用"开门"的例子，来还原一下个别学生的"内心戏"。有的学生费了很大力气推开了一道门缝，看到了自己不希望看到的景象，不过他依旧觉得"这不是门外风景的全貌，我没看到的东西才是我想要的"。于是，他继续推门，继续臆想，直到门完全打开的时候，他终于无言了。其实，合格的老师可以帮助学生避免这种情况的发生，但是，眼前的真相你都不信，你能相信老师的"一面之词"吗？绝大多数人都是"不到黄河心不死"的。我试着拦过很多人，但我记得我没成功过，而那些人中也鲜有成功案例。

⌃ 门后有门，看不到头 ⌄

下面一种情况，是以兴趣为出发点的学习过程中最常见、也是最让人难受的一种情况。那就是：打开门后，确认方向没问题，但门槛高到好像自己爬不过去；在朝着成功的方向放眼望去之后才发现，无数道门在路上一字排开，绵延不绝。其实，大家每次拿到新课本、课程表的时候，都会隐约产生这种感觉——我什么时候才能够学完啊？特别是学习遇到困难的时候，大家真的会非常难受：学起来困难，但不能不学，这个懂了，下一个仍然不懂。这种情况让学习者举步维艰，学习初期的兴趣和热情也消散得无影无踪了。

这时，我们要重提"直接兴趣、间接兴趣"这两个概念。此时，我相信大家已经明白，相对感性的直接兴趣只能带你走到某扇门前，但是打开门、迈过门槛、奔向成功，说到底可能还要靠间接兴趣，也就是每次克服困难、实现提升给你带来的心理和物质补偿。我相信很多人，虽然知道"前路漫漫"，但是回头看到身后被自己甩下的同伴（心理满足），特别是想到自己因为成功而获得的升学机会、薪酬提升、浪漫假期（实际利益），大家还是会咬咬牙关，扔下一句，"反正我已经吃了那么多苦了，习惯了"，然后继续上路，继续跋涉。其实这就是成功者最好的写照，一点都不神秘，更没有什么光鲜的过程，但你能做到吗？

总结

　　对学习、工作产生兴趣可以稍稍减少行动过程中的痛苦，但不会减少各种实际困难的数量。兴趣的保持依赖于成功带来的心理补偿和物质收获，而努力、坚持才是成功的必要因素。

思考

　　(1) 你有让你信心满满、能向他人展示的兴趣爱好吗？

　　(2) 你自己、你的家人是在从事自己感兴趣的工作吗？如果不是，你或他们为何、如何转移兴趣或者放弃兴趣的呢？

　　(3) 你现在的兴趣是什么？你对你兴趣的延续和发展有何打算？

古人把自然现象神化、拟人化是没有办法的事，
因为祖先们真的没有更合理的解释去消除困惑，
但今人用天分和方法替代努力就是胡来了。
如果长得高就能进 NBA，1 米 91 的库里就下岗了；
如果丁俊晖真的是神童，他也就不用辍学了。
当然，库里有身为 NBA 名宿父亲的指导；
当然，丁俊晖除了他父亲还有更专业的教练，
但是，他们的成绩难道不是一球一球练出来的吗？
我给你天赋、给你原理，你又能记住多少单词呢？

记忆不神秘，就是很麻烦 41

　　不管是母语学习还是外语学习，学习者都无法避免记忆。就算抛开语言学习，工作、生活也要求大家进行不同内容、不同程度的记忆。好记性被人们艳羡，过目不忘更是天赋，但回归现实之后，我们只剩下背不完的单词。其实，在世界范围内，对记忆的研究早已开始，而且引起了学术界广泛的关注。

　　自从德国心理学家艾宾浩斯（Hermann Ebbinghaus，1850—1909）的记忆理论和实验报告发表后，记忆就成为心理学中实验研究最多的领域之一。其后，记忆理论和研究方法不断发展，19 世纪 50 年代出现的信息加工理论让人们对记忆有了更深刻的认识。

　　在本节中，我将为大家形象地介绍记忆原理，进行记忆和遗忘的分类，指明艾宾浩斯曲线的局限性，并跟大家分享一些已经确认的与记忆及其原理相关的事实。虽然本节已经力求简洁并结合了实例，但还是提醒大家在遇到理解障碍的时候，重新阅读相关章节和片段，或者在读者互动 QQ 群内进行提问和讨论。总之，理解内容才是真正收获新知并指导学习的起点。

记忆的原理

∧ "记忆"是个熟悉的过程 ∨

过去感知过的事物、思考过的问题、体验过的情绪、进行过的动作，都可以以映像的形式储存在大脑中，在一定条件下，这种映象又可以从大脑中提取出来，这个过程就是记忆。记忆是人类认知活动的起点，毕竟我们无法研究和学习"过眼云烟"，对吧？所以，说"记忆是人类智慧的源泉"是非常稳妥的。

其实，"记忆"这个我们再熟悉不过的概念是高度集成的，用最简单的语言把记忆的过程概括一下：要记住东西，大脑要经过"识——记——忆"的过程。识，就是学习和输入的过程；知识经验在大脑中储存和巩固的过程叫保持，也就是"记住"；从大脑中提取知识经验的过程，即我们说的"想起来"，就是"回忆"。这个过程就导致了：看不懂就记不住，记不住就想不起来，或者想起来也不能确认。我们通常说的"忘""遗忘"就是根本想不起来或者无法确认某件事。

∧ "记忆"是个陌生的过程 ∨

大家可以简单地把脑中的神经细胞看成存储信息的硬盘，但仅有硬盘是无法完成信息存储和提取的。我们还需要一系列的指令，包括学习、建立关联、信息分类、提取信息等动作，这些指令都被称为"刺激"。这些刺激把神经细胞联系起来，形成了一条通路，让我们的记忆成为可能。

我给大家举个例子。我们可以把记忆比作"从一片杂草地的这头走到另一头"。如果我们经常需要穿过这片杂草地，我们可能需要除草，或者干脆找来所有需要穿过草地的人，大家一起走几遍，把直线距离上的草都踩平，走出一条通路。"除草""踩出一条路"就是记忆原理中的"刺激"，因此"刺激"越多、质量越高，之后的路就越好走，也就意味着我们记得快、记得牢。相反，如果刺激不够，也就是说，因为你穿过草地的次数很少，所以你每次走起来都会觉得很累、很麻烦。这个比喻告诉大家的道理是：在记忆的过程中，如果没有足够的刺激，大家就记不住、想不起来，或者说需要很多时间去记，想起来的时候也只有模糊的概念。

记忆类型

记忆可以分为短期、中期、长期三种，分别由三种类型的脑细胞负责。

由活性细胞负责的瞬时记忆频率高、但持续时间短，主要是感官记忆。大家其实是可以"过目不忘"的，但是大家"不忘"保持的时间可能非常短。一般认为，图像记忆保持的时间为 0.25—1 秒；声像记忆保持的时间可以超过 1 秒，但不会长于 4 秒。

中性粒细胞负责中期记忆，数量居中，决定人的学习适应能力。中期记忆可以维持数天至数周，但较容易发生退化。

惰性粒细胞负责长期记忆，数量较多，决定人的知识积累能力。但顾名思义，这种细胞不容易接受刺激，所以我们能够长久记忆的东西，例如我们的名字，无不是经过反复刺激获得的。大家可以想想：时至今日，你听别人叫过自己的名字多少遍，你又说过、写过自己的名字多少遍，你就知道你不需要想就能脱口而出，而且只要你神志清楚，你一辈子都不会忘记自己名字的原因了。

记忆的分类给我们带来了一个好消息和一个坏消息。好消息是：短期记忆可以转化为中期记忆，中期记忆可以转化为长期记忆。坏消息是：如果要实现这种对我们有利的转化，我们需要对信息进行加工、处理、分类、重复等刺激。说白了就是，想记住你就得动脑筋。

遗忘的分类

说到记忆，不能不说遗忘；遗忘分为三种类型。

第一种是短时、瞬时记忆不能持续。尽管人脑的记忆容量很大，对人们一辈子要接受的信息容量来讲，就微不足道了。很多小事，例如"昨天你手指甲的长度"，是不需要我们记住的，因为有限的"硬盘"要储存重要的信息和资料，对吧？这就是为什么心理医生在西方被称为shrink的原因。shrink的意思是"使变少、收缩"，而心理医生的作用就是去掉你大脑中无用的想法，让大脑正常运行。这种遗忘其实是人类的一种适应环境和自我保护的本领。

第二种遗忘，就是中期记忆没有固化为长期记忆。最好的例子就是上课听、下课忘，课上学的东西在考试前就忘了，这是再正常不过的现象，大家都一样。毕竟，草地只有天天踩，杂草才不会长出来挡路。

第三种遗忘是长期记忆无法提取。这就好比：你要在阴雨天穿过一片望不到边际的草地。阴天下雨，我们无法利用太阳方法辨别方向；草地广阔无边，我们也无法使用远方的目标锁定前进方向。这时，我们只有使用指南针走出草地。这里的"指南针"就是某种特定的条件和刺激。例如你回到祖宅的时候，能想起很多在别的地方想不起来的事情。

艾宾浩斯曲线的局限性

艾宾浩斯对记忆进行了大量的实验研究，是对记忆进行实验研究的创始人。他证明了遗忘的过程是"先快后慢"的，并提出了"艾宾浩斯曲线"的概念。但是，这条曲线却被大众曲解了。

1. 这条曲线不是"记忆曲线"，而是"遗忘曲线"。简而言之，这条曲线告诉我们的是：时间越久，忘得越多；记忆形成之后的初期忘得更快，忘得更多。这个规律和"如何记住某些信息"有本质的区别，绝不能混为一谈。

2. 这条曲线是其个人有限经验的总结，而且这条曲线也应该会因为记忆内容不同、记忆方式不同以及个人能力差异发生变化，所以"艾宾浩斯曲线"本身并不能给出一个适用于所有人的复习频率。

　　我相信大家都知道"温故知新"这种说法，我们的"至圣先师"已经在两千多年前告诉了我们这个道理。因此，这条曲线对广大英语学习者来说，充其量只是一种补充和细化，也就是说，**除了多复习才能记得牢之外，大家要早复习才能记得牢**。我们不能说艾宾浩斯研究记忆不如孔子，但大家绝对不应该神化这条曲线。

记忆原理与事实

　　关于大脑的记忆，有些事实是已经被科学家证实了的，我们可以加以利用：

　　1. 大脑喜欢颜色，因此大家可以使用彩笔或有色纸进行学习。

　　2. 有理论认为：成人大脑集中精力的时长至多为 25 分钟。因此，我们要参考数据并结合个人情况适时休息。同时，在工作、学习的过程中要专心致志。从理论上讲，边听歌曲边做作业是低效的。如果你依旧认为这种方法高效，你可以尝试摘掉耳机学习一段时间，对比实际效率之后再下结论。

　　3. 多提问并尽量自己解决问题。任何提问、思考、寻找答案的过程都是刺激，而刺激会促进记忆。

　　4. 了解、利用大脑的敏捷期。上午 9 点至中午 12 点，下午 3 点至 5 点，以及晚上 8 点至 10 点，这些时间段都是"脑子好用"的时候，尽量把握吧。当然，大脑的敏捷其中可能因人而异，大家需要根据自身情况进行调整。由于最懂你的人是你自己，所以这件事情没人能帮你。

　　5. 压力和负面情绪影响记忆。由于压力和负面情绪会伤害负责长期记忆的脑细胞，或者增加刺激的难度，而这些情况都是我们不希望见到的，所以，调整心情、适当运动是有助于记忆的。

　　6. 重复，是记忆的铁律。但连续抄写 20 遍，不如每天抄写一遍，连续抄写 20 天的效果好。这里要强调的是：看一遍就记住的是神，看两遍就记住的是世外高人，看三五遍记下来是正常的。绝大多数人都只是天资平平的正常人，所以重复无法避免，大家也不必过分苛责自己。

7. 使用，是记忆的目标，也是记忆的重要途径。不被提取的信息早晚会死在大脑中。所以，"记你需要用的东西"才是你成功记忆的前提。

总结

　　世界上极少有信手拈来的事情，记忆也绝对不是其中之一。说到底，与其说记忆困难，不如说记忆麻烦。理解、归类、重复、联系、使用等步骤其实都没有难到让大家无能为力。这样说来，记不住事情的"笨蛋"其实都是"懒虫"。

思考

> (1) 你的记忆力好吗？如果你认为你的记忆力不够理想，你是否尝试、如何尝试提高你的记忆力呢？
>
> (2) 你的记忆是否具有选择性？是不是你想记住的东西总能记住，反之则记忆效果很差呢？
>
> (3)除了(可能存在的)天生记忆力的差别，你和记忆力好的朋友、同学相比，还有什么差距和不足吗？他们是否有什么你可以借用的"记忆诀窍"呢？

相声泰斗马三立先生享年 89 岁，从艺 80 年。

在今天看来，80 年的寿命不算稀罕；

但时至今日，80 年的工龄依然可谓叹为观止。

如果我们再审视马先生这 80 年的从艺道路，

我们会发现，虽然他也曾失意，但他没有放弃，

在平淡的生活中，他依然保有职业素养，

而时间的积淀也自然使他经验升华、继往开来。

大家从现在用心做起吧，不晚……

坚持有多种，你是哪一款 42

很多谚语已经成了我们生活中的一部分，虽然大家不是言必用谚语，但总可以在特定的时机想到一个耳熟能详的谚语。"坚持就是胜利"就是其中之一。但这句话，和其他很多谚语一样，起到的积极作用和给大家带来的麻烦可能真的是"半斤八两"。

其实，我可能只是说出了大家不敢、不愿意说的话，因为我相信不少人都有过"没放弃，但很久不成功"的经历。没成功真的是坚持不够、时机不对吗？在本节中，我将会分解"坚持"的概念，从坚持什么、怎样坚持、坚持的误区三个方面为大家拆解本节内容。

坚持什么

∧ 不确定 ∨

首先，我们还是从最根本的问题入手、分析一下"坚持的对象"。只

有回答了这个问题，大家才能顺利地坚持下去。从语言表达的角度来讲，大家坚持的目标一般都是清晰、简洁、直白的，例如："我要坚持学英语"和"我要赚更多钱"。但是细想起来，我们不禁要问：英语学习科目众多，你到底要学哪个科目、哪些科目，还是全部科目？而英语学到什么程度才算好？你虽然嘴上说要赚更多钱，但你可能看不上每月都比上月多 50 元这样的涨薪幅度。你连坚持什么都不能确定，你怎么坚持呢？

∧ 后知后觉 ∨

大家经常会说"这不是我想要的""原来是这样啊"之类的话来埋怨自己没有先见之明。可"先见之明"仔细想来应该是个"悖论"，"因为你没做过，所以不知道"是正常的。大家当然可以是某个领域的成功者，但是在一个领域的成功，不代表你在其他领域也能成功，因为不同领域的相关性不一定很高。所以，先见之明充其量只是合理推断，就好比你说的普通话标准，并不意味着你的英语发音也会很棒。

在我授课的过程中，经常有学生希望"准确掌握 48 个英语音标"。这个目标已经很具体了，但大家不知道的是，如果要"准确"地掌握所有音标，学习者一般要经历"改变发音习惯""掌握中英文发音差异""英美式发音区别对具体音标发音的影响""单个音标循环纠正""困难音标的组合""音标在单词发音中的运用"等若干环节。看到这长长的任务单，你是不是害怕了？

∧ 情感与物质 ∨

就算大家经过细致思考、专业咨询之后确定了十分具体的努力方向，大家也不一定能够坚持下去，因为大家的目标可能掺杂了太多情感因素，也就是"做事全凭兴趣"。我在这里要重复一下本书中与"兴趣"相关的观点。

兴趣只是让你选 A 不选 B，应该算作比较偶然而且非常个性化的原因。也就是说，兴趣，是让你开始做某件事的重要原因之一，但不是让你坚持下去的理由。更多的时候，大家能够坚持下去是因为获得了良好的自我感觉、别人的夸奖、成果的产出、奖励等一系列"正反馈"。其实，大家只是在用自己的行动去证明巴甫洛夫的条件反射理论。很多人都在用"没兴趣了"作为挡箭牌、并以"兴趣丧失"为借口把个人的放弃合理化。能够真正不计回报、顽强地把兴趣坚持下去的人有，但是真的太少了，你确定你是这样的人吗？

怎样坚持

∧ 做计划 ∨

历尽千辛万苦，大家终于选好了坚持的方向，接下来就是怎么做了。"21天重复并形成习惯"不是计划，就算是，也只是计划的开始，因为这个计划太不具体。而任何合理的计划至少应该包括如下细节：

- 每天做什么
- 每天花多少时间
- 是否需要复习
- 是否预留出应对意外情况的时间
- 是否有对计划进行修正的必要和空间
- 是否需要外力的帮助和指导
- 获得外力帮助和指导的可能性有多大
- 是否有计划进度的考核

……

上面的计划清单虽然复杂，但其中确实有不少大家可能未曾考虑到的计划组成部分。我相信，能做出上面这种细致计划的实施者，应该是十分成功的。这就是我为什么认为"好的计划才是成功的一半"。

∧ 拆分任务 ∨

下面我们要强调"具体任务再拆分"这个环节。不管是学习英语还是赚更多钱，很多任务都是可以化整为零的。我用"电影的片段模仿"来给大家举个例子。不管需要模仿的是片头介绍，还是经典对白，大家都要整体把握电影的情节，同时注意模仿片段的内容、情感和其他细节。而且，模仿朗读对文稿熟练度的要求很高，大家不仅要知道词汇的发音，更要清晰理解文段内容。此后，真正的朗读练习终于开始了，相应的任务也已经排好队等大家了，词句磨合、难点专攻、录音对比等都是必不可少的。

做好一切准备之后，我们就可以开始录制了，但一系列新的任务又来了。当我们把寻找安静的环境、调试设备、放松肢体和发音器官这些任务都完成之后，我们的录制才可能成功，这样的作品想不出彩都难，对吧？这样的操作才算得上细致、具体，这样的操作才能保证任务的逐步完成，这样的操作才能让我们的坚持落到实处，从而确保我们的坚持是有效的。

∧ 忧患意识 ∨

为了能在心理上给予自己更多的支持，大家要注意培养忧患意识。具体来说就是：用惩罚代替奖励。虽然我们经常说"趋利避害"，但"趋利"和"避害"毕竟是两个不同的方向，而且两者存在作用力度上的差别。用各种形式的奖励作为坚持的回报是可以的，但是不如"做不到就受罚"有效，因为大家在坚持不下去的时候可以安慰自己"反正我只是没得到原本不是我的东西，但我没有损失啊"。

如果做不到就会受到惩罚的话，大家就会更加努力地坚持，因为大家坚持得不好，就会遭受某种形式的损失，这是大家绝对不愿见到的。这就是"奖励"形式受到追捧，而"惩罚"活动参与者少的原因。但换个角度看，是不是敢于参与"坚持不下去就挨罚"这种活动的人成功坚持的几率会更高呢？

坚持的误区

关于"坚持"，其实存在很多误区，下面我就为大家逐一道来。

▲ 坚持绝不是"死扛" ▼

坚持，强调的是（全心全意地）投入；而"死扛"则是说"明知此路不通，却偏偏选择这条路，还一条路走到黑"。顺便补充一个概念："死扛"和"明知不可为而为之"很相似，都没有也不可能有积极的结果；只是我们一般认为前者就是"傻"，而后者可能是"行为艺术"，因而似乎带有一些积极的意味。

▲ "坚持"和"方法"没什么关系 ▼

你坚持与否都可以使用或者不使用某种方法，因为说到底，坚持是一件非常简单的事情，可能真的不需要那么多方法。我不否认，有些方法可以让坚持变得容易一点，但方法永远不可能消除坚持带来的痛苦，当方法的"镇痛作用"褪去的时候，你是否能够忍受坚持的剧痛呢？此外，虽然方法在短期内可能会让你的坚持见效，但方法"本身"也还要坚持，那这份对方法的坚持又是来自哪里呢？大家应该听过"21 天习惯养成"的说法。我特别好奇的是：如果某人连 21 天都坚持不下来呢？有没有让大家坚持 21天的诀窍呢？如果有，我们为什么不用这个诀窍去培养长久坚持的习惯呢？

除此之外，坚持不能证明你的方法是可行的，更不能证明你的方法高效。国内英语学习者的普遍经验证明了我的观点。大家是在坚持学习，但"只是"在坚持学习，却见不到学习的成果。纵览本书，大家在英语学习之路上遇到的"坑"还少吗？大家为什么要不停地"以身试坑"呢？

▲ "坚持"和环境有关系，但不直接相关 ▼

良好的环境可以是安静的教室、丰富的资源，甚至可以是勤奋的室友，这些环境固然可以激起大家坚持的欲望，降低大家坚持的难度。但这些的环境并不是人人都有的，如果再考虑到坚持毕竟要靠大家自己的努力，对这些条件的要求和执念就显得有些矫情了。请不要再为自己找"不坚持"的借口了。

∧ "坚持"绝不只是对过程的专注 ∨

坚持，不只是日复一日地在墙上"画正字"；人们之所以坚持，是因为人们要达到的目标不是一日之功、需要长久的积累和巩固。所以，我们要时不时地回顾坚持的过程，看看自己的阶段性成果，看看自己是不是白费了力气，或者再次确认一下自己的选择是不是异想天开。

对于坚持的评定绝不能仅仅基于"谁说我进步了""我感觉自己能力强了"这种凭感觉的、主观的意见，而应该是实实在在的客观反映。就英语学习而言，大家可以通过参加雅思、托福等世界认可的英语水平考试来确认对应阶段中坚持的成效，甚至判断坚持的必要性。因为，有些坚持是无效的，大家要果断放弃。

∧ "坚持"没有高低贵贱之分 ∨

我们说"早起"是小事，是因为这件事是日常行为。但要养成"寒暑不分，日日早起"的习惯，也是很不容易的。确实，有些事情本身比较复杂，坚持可能也因此需要被分成主题不同的小阶段，或者性质不同的组成部分。在"大事"上的坚持，是由一个个"小坚持"叠加起来的。"一屋不扫，何以扫天下"就是这个道理。而且，从小事坚持做起，大家可以用更短的时间收获成功、获得成就感，从而增强坚持的主动性、培养自信心。

总结

坚持是困难的，所以很少人能做到，所以很少人能成功。在坚持的路上，大家得到的帮助应该比困难少，更多的时候需要大家独自面对。

希望大家能够坚持做应该坚持的事情，走出自己的远大前程！

思考

(1) 你真心认为坚持重要吗？

(2) 在你看来，你最重要且最成功的坚持是什么？

(3) 你认为促成 "坚持到底，最终成功" 的过程中最困难、最重要的因素是什么？

ᐱ

误 区

ᐯ

大家总是抱怨：事情为什么和我想的不一样：

学打篮球，上个培训班你觉得多余，

但你不知道篮球运动涉及方方面面——

意志、体能、天赋、努力、科技、统计……

反之，有的事很简单，却被大家复杂化了：

为什么想学职场英语的人连英语说都不顺畅？

为什么英语好的人却说职场英语是幌子？

职场英语到底是何方神圣、其法力如何呢？

职场英语，它就是个幌子 43

　　本节的内容可能会有很大的杀伤力，因为标题中的说法很"扎眼"。为了避免不必要的意见分歧，我必须对"职场英语"这个概念仔细定义一番。本节中的"职场英语"是指：在工作场景中需要使用的，并与职业领域相关的英语语言及语言运用能力；但不包括翻译、教学等直接以英语运用为工作内容或首要工作任务所涉及的英语语言及语言运用能力。

　　上述定义也基本适用于大家熟悉的"商务英语"。为了方便讨论，我将两个概念合并、统称为"职场英语"。简单地说，职场英语就是涉外工作要求大家具备的英语语言能力。在本节中，我将从职场英语的功用性是否合理、相关课程的局限性、职场英语学习的盲目性以及自学方法四个方面剖析职场英语。这是本书中第一次直接地、具体地讨论英语学习和工作的关系，希望相关读者注意。

职场英语的功用性是否合理

∧ 合理 ∨

之所以要谈"职场英语的功用性是否合理"这个大家觉得不存在争议的话题，是因为近年来国内学界，特别是基础教学领域对学习价值观有了新的思考。从某种角度来说，学习确实是一个无价值驱动的过程，也就是说"不是为了什么而去学习"，因此，为了分数而拼尽全力的基础教育是存在问题的。这一点，我是认可的。但是，在认可"不是为了什么而去学习"的同时，我也支持"学习的成果确实可以产生价值"，也就是说"收获的知识确实可以用来赚钱"。此外，职场英语是为了涉外工作而提高的英语语言能力，这是个人选择，且和基础教育没有关系，自然是合情合理的。

∧ 目的和结果（不）一致 ∨

在现实中，职场英语的功用性却成了一个值得注意的问题。我们首先要明确"功用性"的概念，因为很多职场英语学习者混淆了"目的与结果"这两个非常相似的概念。我们可以说学习是为了目的，也可以说学习是为了结果，在这个话题中，"目的"是"为什么要学职场英语"；"结果"是"我学的职场英语能否派上用场"。

举个例子：如果一个大学生以找到高薪工作为学习目的，并且成功获得了高薪工作，那他的学习结果和目的就是一致的。但如果他未能获得高薪工作，他的学习目的依然可以是找好工作，只是没有获得理想的结果。这时候问题来了：虽然我毫不犹豫地支持大家投身职场英语学习的目的，但我非常怀疑大家学习的结果。"有证傍身"的人应该不在少数，但可以靠英语畅游职场的又有几人呢？

相关课程的局限性

面对大家的需求，各种职场英语培训机构茁壮成长且经久不衰，但包括

BEC（Business English Certificate）这种知名商务英语考试在内的职场英语培训都面临着一些可能无法解决的矛盾。

∧ 职场英语 vs 专业词汇 ∨

我们先来看第一个问题——"职场英语"这个概念准确吗？很多人坚信：这个概念没问题啊！因为有些英语不在职场或商业往来中是用不到的啊！那我反问大家一句：如果大家的逻辑没问题的话，用中文做生意的老板或者工作的员工都要学"商务中文"或者"职场中文"吗？

其实，职场英语就是使用专业词汇的英语。专业词汇和表达确实需要学，这点我并不否认。但是，英语的基本能力，也就是"抠掉"专业词汇之后的英语表达，和任何一种职场环境都是没关系的。这样说来，职场英语就是专业词汇，大家是否依旧选择这样的课程是大家的自由，但大家如果为了补习英语基础知识而去参加职场英语学习课程，就是缘木求鱼了。如果某种职场英语课程确实花费为数不少的课时去解决大家的基础英语问题，你依旧可以认为参加课程是"一举多得"，但在我看来，这种课程是"挂羊头，卖狗肉"。

∧ 职场英语 vs 英语职场 ∨

对职场英语趋之若鹜的学生没有弄清"职场英语"和"英语职场"的区别。就算大家职场英语（基础英语和专业词汇的总和）学得风生水起，大家也只是掌握了职场中需要用到的英语表达。

当然，大家学到的英语表达可以折射出其背后的商务背景、描述具体工作的操作流程，但这一切都是间接的表述和体验，这就是 MBA（即工商管理硕士学位）要求申请者具有工作背景的原因。不过请大家注意：我们现在把职场英语作为普通社会培训去谈，学习者职场能力的高低我们是不考虑的。诚然，就算是在 MBA 这种专业的学制中，也有能力卓越的申请者无须工作经验即可入学的例子，但大家认为职场英语能力或者证书是求职成功的最重要因素，那就错了。

职场英语学习的盲目性

︿ 你不是翻译 ﹀

为了向大家展示职场英语学习动机的盲目性，我给大家讲个故事。在某次直播公开课的互动过程中，有一个身为普通职员的英语学习者向我提出了如何学习"专业英语"的问题。经过沟通，我了解到这名学生就职于一家设备生产企业，近期这家企业要为国外客户进行产品培训和设备调试技能培训。由于技术人员不懂英语，而她的英语能力比较突出，所以领导决定让她和技术人员同行，承担翻译任务。尽管她的英语不错，但用英语应对专业问题，她觉得自己的能力还有很大的欠缺，所以来向我求助。

听到这里，大家是不是想问我："张老师，这个例子不正好说明专业英语、职场英语的重要吗？为此而学习英语怎么会盲目呢？"那我问大家一句："如果这个例子中的企业需要员工具备英语能力，那为什么技术人员不会英语，而普通职员的英语能力不足呢？"

大家的专业水准能否达到某种程度不是我们讨论的重点，但大家职场上的专业能力却是你立足职场，并且在职场上取得发展的根本，而英语能力只是陪衬、饰物、附属品。而且我可以坦率地讲，那家企业的领导根本不是很在意这个外国客户，或者不在意售后服务，再不然这家企业开展国际业务是偶然事件否则就会花钱聘请领域内专业翻译了。

︿ "人学亦学" ﹀

如果上面的情况是被逼无奈，那下面这种"自投罗网"的情形就令人可惜了。我身为英语教师，亲身经历着国人的英语学习大潮，但这个大潮中的很多"小水滴"是被卷过来、涌过去的：相当一部分人其实只是"因为别人（室友、朋友等）在学职场英语，所以我也要学职场英语"。虽然从表面上看，他们是有目的的，但他们的目的是空洞的，只是一种形式，因为他们并不明确自己未来要做什么。

∧ 真假难辨 ∨

不是所有行业都需要英语，哪怕是外资、合资企业。企业招聘条件中关于英语水平的说法一般有三种。"英语能力突出者优先"是最常见的说法，也是大家完全可以忽略的说法，因为英语能力不是获得职位的必要条件。如果大家是人力主管，面对英语很好、专业一般和英语一般、专业出众的两个应聘者，你会选谁呢？第二种就是"大学英语四级／六级"这种具体但常规的要求。这种对英语的要求其实是很低的，不满足实在说不过去，但是，如果大家与工作相关的能力出众，其实也是可以不予考虑的。最后一种对求职者英语水平的要求是雅思、托福考试的具体分数级别。

请大家听好，最后这种才是真正需要使用英语的工作，这种要求不达标是无法获得工作机会的。我在这里补充一句：在现阶段，最能证明求职者英语水平的、含金量最高的证书，只有雅思和托福考试的高分段成绩。具体来说，达到托福考试总分 105 分，或者雅思总分 7 分及以上水平的应聘者，面对绝大多数工作中的英语需求是没有问题的。

∧ "最好有"害死人 ∨

在网络直播课程中，我遇到了不少"职场中坚人士"——处于而立、不惑之年，有工作经验，在各自的机构或企业位居（中层）管理层之列。这些职场人士除了上述共同点之外，还有一个相似之处：英语好像是他们职业上升的瓶颈。这些人在和我聊天的过程中，反复强调"基础不好""时间紧迫""需求迫切""力不从心"等情形。

对此，我也反复强调"个人定义的必要"可能并非真正的必要，也就是说：英语不好，只会让这些人不能在职场获得晋升，但基本不会对他们的现有工作和职位产生任何影响；只有"丢工作的挑战"才会让他们背水一战。一般情况就是，我话音未落，这些职场人士又开始了新一轮的"车轱辘话"——英语重要，但我没时间；工作需要，但我不会……此时，我变成了心理医生。我相信，这些职场人士的空闲时间确实不多，但就算有时间，又有多少人有心情拿起书来学习？人嘛，都想不劳而获；这不是批判，这只是对人性弱点的描述。

职场英语自学方法

下面我和大家说说如何自学职场英语。

1. 对于即将毕业参加工作的学生来讲，了解目标职业、企业及具体岗位的英语使用范围和大致要求是非常重要的。大家完全可以通过上网查找信息、与招聘单位代表交谈、访谈从事相关工作的学长、朋友等途径获得可靠的信息。

2. 提高基础英语运用能力，力争大学英语四六级考试成绩优秀。

3. 对于在职人员来讲，准确界定需要使用英语的工作范围，尽量收集、全力钻研与工作岗位相关的英语素材，例如往来的邮件、项目的英文介绍、所在单位现有的技术用语双语对照总结、会议录音或工作谈话录音等。如果上述资料数量有限，选取一本质量最佳、内容最相关的英文图书，开始自学，并把书中内容学透。

4. 分块学习，逐个击破。如图所示，外贸出口流程非常复杂。但大家可以根据自己工作的重点选取其中某个环节，进行重点学习。例如销售人员可能会比较关注"询盘——发盘——还盘——接受"这个贸易环节。这样的操作是合理的，更是高效的。

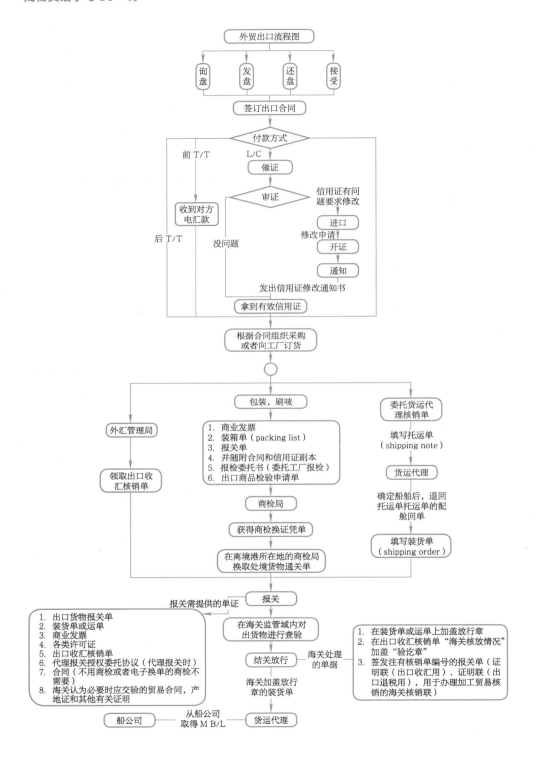

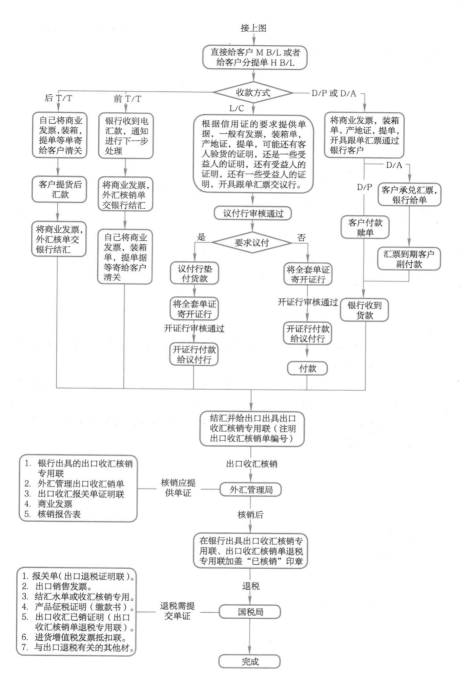

5. 自备装有即插即用的电子字典的 U 盘，做好在任何电脑上工作的准备；

在个人移动设备（手机、平板电脑）上装载内容丰富的字典；记录高质量在线翻译网站的地址。这些措施都可以临时应对超出大家英语能力的语言要求，解决眼前的问题。

总结

要想让职场英语学习变得有效、高效，大家要认清职场和英语之间的关系、确立自己的职业发展规划，并坚持不懈地使用科学的方法进行职场英语学习。

思考

（1）你个人学习英语是否出于职场目的？你的职场目的是如何在你的英语学习中体现的呢？

（2）你认为职场英语与日常英语相比，除了专业词汇之外，还有什么其他本节没有提及的差异？

（3）你认为在学习职场英语的过程中，你面临的最大困难是什么？你是如何克服困难的？

形容某人贪婪，有一句俗话特别到位：

吃着碗里的，看着盆里的，瞄着锅里的，

当然更有甚者，他们还惦记着没做出来的。

确实有人都能吃掉，但是吃多终究会胖。

再者，有的食物很健康，有的食物是垃圾，

胡吃海塞会得病，只吃你爱吃的可能也不健康。

吃饭并不是越多越好，语言输入就多多益善吗？

对，两者没有可比性，因为语言输入更挑剔。

语言输入都有益？不成立 44

　　我们都知道，英语语言学习是由多个方面组成的。最常见的科目划分就是：听、说、读、写。我们把这四个科目两两合并一下，"说和写"是语言的输出，"听和读"是语言的输入。很多英语学习者对语言"输入——输出"逻辑本质的理解出了问题，带着这种错误理解去学习，再努力也是枉然。**典型的例子就是，我们从小学就开始接触英语，到大学毕业，英语学龄也十年有余了，按理说输入也够久够多了吧**，然而有很多人还是觉得自己的英语拿不出手，事实上也确实拿不出手。

　　在本节中，我会将语言输入形象化、具体化，展示效果不同的各种输入类型，分享高效输入的步骤。不管本节是否会刷新大家的认知，我希望大家在阅读的过程中，能够对比个人的输入习惯和输入方法，弥补英语学习输入端的不足。

输入就像灌水

很多人都是下面这种理论的忠实粉丝：先输入再输出。这种说法是符合逻辑的：就像用瓶子装水，倒出来的水都是之前灌进去的。大家关注"瓶中有水才能倒出来"这个点，是没有任何问题的，但很少有人去探究瓶中的水是怎么灌进去的。

好，我们就聊聊灌水！如果你直接用盆往瓶子里灌水，你应该会洒一地水，而且你稍不小心，水流就会把自身重量不大的瓶子冲倒；就算瓶子没倒，你是不是也得小心谨慎、哆哆嗦嗦、慢慢地灌水？如果你把漏斗直接插入瓶口，但你没在漏斗和瓶口之间留出缝隙，这时你倒水的速度稍微快一点，水就会从漏斗里面溢出来。

语言学习的输入和往瓶子里灌水是一样的，有各种好的、不好的方法；不幸的是，不好的方法确实很多很多。在我们排除了智力、用心程度这些差别不大，而且可以自行弥补的因素之外，同样是一位老师教的，做相同的作业，花相同的时间，但每个学生的收获却可能截然不同。我们经常听老师说，有的学生会学习，有的学生死读书；有的学生事半功倍，有的学生连最基本的任务都不能在时限内完成。你花了同样的时间学习，却没有进步，你不得不怀疑，你的输入过程是否出了问题。

效果不同的各种输入

做同一件事情时，不同的方法的确会产生不同的结果，"输入"这件事情也不例外。下面我们来看看效果不同的各种输入类型及举例。

︿ 负效输入 ﹀

"负效输入"，说白了就是"水没灌进瓶子，都洒在地上了"，是大家不愿意看到的情况。给大家举一个具体的例子吧：如何区分"动词 +ing"
和"动词 +ed"结构，也就是动词的现在分词和过去分词作形容词时的用法呢？
很多老师一言以蔽之：现在分词，也就是"动词 +ing"结构的主语是物；过去
分词，也就是"动词 +ed"结构的主语是人。

且不说这只是形式上的辨析，就说这个论断的对错，可能都会让大家大跌
眼镜。我们可以看看下面的这个例子：The teacher is so boring that even the
desks and chairs are bored. 这个例子中的用法是不是正好和前面的总结相
反？老师的讲解如此经不起推敲，那市面上形形色色的教辅、读物内容是否也
是质量堪忧？遵从这样的指导、使用这样的材料，学习者们是不是被忽悠
了呢？

还有一种"负效输入"藏得更深，危害也更加隐蔽，那就是"教大家怎
样学"。网络造就了很多名师，其中不乏自学成才者。这些老师将自己的经
验当成了打开英语语言学习大门的钥匙。乍看起来，这没问题，实践出真知
嘛！但是，这把钥匙是这位老师打开他的英语学习大门的钥匙。
别人家大门的钥匙开不了你家的大门！不考虑学习者水平、特
点、个体差异的学习方法是很难广泛应用的。此外，名师的努力和
个人天赋，例如一坐一天、一天能看别人两天都看不完的书而且还过目不忘，
这些都是很多学习者没有的。所以：药，可以吃，但吃错了，就是病
上加病。

︿ 无效输入 ﹀

"无效输入"就像"往一个有洞的瓶子里灌水"。请问各位：你阅读
了那么多篇英语文章，你用荧光笔标出了那么多好词好句，你可以脱口而出了
吗？你浏览了那么多经验总结，是不是随手转发却没有仔细阅读，或者忘的速
度比看的速度更快呢？你上了那么多补习班，除了加重你对英语学习的厌恶之
外，你的成绩进步了多少？你看了那么多教学资料和教学视频，你的英语水平
又有了多大的提升？虽然这些"无效输入"的内容本身可能没什么问

题，但问题在于你记不住，或者说，就算记住了也不会用。

︿ 低效输入 ﹀

第三种输入，终于有点效率了，但也只是"低效输入"，好似"用盆往瓶子里小心翼翼地灌水"。听歌看剧就是最好的例子。大家会问：既然我阅读英语文章都被你说成"无效输入"，那我听英文歌，看美剧，岂不是更没用了？其实不是真的没用，只是用处很小，甚至有时候小到了可以被忽略的程度。

正如大家所说：我看美剧时，学到了某（几）个单词，这不也是输入吗？这种说法肯定没问题，但是新的问题又来了：你正常查字典背单词是否也能学到这些单词？而且省去了等待剧集的焦虑和下载剧集的麻烦，是不是更加高效呢？

但在这里，我也必须和大家说明，"低效输入"并非一无是处，因为这毕竟也是输入。有时候我们可能无法进行高效输入，在这种情况下，有输入总比没有输入要好。例如，大家总要做一些占住眼睛、手脚的活动，例如开车、洗漱、陪伴家人。在这些情况下，看看片、听听歌，也不失为一种一举多得的做法，只是大家不要期望这样做效率能有多高，这就是英语学习中的"攒人品"。

︿ 常规输入 ﹀

第四种就是"常规输入"，确切的比喻是："往紧插在瓶口的漏斗中慢慢灌水"。"接触、了解、消化、吸收、检验、修正、掌握"，这是正常的知识输入过程，而这一过程的复杂性是无法避免的。掌握知识的速度远远比我们想的要慢，而且要慢很多，慢得我们几乎无法接受！大家可以想象，在学校里，一个知识点要被重复多少遍，我们要做多少相关作业；学习者总在说"我会了""我懂了"，但只要老师一较真大家就傻眼了："好像是……""我觉得……""应该是……"这些口头禅都说明了输入的困难——水灌得太快，瓶中的气跑不出来，水就会从漏斗溢出。

⌃ 高效输入 ⌄

　　最后一种是高效输入——"一手扶着漏斗，在漏斗和瓶口之间留出缝隙，一手拿着小盆灌"。这种灌水方法是最快捷的。虽然这种输入方法看起来有些麻烦，但实际上并不难，步骤也很清晰，关键是大家能否严格按照步骤去做。

高效输入的步骤

⌃ 扩大输入范围 ⌄

　　扩大输入的范围：在网络信息时代下，我们获取信息的方式多得数不过来，获取信息的速度也快。在这样的环境下，我们遇上"可以学习"而且"学着好玩"的东西的几率很高。例如，喜欢看电影的人可能都知道 IMDb 评分，那么，IMDb 到底是什么？为什么它能够成为被大众认可的标准？查证这个很简单，只要你去查就可以了……

⌃ 明确输入的目的性 ⌄

　　如果留心的话，大家在一天的学习中能够积累不少类似 IMDb 的输入点，例如：早上听的英语新闻片头套话、手机调成英文界面之后的某个功能名称、电子设备标签上的某个缩写、老师上课时提到的某个课外知识点。

　　这时候，我要严肃地提醒大家一下：我们把所有东西都弄明白、都记住需要的时间太多；我们必须进行取舍。选择时要问自己：弄明白这个点对我有多重要？这个知识点我能用到吗？我会在哪里用到？要为了解决问题、培养兴趣、完成输出而有选择地输入。我在这里要提醒大家：有时大家会觉得"我可以应付这么多知识点，因为我有兴趣"，但这是非常危险的。为什么呢？请看下一个步骤。

⌃ 查证、反思与吸收 ⌄

我们确认了要输入什么内容之后，就要开始查证了。我们依旧用 IMDb 作为例子。经查证，IMDb 是 Internet Movie Database（互联网电影资料库）的缩写。大家是否注意到了 b 字母是小写，和前三个大写字母形成了对比，为什么？在我们仔细观察全称的构成后会发现，三个大写字母是词组中三个单词的首字母，所以用首字母缩写的时候，需要大写；而 b 是合成词 Database 中第二个部分 base 的首字母，所以不大写。

上面的结论是我们的推断，事实是这样的吗？通过再次查证或者根据个人经验，我们找到了一些类似的例子，例如 Ph.D.，Vs. 等。不管大家是搜索网络还是不耻下问，也不管大家最终获得了什么结果，"你看出 b 小写，并且愿意查证"远比只是考虑"到底为什么是这样"更加重要。查证和思考之后就是吸收了。好消息是：查证和思考的过程本身也会帮助吸收。所以，吸收是一个相对简单的过程，这里就不赘述了。

总结

不是所有的输入都有益的，更不是所有的输入都是高效的；做到有效输入的最简单步骤就是：碰到——选择——查证——反思——吸收。如果大家完成了这一流程，我相信大家想记不住都难，对吧？

思考

(1) 你给自己英语学习中的吸收过程打几分？请在 1-10 分的评分体系中打分；10 分最高。

(2) 根据本节的讲解，你觉得自己英语学习输入过程中最大的问题是什么？请结合自身情况提出改进措施。

人生就是在几十年之间做出多种选择。

不管人们是不经意，还是疏于改变，

在对的时间、做对的事情总有些困难。

有时，我们能够知错，那么，改错至少还有可能；

更多的时候，我们会重复自己的失误。

外语"使用"和"练习"的错位把大家害得不浅：

使用的时候谨慎，但练习的时候马虎。

但是，这个问题是你意识到就能解决的吗？

学以致用，但用不等于练 45

在上一节中，我们从"输入——输出"的理论入手，着重讨论了输入的有效性这个非常重要、但也经常被忽略的问题。相信大家还记忆犹新。在本节中，我们将关注以口语和写作两个科目为代表的语言输出端存在的问题。

提到语言的输出，不管是老师让学生进行英语说、写训练，还是学习者需要完成现实场景中的说、写任务，大家在面对说、写时总是有一种"迟疑"。这种"迟疑"不管是有声的还是无声的，实际上都在表达相同的内容：因为我没看够、我没听够，所以我的语言素材不够，我拿什么去说、去写啊？！如果我在场的话，我会反问："你是中国人，中文是你的母语，你也永远有不认识的生字，有不熟悉的成语，你的前后鼻音不仔细也会出错，那是不是你的中文语言输入过程也没有完成呢？虽然你的母语水平依旧有待提高，但妨碍你说话、写文章了吗？"

我在本节将会分析各种造成输出障碍的心理，并为大家指出统一的解决之道。同时，我还会简单总结"练习——应用"之间的联系和区别；在本节末尾，我还会将语言输入——输出之间的关系明确一下。我的讲解中将会出现很多有趣的人物形象，欢迎大家对号入座！因为只有找对了座位，你才知道你的位置相对于舞台来讲，有多偏、有多远，然后你才有动力去找空着的"正座"。

输出障碍的心理类型

常见的输出心理障碍有四种类型，我们逐一进行剖析。

∧ 炼丹的太上老君 ∨

这种心理其实是外界环境灌输给学习者的。大家小时候一定被家长这么教训过："还没学会走，你就想学跑啊，给我老老实实地待着，不要瞎逞能"，或者"刚学了那么点儿东西，就到处洒你那半桶水！"而且，当下社会流行"低调奢华有内涵"，这些观念都让大家在潜意识里，把踏实、谦虚、谨慎的优秀作风和学术保守、反感尝试等同起来。

在语言学习过程中，大家都相信"输入、输入、再输入"，是不是显得非常符合逻辑？先背经典句型和场景词汇才能练习口语；要熟悉模板、掌握素材再提笔写作。虽说"太上老君炼丹七七四十九天""西天取经九九八十一难"，但取经、炼丹都有日程安排，大家能告诉我"你打算哪天张嘴说一段、提笔写一段吗"？你要输入到什么时候才开始输出呢？

∧ 懒媳妇 ∨

相比"难为无米之炊"的巧妇，"懒媳妇"是"有米没米都不做饭"。不过"懒媳妇"不是"傻媳妇"：听说读写四门功课都累人，但口语和写作肯定比听力和阅读费劲，虽然大家不一定明白"输出科目难于输入科目"的道理，但是操作起来确实会感觉输出更难。所以，绝大部分学习者自发地踏上了"两害相权取其轻"的道路，做出了偏重听读、回避说写的选择。

大家的内心戏是这样的："反正考试基本都是笔试，我的写作再差也能得一半的分数！口语也不考，即便考，也是象征性的，我可以用阅读、单选的分数弥补口语和写作的分数！"大家扪心自问一下：你上次用英语口语说你没准备过的话题是什么时候？你说得又怎样呢？你最后一次认真地写英语作文又是什么时候？大家要牢记这个道理：你越不愿开口，就越无法构建口语框架；越不愿写作，就越不能发现自己语法和词汇方面的问题。大家要公平对待学习：有投入不一定有产出，没有投入肯定没有产出！学习这门"生意"想赚钱不容易，而投资是必不可少的。

玻璃心

"玻璃心"是一种情绪病，也是输出障碍的第三种类型。很多人是因为担心讲得不好所以怕开口，这点怎么克服呢？说到这里，我想跟大家讲一个例子。我有一个朋友是新上海人，上海话都听得懂，可是一张嘴就露出了"不地道"的马脚。但为了学好上海话，她强迫自己日常使用上海话与别人搭讪聊天，虽然常常被人识破而遭到嘲笑："弗会得港上海闲话弗要瞎港好伐"，意思是"不会说上海话就不要乱说"。不过，她也不尴尬，还自我调侃"脸皮就是我的学费"。

我讲这个例子就是想说：学方言和学外语一样，不能"光说不练假把式"。最开始的时候，你当然说不好，但你应该可以、也会慢慢进步。如果你想提高写作能力，第一步是什么？写一篇作文呗，先自己动手修改，然后让英语好的人给予指导；收到"差评"是正常的，但你至少知道自己哪里出了问题。如果你一定要等到自己能"一鸣惊人"才去"鸣"，等到自己能"交流无阻"再去"交流"，那这辈子你就闭嘴封笔吧，因为你已经陷入了一个死循环：因为做不好所以不做；因为不做所以做不好。

自断输出的妄想狂

有些学习者理想中的输出水平高得不切实际。有些学习者经常看着剧集片尾的字幕暗下决心，"我一定要说到某角色的那种水平"。大家很"愉快地"忽略了下面的事实：角色的台词是经过训练的专业演员念出的，这些演员是母语使用者；最关键的是，有专业编剧给他们写台词。虽然优秀演员可以参与台词的创作和修改，但大部分演员是在"背稿念词"。

但上面的这些条件，大家满足哪一条呢？如果目标定得太大，大到你看到目标就感觉"累垮"了、"泪奔"了，输出就无从谈起。我建议大家把目标细化，使其具备可操作性。大家在按部就班地练习发音、语法、词汇的同时，应该从一个极为具体的场景入手练习口语，例如"在飞机上向乘务员索取各种饮料"。这样做才不算"眼高手低"。这样的输出积累虽然慢，但绝对有效；时间会说明一切。

⌃ 考试的刀下鬼 ⌄

除了上述学习者因心理原因造成的输出不足或者输出为零的情况之外，国内学校考试制度也伤害了语言输出实践的热情。对语言学习者而言，检验一门语言的掌握程度，应该看他听、说、读、写四个方面的表现。国外的雅思、托福考试就是四项都考，而且分值相同。但国内的应试教育，听力、阅读当主角，口语、写作来客串。所以，大家努力的方向都是听力和阅读这两个方面，而这也弱化了输出的现实作用。这点不是你我能左右的，在此我就不细说了。

如何克服输出障碍

下面我和大家说说克服输出障碍的具体步骤。

⌃ 跨过心理那道坎 ⌄

首先，也是最重要的，大家要修正认识：只有开始输出，才有机会犯错，才有可能改正，才有可能提高输出水平。不管多难，第一步都是要迈出的；而且这个过程可能不像大家想的那样"难以接受"。不过，不管大家是否能够接受，想要取得英语学习的进步，不进行输出练习是绝对不行的。如果大家和我不能就此达成共识，下文就不用看了。

尽量拆分学习目标和学习任务 ∨

提问求解是良好的方法和态度，但是如果把"天问"式的问题扔给对方（例如，"我怎样才能学好英语"），就是大家的不对了。因为这样的提问就是"甩手掌柜"的做法：你把所有问题都丢给了别人。

其实，这种"不负责任"的心理和做法对你自己的影响更大，因为别人听到你的问题可以不搭理你、把球踢回去，最终还是要你自己一步步地细化、解决问题。所以，只有当你完成类似"工作用语——工作口语——会议交谈——陈述项目——数据介绍——快速反应数字、准备相关专业词汇"这一系列的任务细化，你的目标才会变得可操作，输出才指日可待。

重复过程、耐心积累 ∨

这个步骤没有太多的技术含量，借用 NIKE 这个品牌的宣传语来概括就是：JUST DO IT！无限反复，直到达成最终目标。这个过程不容易，因为如果把最终目标比作树干，我们的细化过程就是描绘出所有的枝叶；每一处开枝散叶都是任务的细分和具体化，而处理好所有细节谈何容易。

开始细化操作的时候，大家会烦；积累的过程漫长，大家会急；"烦"加"急"导致放弃。这恰恰是绝大多数英语学习者学习过程无限循环往复但均不成功的根本原因。

区分"练习"和"应用" ∨

按实际功能来说，语言输出有两种形式：练习和应用。本书中这两个概念和常规定义十分具体，请大家注意仔细区分。"应用"相对简单，指的是语言发挥其交流功能、传递信息，例如：用英语问路、和外国朋友聊天，简而言之就是"用语言办事"。而"练习"则是：为了提高语言质量而进行的准备活动，例如准备演讲稿、改写写作段落素材、对着镜子练习自我介绍，这些都属于"台下十年功"的范畴。

虽然应用和练习都是语言的输出，但请大家务必注意：语言应用的目的是"解决实际问题"，不要过度纠结于语言质量。此处请大家放一万个心：就算"蹦词加比画"，我们也能让外国人理解我们，所以语言质量不是问题。此外，大家在现实场景中也没时间纠结，而且越纠结越紧张，交流效果会非常不好。而进行语言输出练习的时候则要力求严谨、反复斟酌、重复演练，最好练到准备的内容能在合适的场景中被下意识地输出。

练习和应用的区别，是语言输出中极为关键的一点。如果处理二者的方式错位，也就是"练习的时候马马虎虎""上场之后谨言慎行"，那么，大家的语言输出能力，也就是说、写能力，注定无法提高。

总结

所有学习者一定要认识到：没有输出作为目的和终点的输入是无意义的，是在浪费宝贵的学习时间。学以致用不能仅仅停留在口号的层面。不管"用"是个人练习还是现场应用，学习者在明确两者区别的情况下，要坚持不同类型的语言输出。此外，大家还要坚信：绝大部分学习者的语言输入已经可以支撑一定程度的输出，而且语言输出的质量远远不如输出的意愿和努力重要。大家现在知道自己该做什么了吗？

思考

（1）在你看来，语言输出相比语言输入而言，最大的困难是什么？

（2）在你的语言学习过程中，你的"输入——输出"循环过程中有什么问题吗？你打算如何解决？

大家的想法和认知存在差异在所难免：

有些事情标准清晰，不容大家保留个人意见；

但不少情况是：我的事情，我自己说了算！

就像界定事情的轻重缓急，确实个人意见最重要，

但，"最重要的个人意见"就是"对的意见"吗？

如果大家对"紧急""重要"的理解见仁见智，

紧急——重要的四象限是不是也因此失去了意义？

大家如何才能更加真实地面对各种选择呢？

紧急重要之说，实效有限 46

不要说人的一生，就是人的一天之中要做的事情也很多，所以"做好安排"十分重要。有些事情有时间安排：晚饭在早餐之后，下节课的安排要等这节课完成之后才能执行。为了让工作、生活更加有序、高效，有人发明了由"紧急"和"重要"两个维度构成的四象限，人们据此将身边没有明确时间限制和安排的事件分为了四种类型："紧急不重要""重要不紧急""重要且紧急""既不紧急也不重要"。这是我们通常用来评定任务优先级的工具和维度。

很遗憾的是，看似科学的尺度也有很多需要提高的地方，在实际操作中可能会让大家掉入很多深到爬不出来的"坑"。在本节中，我将从介绍"紧急——重要"四象限入手，指出其中的问题，随后推出"需要度"理论，最后结合"需要度"理论讨论一下英语学习各科目的优先级和重要性。本节的内容会给大家很多启示，希望大家能够认真思考本节的内容。

紧急——重要之说的局限

紧急—— 重要之说相比大家没有条理、在任何时候"想做什么做什么"的行动套路，不知道进步了多少。从这个角度讲，紧急—— 重要之说是一种很棒的工具。不过该理论的可操作性比较弱，因为它不够详尽、缺乏客观的标准。不管某个事件是"紧急"还是"重要"，事件的属性其实都很难确认，也就是说"为什么某事是紧急或者重要的"或者"某事到底是不是紧急或者重要的"没有一个客观的评定标准。大家会说，"我自己的事情，紧急重要程度都是我自己说了算。"

"自己的事情自己说了算"没问题，不过如果大家想把手头上的事情高效、高质量地完成，这样的态度就不太好了。因为人们，包括我自己，经常会受到情感和习惯的左右。越是任务期限临近，大家越倾向放下并没有完成多少的任务去做点闲事儿，例如再刷两遍朋友圈。再比如，高中生在高考即将到来之际，继续执着于自己的强项，希望用一个强项去弥补所有的弱项。虽然大家为什么这么做有着清晰的解释，同时这些做法也都可以被自己贴上"紧急"或者"重要"的标签，但这些做法都不能让大家获得更好的收益。

如果把紧急—— 重要的理论说得更为细致一点，那同样位列"紧急"或者"重要"象限的事件我们如何排序呢？这也是一个很棘手的问题。定量，也就是"某事有多紧急或多重要"，在紧急—— 重要四象限里面都是无法具体反映的。虽然维度放在那里，也是客观的，但是我们在量化事件特性的时候，基本上还是靠直觉和感觉："我认为 A 比 B 重要""C 比 D 更紧急"都是常见的主观判断。此外，我们也经常不知不觉地因别人的言行乱了阵脚。"别人都在做某事""某人说我应该做某事"这些说法都成了大家行为的指导意见。总体来说，人，很难做到客观，特别是在"事件关己"的情况下。此时，紧急—— 重要之说的弊端也就显露出来了。

"需要度"理论

为了更好地评价事件，我在这里向大家推荐"需要度"理论，并将可执行的标准为大家逐一细化。根据此理论，我们身边的事件可以分为如下四类：

⌃ 必须 ⌄

你必须做的：例如谁也躲不掉的吃喝拉撒睡，例如确保个人人身安全，例如遵纪守法。

所谓"必须"就是某事与大家的生命存续和人身自由直接相关。确实有人轻生或者知法犯法，但这些行为与社会公认的行为准则相悖，我们就不讨论了。这样说来，其实一个人必须做的事情不是很多。当然，如果我们稍微放松一点标准，工作谋生可能也属于此类。

但请大家不要混淆"必须"和"愿意"。所谓"必须"，就是不管你是否愿意，你都得做。例如，大家经常把"英语学习"划归此类，这是不妥的，因为不管英语学习对你有多重要，你不学英语、不学好英语，最多只是日子过得不太理想，并不会有生命之忧。而且，凭借英语之外的一技之长登上人生巅峰的人也不在少数。如果马云的成功多少因为他曾经是英语老师，那马化腾的成功又该如何解释呢？因此，请大家仔细体会一下"真正的必须"和"你觉得必须"这两者之间的区别。

⌃ 应该 ⌄

你应该做的：例如提高学习和工作的表现；健身；戒烟戒酒等。

这类事情笼统地从社会角度讲，就是完全没错的那些事情；从个人角度讲，也是几乎对所有人都有益的，因为这些"应该做"的事情大多可以提升生活品质、促进幸福健康、保障社会进步。但这类事情虽然看起来很好，但做到却有些困难：上班从不迟到的人有几个？每次考试准备充分的有几人？能够以坚强意志克服不良习惯的强者又有多少？

∧ 愿意 ∨

你愿意做的：包括个人兴趣、健康的爱好和不良的嗜好；以及可能违背常规但个人执意坚持的事情，例如抛弃社会和家庭关系独居深山等。

这一类别我们也可以用"个人选择"和"兴趣爱好"来命名。该类别看起来特别民主：我自己的事情我说了算！的确，你的生命绝对是由你自己做主的，但是你应该也有后悔的时候；你的自由选择也可能侵害了别人的自由和幸福，例如在公共场合吸烟。

关于这个类别，我要郑重提醒大家注意：你的兴趣和意愿可以帮你完成"选择"这个步骤，但是你选的道路有没有尽头、那个尽头是不是你想要的，应该不是你能够决定的。兴趣让很多人开始学习英语，但兴趣很难保持，特别是面对接二连三的困难的时候。这就是很多人虽然想学英语，但是英语学习效果依旧不理想的根本原因。

∧ 无须 ∨

你无须做的：例如花三天研究跑鞋的种类并进行选择；参加培训课程提高自己的英语学习成绩等。

"无须"就是没有必要，就是可有可无；从效率角度考虑，这种事情还是越少越好。我们跑步是因为要健身，健身需要的是意志力。当然，一双你喜欢的跑鞋能够让你有一定的动力开始健身，但大家跑步运动的效果应该不会因为跑鞋的不同而产生多大的差别。

在英语培训机构任教的老师，十之八九都是在完成必要的学校教育后自学成才、变身教师的。如果老师们可以完成华丽转身，那大家自己为什么不能化茧成蝶呢？如果老师们可以自学成才，那他们为什么鼓动大家报名学习呢？为什么有些人不参加培训班，他们的成绩也能名列前茅？为什么有些人参加培训班也没什么进步，而且更多的人半途而废了呢？是不是不参加培训班，才是省时省力、效率最高的选择呢？

英语科目优先级和重要性

截止到本节，这本书大家已经读完九成了。现在我用"需要度"理论划分一下英语学习中发音、语法、词汇这三大要素的属性，就算作一个小小的总结吧。

我在这里要向大家说明两个问题。其一，以下关于这三大要素的讲解，是基于大家希望提高英语水平，应对各种考试的实际需求。因此，例如医学文献笔译等非常个人化、专业化的方向不在我的考虑之内。其二，我在这里之所以不谈听、说、读、写这四个常见的英语科目分类，是出于语言能力的整体性的考虑。因为如果大家希望自己的英语水平真正得到提高，这四个科目都"必须"学好、也无须细分讨论的。

下面我们逐一来看看发音、语法、词汇这三大语言要素的属性。

1. 发音：客观地讲，发音应该属于英语学习者"应该做的"这个类别。之所以不把发音列为"必须做的"范畴之内，是考虑到大家英语发音基础能力尚可，也就是说英语学习者的发音能够达到不影响正常交流的水平。极少数学习者的发音可能确实影响了交流，稍加指导，"让别人懂你"也不是难事。

2. 语法：该要素属于"必须做的"这个类别。我承认语法在日常场景中通常不会影响大家的交流。但考虑到语法是国内英语考试的主打项目，而且中、英两种语言在结构和逻辑上的差别在语法中有较多的体现，所以大家必须学习语法。

3. 词汇：关于这一要素，我态度最坚决——没商量，必须学。因为词汇数量很多，有的词汇有多种含义，有的词汇能构成多个词组。最关键的是，词汇是语言表达的基本元素——听、说、读、写都要用到词汇，词汇不准确或者使用错误会带来麻烦。这么说可能有点"玄"，我来换种"接地气"的说法：不掌握词汇，你看不懂、听不清、说不出来、写不明白！英语还怎么学呢？

总结

感情有很大的价值，但是"感情用事"也会误事；因为人是情感动物，适当的理性才显得更加珍贵。不管紧急——重要四象限，还是"需要度"理论，都是希望大家能够更加有序地安排学习和生活。如果你对自己的生活尚有些许不满，你不妨尝试上文介绍的做法，严谨认真地对近期手头上的事务和安排进行分类，相信你的英语学习和生活会一起发生积极的改变。

思考

(1) 有些时候，你是否会就某事的重要性与紧急性和身边的家人、朋友、同学发生意见分歧？事实证明谁的想法和判断更加准确呢？任何一方都未能做出正确判断的原因是什么呢？

(2) 你觉得你对个人的要求是否严格？你对事件的判断是否准确？你觉得这两者之间有关联吗？

∧

自 学

∨

世界上人事物之间的相互作用客观存在，
我们最好看清这种关系，以便"防微杜渐"，
因为没有人愿意承受"为时已晚"的懊悔。
一个人小时候的性格习惯将影响其整个人生，
这就是所谓的"三岁看老"，想想不无道理。
在大家看来，学习和生活的关系比较直接，
但大家是否只是关注了"学习成绩"的高低，
而忽略了学习、生活中相通的品质呢？

没有好学品，应该会受穷

47

　　我之前读过一篇微信推送，其中叙述了牛津大学调研发现的九大导致贫穷的根源。仔细阅读之后，我发现文中列举的原因除了导致贫穷，还会让大家的学习频频失败。考虑到教育是唯一可以让大家通过个人努力摆脱贫困的途径，所以"学习不好也是因为这九个说法"也应该是成立的。

　　讲到这里，我觉得很欣慰。我很喜欢本节的内容，因为我近 20 年的教学心得，在获得理论的验证后，现在又有了数据的支持。更让我高兴的是，我不再是一个人"毒舌"了。在本节中，我会将九大导致生活苦、学习差的原因一一列出，并会使用每天发生在大家身上、身边的实例，去分析这些原因对各位造成的影响。现在我们一起来看看你中了几招吧！

九大原因

︿ 总找借口 ﹀

　　"总找借口"排在所有导致没钱成绩差原因中的第一位，有 22% 的人中

了招，也就是说几乎每四个生活、学习不如意的人之中，就有一个人在这个方面出了问题。当我们关注学习这个领域的时候，我们一定会想起下面这些站不住脚的说法："我基础不好""我不喜欢我的老师""我们班学生的英语成绩都不好""我这次不在状态""考试题目太变态"……

上文提及的说法是"原因"，但更是"借口"。我之所以认为它们是借口，是因为，大家说出这些失败的原因之后，没有任何悔意，更没有相应的行动去痛改前非。问题的症结就在于"大家不采取行动解决问题，任由问题存在并产生遗害"。大家扪心自问一下：如果周遭情况很恶劣，你是否能成为学习方面的佼佼者？即便你所处的环境非常恶劣，是不是还有人在逆境中取得了理想的成绩？所以，请大家收起自己的借口。

∧ 恐惧 ∨

第二类生活、学习不如意者身上存在的问题是"恐惧"，占比 19%。之所以有这么多人掉进这个坑里，是因为大家把"谦恭敬畏"和"畏首畏尾"弄混了。有的事业、科目确实不容易，但这不是大家停滞不前、望风而逃的借口，而应该是大家谨慎前行、越挫越勇的原因。大家其实很清楚，要达到某个目标，可能需要付出很多努力，而且还不一定能成功。

大家经常说："这个太难了""照你说的做，我担心浪费了时间""学霸都做不到"，这是因为大家一怕苦，二怕没成果。但我此时要追问一句：这时候大家怎么不说"只要想做的，都能做到"呢？

∧ 犹豫不决 ∨

有 13% 的人，因为"犹豫不决"而遭受了经济上、学习上的失败。犹豫不决，在所有人的字典中都应该是个负面词汇，可为什么还有这么多人因为这个原因受累呢？因为，大家给"犹豫不决"披上了"谨慎选择"这件外衣。选择是有成本的，如果大家选择了 A，就意味着要放弃 B 和 B 选项可能带来的成果。但不管选择 A 和 B 的最终结果如何，大家都不能忽略 A、B 选择过程中的时间成本。

我们不能只在选择面前徘徊，我们做决定的过程应该越快越好，因为只有做出了决定，我们才能开始做事。当然，做出合理的选择需要时间，但是面对方向不同或者没有明显优劣对比的选项，我们实在没必要在选择的过程中花费太多时间，例如"英音、美音选择""语法、词汇学习的先后顺序"。当然，大家可以通过咨询有能力者、有经验的人获得指导，但我们不排除有些事情是在尝试之后才能明确前进方向的。如果你对某些选择实在拿不准的话，扔个硬币看正反面吧。这么做不是不负责任，只是因为当下没有更加理性的选择。

︿ 拒绝学习 ﹀

第四种是占比 11% 的"拒绝学习"。大家会觉得出于这个原因陷入困境的人是"死得其所"，不值得姑息。但在实际生活、学习的过程中，这种情况远比我们想象的常见，而且可能时时刻刻都发生在我们自己身上。"我其实对某事没兴趣""我真的没时间""我觉得某事离我还远"都是大家放弃学习的托辞。在这里，我还是要引用一句老话——"书到用时方恨少"。

很多时候，我们选择不学习、不进修，是因为我们低估了如今数字时代科技更迭、理念形成的速度，这个速度快到，对于某些理工科专业的学生来讲，在他们毕业的时候，大学前两年学到的知识可能已经被淘汰了。所以，终身学习在当今社会不是进步的象征，而是常规的要求、是"标配"！因此，"拒绝学习"的人自然会掉队，不管是在生活中，还是在学习上。

︿ 拖延 ﹀

"拖延"是第五种让大家不能取得进步的态度和做法，大约有 9% 的调查对象是拖延症患者。拖延症患者一般认为"我还有时间""我可以几件事情同时完成""这次不行，还有下次"。在我看来，与其把拖延看作心病，还不如说"拖延症患者手懒"。

其实，有拖延习惯的人不是不知道时间紧、任务重，可随着期限的临近、任务压力的增大，他们的神经越发地紧张。此时，生理保护机能启动了，因为承受不了与时俱增的压力，大脑会选择一些不需要脑力、相对放松的事情，让大家去做，例如，女生一遍遍地刷朋友圈，男生呼朋唤友打游戏。大脑为我们好，我们不能不识好歹地依旧陷害自己，是吧？该做的事情总是要做的，"躲得过初一，躲不过十五"。这些道理大家都懂。特别是考虑到人们倾向于低估任务的难度，所以我们只有尽早动手，才能顺利完成任务。

∧ 三分钟热度 ∨

第六种，也就是我个人认为对英语学习者影响最大的问题："三分钟热度"，占比 8%。我之所以认为这个问题危害最大，是因为"三分钟热度"其实就是大家口中的"学习兴趣"。我经常听到学生慷慨激昂地说，"虽然不是很了解，但我很喜欢""我要把所有教程都下载、学习了""我决定把这个课程坚持上完"。

大家一定还记得我在《兴趣听起来好，多谈无益》这一节中表明的态度：兴趣来得快，可能是机缘巧合让大家完成了具体选择，但更可能只是大家头脑一热做出了决定；兴趣去得更快，因为某个兴趣的选择不是建立在理性思考之上，所以坚持兴趣就变得难于登天。此外"三分钟热度"，特别是习惯性"三分钟热度"还会有一个隐患，那就是，会导致"拒绝学习"。因为没有人喜欢失败的经历，所以失败多了，大家难免会把责任推卸给任务和知识本身。"学习有什么用啊""学习不能让我进步啊"这些话不让大家厌学才怪。

∧ 害怕被拒绝 ∨

有 7% 的调查对象，"害怕被拒绝"，例如："我觉得这次面试没希望，不去了""这次考试我要是考不过该怎么办呢"。"玻璃心"就是描述这种情况的最好说法。每个人的内心都有被认可的需求，都希望别人至少在某个方面看重自己，而"失败、被拒绝"则打压了这种需求，人们自然会因为害怕被拒的情形发生在自己的身上，而尽量去避免尝试后失败。

其实这种心态和媒体及大众追捧成功、急功近利有很大的关系。其实宣传成功本无可厚非，但由于互联网的发展，人们被来自各种平台的成功事迹轮番轰炸。每个人取得成功都是有原因的，也都经历了不同程度的历练；他们的付出也是多种多样的，但是对于"如何成功"的报道总是很简单，就算报道详尽，但毕竟只是一条信息，成功者的付出是没有相同体验的旁观者无法体会的。"害怕被拒绝的人"可以和身边的成功者多多交流，了解他们在成功路上经历的失败和艰辛。我相信，这样的分享一定能让大家走出阴霾，重拾自信。

∧ 自我设限 ∨

另外一种让大家无功而返的心态是"自我设限"，占比 6%。其实，受这种负面心理影响的人是比较冤枉的。没有人生下来就为自己设定了极限，是大家的生活环境造就了每个人，是周围人们的意见让大家认为自己的能力不够。

大家在说"我不是那块材料""我能做成这样就不错了"之前，应该有很多人和大家说过很多遍"你不是那块材料""你能做成这样就不错了"；久而久之，别人的观点就变成了大家自己的观点。这确实是环境产生的负面影响。但是话说回来，大家自己心里还是要有杆秤，衡量一下他人评论的价值，再估计一下自己的实际能力，看看自己努力后是不是能做到更好。不要把所有的问题都归结于外力，因为你并非完全无法与外力抗衡，因为毕竟有人能够排除环境的负面影响，对吧?

∧ 逃避现实 ∨

最后一种阻挡大家前进的想法是"逃避现实"，只有 5% 的被调查者出现这种情况。说实话，这个数据有点出乎我的意料。我的经验告诉我不少英语学习者都是这种情况。大家经常把这种心理和"积极向上""勇往直前"

这些积极的心理混为一谈。

"我希望无障碍地和外国人交流""只要努力就能达到目标""你不了解我，不能给我下定论"等说法听起来确实很有道理，但是在实际生活、学习的过程中，大家却在用事实一遍遍证明以下这些让大家听起来不舒服的事实："很少人可以使用英语进行无障碍交流""有些事情确实超出了我们的能力范围""大家都有特点和个性，但这些特点和个性都是大家的成长经历和个人选择逐步塑造的"。总而言之，"你"不如自己想象的那么高深莫测；事实就是事实，你接受与否，都还是事实。

总结

生活状况不好、学习成绩不佳有各种各样的原因，但是大家细细看完"致贫九论"后，会发现其实成功也没有什么不传之秘，总结起来就是：DO IT！因为，成功只青睐实干家。

思考

(1) 你的生活和学习是否顺利？本节中提及的"致贫九论"是否对你具有现实意义？

(2) 本节中提及的"致贫九论"是否相似？你是否可以对"致贫九论"进行总结和概括呢？

(3) 你认为本节中指出的问题是先天还是后天造成的呢？

不管是不是科幻题材或者干脆是虚构杜撰，
"离奇曲折"是电影引人入胜的根本原因。
自学成才和美国大片的剧情有几分神似：
都是小概率事件，都在现实中难觅踪迹。
虽然学习是日常事件，但是成才并不容易，
成才必经的磨难可能不比"西天取经"少。
你若自学成才，万人空巷；不成，实属正常。

自学成才，悬似美国大片 48

　　"自学成才"无疑是一个积极的过程，因为这个过程体现了学习者渴望知识、自立自强、坚韧不拔的优秀品质。而且，成功的自学势必会给学习者的生活、学习、工作带来不同程度的成功。

　　但是大家忽略了这样一个逻辑：正是因为自学成才不容易，所以这样的例子才值得宣传。"大家觉得自学成才是家常便饭"有些以偏概全——因为媒体宣传的频率高，所以我们才觉得成功案例应接不暇。在本节中，我将为大家分享八大自学要素，为大家提供比较的标准，让大家了解自学的困难和自身的问题。

三点说明

　　大家看到标题之后的感觉，我完全可以想象，也完全可以理解："张老师，你是教英语的！当然你会说自学不行啊！因为只有我们报名，你才有收入啊！"为了消除大家对我个人立场的疑虑，我分条回复一下上面的说法。

1. 教授英语是产生价值的劳动，收入作为劳动的回报，合情合理。

2. 在本书以及我的直播课程、录播课程之中，我都反复提到过：如果把包括我在内的所有英语老师英语学习成功的经验放在显微镜下，绝大部分老师学有所成的原因主要是个人努力，而不是他们英语老师的教学水平。因此，我坚持认为：老师在学生学习过程中起到了一定的作用，但这种作用的重要性远远没有大家认为的那么大。

3. 正如标题所说，自学成才是可能的，只是成功的概率很低。关于这点我会为大家慢慢分解。

自学八大要素

∧ 必要的坚持和毅力 ∨

在"自学是可以成才的"和"大家的智力基本都是正常的"这两个前提条件下，大家在成功之前的坚持和毅力都是必不可少的。但大家都有各自自身的情况，而且成功的历程是不一样的，所以"必要的坚持和毅力"是无法量化的。有的人每天只做一件事，几个月之内就出了成果；有的人用三年五载、甚至十年八年完成一个项目，也是可能的。再者，大家所做事情的难度不同，因而对坚持程度的要求也不同。在这里，我可以明确的是，如果你想自学成功，就应该把自己的坚持和毅力发挥到极限，最好突破自己的极限，至少在你成功之前，你都应该这样做。

∧ 对知识可靠的了解和理解 ∨

这是个悖论：如果我了解了、理解了，我还学什么呢？这个反问是成立的，但正是因为这个反问是合理的，我们的自学之路才变得坎坷崎岖。就拿英语学习来说，如果大家不知道"你的中文水平就是你英语水平的上限""看片听歌是极其低效的学习方法""外教在英语学习的起步阶段基本发挥不了多大作用"这些正确的英语学习理论，大家的自学方向必然会偏离正轨，其结果自然不会理想。

这时候有经验的老师就派上用场了。大家也可以主动去获取想自学的科目的相关信息，以确保学习的方向没有问题。只有这样，才能在一定程度上保证大家的自学不是徒劳的。总是，学习是好事，但是好事不一定都有好结果。大家当然可以靠自己积累学习经验，但是积累经验的过程是痛苦的，因为"有效经验"的积累需要实践、感悟、反思、修正、比较等复杂的操作步骤。要求大家遵循这些步骤，显然难为大家了。

⌄ 基本的常识和学习能力 ⌄

我用两个例子分别说明一下这两点。有个学生问我："张老师，为什么念绕口令的时候我总觉得有种快要窒息的感觉？"补充一下背景信息，这个绕口令是"刘奶奶买榴梿牛奶"。如有需要，请大家自行在网上搜索。这个绕口令有几个版本，最常见的版本是 113 字，如果希望快速念完，自然会很累、自然会憋气啊！这是毫无疑问的啊！这就是常识，但有些人确实缺乏常识。

第二个例子是："张老师，为什么这个单词您念成 A，但是某道字典上标注的是 B 呢？"我不说我一定念得对，也不说某道字典有多么不靠谱，但大家查证单词发音的途径肯定不只是我和某道字典啊！牛津、朗文、麦克米伦、Merriam Webster，字典多的是，你都看看呗。这就是学习能力，但有些人极度欠缺。

⌄ 学习目标清晰且现实 ⌄

这点很少有人关注，至少我接触到的学生是很少关注的。大家一般只是泛泛地说：我想学好英语；我想学好口语、词汇等等。但是，什么叫"英语好"？你学习口语是为了演讲答辩还是出国旅游？你学习词汇是为了泛读还是学术论文写作？上面这些问题如果回答不清楚，大家的学习就是走一步看一步，效率会非常低下，而且往往是，想的是 A，做的是 B，结果是 C，最后仔细一想，原来你真正想要的是 D……

再说现实。所谓"现实"，就是大家的能力、时间、财力、努力等条件可以助大家一臂之力完成既定目标。举个例子：有个学生在课堂上发誓要赶上我的英语水平。我已经坚持学习英语近 30 年，其间教学近 20 年，我的智商也不比信誓旦旦的学生低，而且我应该比这个学生更加努力，这些我都不说了。我是从今天起就不学习了吗？就等着大家一点点地追赶上吗？大家的目标是不是定成"我比昨天多掌握几个单词，多学几个句型"并坚持下去更加实际呢？

︿ 手握有效、准确的学习资料 ﹀

现在市场上的英语教学资料、教材琳琅满目，令人目不暇接。就算这些产品本身问题不大，这么多的资料、教材中，大家挑选到优质产品的概率有多大呢？再说，这些产品的问题不大吗？专业的教材相对好些，因为毕竟有相对高质量的编写团队和严格的审核机制，但如果是学习资料或者教辅图书，那就真的是鱼龙混杂了。

作者们的专业背景是无法考证的，而且更常见的情况是，作者的研究成果没有教学经验的支持。只有经过实践检验的研究成果才可以用于实际教学。所谓的"真经"，其是学习成功者的个人感悟，但别人的感悟对你适用吗？这时候大家怎么不说"学习方法因人而异"了呢？在下一节中，我会给大家介绍优质且免费的英语学习资源，敬请期待！

︿ 持久且严格的考核验收 ﹀

首先明确一下，我们自学的目的是为了学会，然后用学到的知识改变自己的生活，如果大家只是"泛泛而学"或者"学英语打发时间"，这种情况就不在我们讨论的范围之内了。如果大家的学习有具体的目标，我们是不是应该定期地、严格地考核一下我们的进步幅度呢？因为我们得确定自己的时间花得值啊，因为我们等着"学有所成"，然后"学以致用"呢，对吧？

说到自学英语，考核不是自己做一套自测题，草草地看看答案，然后说"如果我不粗心，就能如何如何"。大家要参加雅思、托福等世界公认的英语水平考试，才能准确地评定自己的英语能力。这里我要重申一下：托福、雅思不是只有出国的人才能考、才必须考的；因为这两个考试是世界公认的英语语言水平考试，所以才可以用来测试大家的英语水平。对，考试费用很高！但是如果能够让你知道自己"谜一般的"英语水平，还是挺值的吧？

⌃ 相对宽松的学习计划和安排 ⌄

假设一个人的努力程度在自学和参加培训课程两种情况下是持平的，我们可以比较稳妥地得出如下结论：在学习目标相同的情况下，自学需要更多的时间。原因不言自明：没有经验会走弯路、没有人答疑解惑会导致停滞不前。这些都会降低大家的学习效率，因此大家要给自己留出足够的时间，去执行学习计划。

我要补充的是：刚才说"自学需要更多的时间"是指：自学成功所需的时间是通过指导获得成功所需时间的数倍。因为一般来讲，如果"有小鞭子抽"，也就是有老师监督的话，大家会走得很快。不过事实一般是：没事的时候想不起来学习，开始学习的时候一般都晚了。

⌃ 相关的成功经验 ⌄

这条不是必要的，所以写在最后。有了成功的经验，你自学时就有了一个成功的参照，说不定可以"照猫画虎"。此外，以往成功的经验可以帮助大家增加信心，在必要的时候帮助大家克服困难。说到这里，我补充一点：如今社会互通互联、信息高速增长，社会中所有成员都有"实时更新知识储备"的需求。没有人告诉大家，现在又有了什么新的发展，你需要掌握什么新的技术和理论；但在现实中，大家确实会因为未掌握新技能、新知识而被机会拒之门外。

大家在此时会感觉非常无助，其中的原因我知道，也可以理解：大家习惯了被别人带着学习，给了大家自学的机会，大家反而会手足无措。可大家要明白的是，自学必然是自己独自完成的学习过程，在第一次真正自学的时候，大家肯定是孤独且不安的，如何面对这种困境、如何走出困境，是大家自己的事情、只能由大家自己完成。因为，大家选择了自学之路。

总结

我用两句话来结束本节。自学是人生中无法避免的过程，学习、工作、生活中都有可能也都应该有自学的过程,如果大家足够努力，是可以自学成才的。同时，自学和自学成功是一种能力，更是一种习惯，如果你现在还没成功，你有什么理由说你未来就可以呢？

思考

(1) 请举例介绍你最后一次、最成功的自学经历及成功经验。

(2) 你现在最想自学的领域、内容是什么？这个学习方向和你的职业规划有多大关系？你觉得这次自学在你界定的期限内成功的概率有多大？

(3) 根据你个人的性格和行事作风，你认为你在自学过程中可能遇到的最大困难是什么？

马上要聊到的英语学习素材有个特点：

因为这些素材，看起来好，用起来更好！

而且，这些素材极易获取，同时是免费的！

只是这些素材初学起来有些困难，让人望而却步；

只是学习这些素材的过程有些漫长。

但你真能找到"更好的"英语学习素材吗？

好的学习素材，触手可及 49

在网络时代，内容和信息的传递变得十分高效、快捷，但是纷至沓来的信息给大家的选择带来了很大的困难，这就是很多人身陷"选择障碍"这个深坑的根本原因。说到英语学习，特别是处于学习初级阶段的学习者，面对"那么多学习素材，哪些好、哪些适合我"这个问题时会一筹莫展，这是正常的，也是合理的。更多的时候，大家对资源的选择依据是"道听途说"或者"盲目效仿"：某人推荐了什么，我的室友在学习什么。但这些都不应该是大家随便找材料进行英语学习的原因。

大家可能没想到的是，好的学习材料真的是 a click away，也就是说，只要大家有网络，就能查找到。在本节中，我将为大家推荐一个非常好的英语学习网站，并为大家简单介绍一下这个网站的使用方法和注意事项。我相信大家已经迫不及待了，我们即刻开始！

基本栏目和框架

本节要给大家介绍的网站是 BBC 官网中的 learningenglish 频道，网址是：bbc.co.uk/learningenglish。打开频道首页之后，大家看到的页面是这样的。（由于频道更新频繁，以下图片及介绍应与频道实时展示内容不同。但频道版块相对稳定，读者还是可以从本节的介绍中了解频道资源及其使用方法，特此提示。）

整个网页比较清新活泼。大致可以分为网页横幅、推荐专题、新闻英语、六分钟英语、语言选择、网页信息等六个板块。下面我为大家介绍一下重要栏目和相关使用方法。

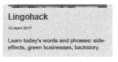

News Review
ENGLISH YOU NEED / UNIT 10 / SESSION 2 / 11 APR
2017

Measles spreads

Exam Skills
ENGLISH YOU NEED / UNIT 10 / SESSION 1 / 10 APR
2017

4 tips about preparing for exams

Lingohack
12 April 2017

Learn today's words and phrases: side-effects, green businesses, backstory

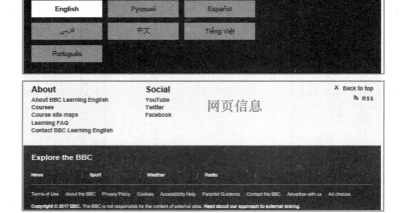

网页横幅

在网页横幅区，我们会看到两个按钮，它们分别对应"课程"和"专题"两个类目。点击小箭头之后我们可以看到丰富的内容。课程类目下主要是英语分级学习课程；在专题类目下，BBC 提供了很多英语学习者喜闻乐见且时尚新潮的内容，例如新闻、发音、戏剧等子类目。通过点击网页横幅区的两个类目按钮，我们可以直达 bbclearningenglish 频道的任何栏目，开始阅读和学习。

∧ 推荐专题 ∨

　　推荐专题也就是"English You Need"（"你需要的英语"），在整个 BBC 学习板块页面上占比很大，也是网站浏览者和英语学习者比较感兴趣的内容。通过横幅广告下的按钮进入栏目之后，我们会看到丰富的章节列表内容，包含应试、新闻、发音、教学、问答等专题。

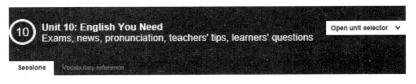

Session 1 1 ACTIVITY

Exam Skills

10 APR 2017

Are you working towards an important exam? We're here to help with a series of videos that pick out some top tips for studying and taking exams.

Session 2 1 ACTIVITY

News Review

11 APR 2017

More families in America aren't taking their children to get vaccinations. Experts say it could lead to the spread of measles, as has happened in Europe. Neil and Catherine teach you how to use the language the world's media is using to discuss this story.

Session 3 1 ACTIVITY

Pronunciation in the News

12 APR 2017

How do you say the words you see and hear in the news? In Pronunciation in the News, we take a word that's dominating the headlines and teach you how to say it like a native speaker. In this episode, we're looking at the word **explosions**.

Session 4 1 ACTIVITY

The Teachers' Room

13 APR 2017

Welcome to The Teachers' Room. The show all about teaching practice. Grab a cup of coffee, pull up an armchair and relax. Learn something new, remember something fundamental or just have a giggle.

Session 5 1 ACTIVITY

Learners' Questions

13 APR 2017

Welcome to Learners' Questions - the series where we answer your queries about the English language. What will this week's learner question be?

︿ 新闻英语 ﹀

大家都知道 BBC 是新闻公司，新闻又主要是以文字、语音等语言形式传播的，所以语言教学使用新闻素材顺理成章；同时，BBC 语言教学的水准也是毋庸置疑的。所以，我们看到 News Report，LingoHack，Words in the News 这三个关于新闻的子学习专题时，也并不会感到意外。

⌃ 六分钟英语 ⌄

很多英语学习者对 BBC 网站英语学习功能的了解，是源于"六分钟英语"这个专题。这个专题中的每期节目都是以对话形式展开的。每期节目讨论一个与文化、生活相关的话题。截图显示的这期节目聊的是"多重职业"，也就是中文网络用语所谓的"斜杠人生"。由此可见，这个专题的内容和话题还是非常与时俱进的。

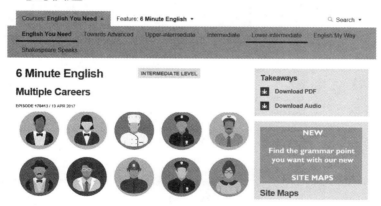

⌃ 语言选择 ⌄

语言选择，真的是 BBC Learning English 这个频道中非常贴心的设计。由于来自世界各地的英语学习者水平参差不齐，为了保证学习效率，网站的母语提示和网站可选界面就显得非常重要了。只是中文版网页结构和内容与英文版有所差别。这点应该和网站汉化程度有关，但这对学习者来讲不是很大的问题。重要栏目都保留了，只是换了中文的名字和介绍，大家稍稍用心查找，就可以找到想要的内容。

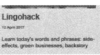

何为"优质"

在介绍完网站的基本架构和栏目之后，我要说说我为什么推荐大家使用 bbclearningenglish 进行英语学习。

⌃ 历史 ⌄

BBC 历史悠久，创建于 1922 年，至今已有近百年历史。而 BBC 的英语教学活动也正如网页横幅图片所示，于 1943 年开始，至今也有 70 多年的历史。考虑到英语的起源、BBC 的新闻传媒属性、英国人的严谨作风，BBC 的英语学习频道可以被视为很好的学习素材来源。这里的"好"有两层意思。语言质量高，在这个层面我和大家应该已达成共识，我就不多言了。我要强调的是"内容时效性"。不管是从话题范围、制作时间还是更新频率来看，所有我们在该学习频道看到的、听到的内容，都可谓新颖、新潮。从这个角度看，《新概念》这套已进入"不惑之年"的教学材料确实应该退出历史舞台了。

⌃ 级别划分 ⌄

频道内容有比较清晰的级别划分，不管是在"课程"标签上还是具体节目中都有比较清晰的级别标注。频道还很贴心地添加了"母语切换"功能，让整个频道内容无障碍地呈现在世界主要语种使用者的面前。因此，各个级别的英语学习者的需求都可以得到很好的满足。

⌃ 多媒体精心制作 ⌄

绝大部分内容都以多媒体形式呈现、制作精良。这里的多媒体不仅指视频。几乎所有视频、音频材料都配有文字介绍，以及和多媒体素材逐字对应的文稿。这是难能可贵的，因为让英语学习者听原文素材的难度可想而知，浇灭了大家的学习热情不好，让大家囫囵吞枣不懂装懂也不好；有了对应的文字素材，只要大家花些时间，就可以学得稳固扎实。

6 Minute English

INTERMEDIATE LEVEL

Multiple Careers

EPISODE 170413 / 13 APR 2017

In this programme, Dan and Neil discuss the trend for having more than one career. They also teach you six items of useful vocabulary. (Image: Getty)

This week's question:

If the surname Baker was originally given to people who worked as bakers, what about those with the surname Bond, as in James Bond? Were they:

a) Farmers

b) Spies

c) Guards

Listen to the programme to find out the answer.

Vocabulary

portfolio
a group or collection of things

make ends meet
make enough money to live

serial
used to describe a repeated act, especially a criminal act

entrepreneur
someone who starts and runs businesses

add another string to my bow
learn a new skill

corporate
relating to a large company

Transcript

This is not a word for word transcript

　　此外，BBC 英语教学频道的媒体技术优势在教学内容制作过程中得到最大化的发挥。这里我特别要提一下"发音"这个栏目。有图片封面的视频自然不用说了，就连这些音标都是超链接，每个音标都对应着详细的讲解视频，而且提供了多角度的视图。该频道把技术和教学如此到位地融合在一起，我不得不为 BBC 喝彩。

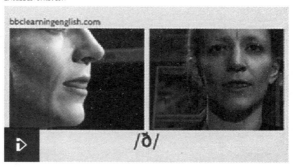

∧ 免费使用 ∨

我个人认为 BBC 英语学习频道的最大优势就是"免费",我相信大家和我有同样的感受。这里的"免费"不仅指大家可以在频道中在线查看所有学习内容,而且可以下载绝大多数优质内容:English You Need,6-Minute English 等节目的内容和各种文件类型的配套材料都是可以免费下载的。这点显示了 BBC 英语学习频道的实力和普及英语的力度。

Courses: English You Need ▲　　Features ▼　　　　　　　　　🔍 Search ▼

English You Need　Towards Advanced　Upper-intermediate　Intermediate　Lower-intermediate　English My Way
Shakespeare Speaks

Downloads
Take away this week's learning assets

Unit 10 English You Need: Exams, news, pronunciation, teachers' tips, learners' questions

Multimedia Assets

Documents

Exam Skills	Unit 10 / Session 1 / Activity 1	178K - .pdf	⬇
News Review audio	Unit 10 / Session 2 / Activity 1	.mp3	⬇
News Review transcript	Unit 10 / Session 2 / Activity 1	.pdf	⬇
Learners' Questions Transcript	Unit 10 / Session 5 / Activity 1	213K - .pdf	⬇

资源使用注意事项

面对如此丰富、优质的内容,大家一定抑制不住内心的热情,希望尽快开始学习,尽快取得进步。但是,"欲速则不达"的老话又在我们耳边响起了。在这里,我给大家准备了几条提示,提醒各位注意。

∧ 切忌贪多 ∨

不要说学完网站已经发布的内容，就是学习频道更新的内容都是极为困难的。大家往往有"收藏癖"，这种不好的学习习惯在使用BBC英语学习频道时，可能不会有直接表现。但是，这种习惯会让大家出于好奇，走马观花地浏览一个网页又一个网页。虽然大家看了不少内容，也花了不少时间，但大家对任何一篇文章、一个文段的掌握可能都是不扎实的。这样的学习无异于浪费时间。

∧ 结伴学习 ∨

学习氛围虽然不是学习的必备条件，但毕竟是积极因素，有良好的学习环境毕竟是好事。因此，我希望大家能够找到一个水平相仿的、有英语学习需求、学习动力比较足的同学或者朋友作为自己的学伴。不能同时满足上述三个条件的学伴会降低大家的学习效率，甚至可能让大家失去学习的信心，导致半途而废。具体原因，我在之前的章节中已做了详细的解说，请大家自行回顾。

结伴学习除了可以营造学习氛围，也可以比较有效地解决学习中的具体问题，毕竟多了一个视角研究学习问题，毕竟学伴之间可以取长补短。这是在难以获取教师指导时最有效的学习方法之一。

∧ 难易有别 ∨

该频道中不少学习节目是有难度之分的，绝大部分内容的难度级别都已经标注出来了。

这时候，我们要参考相应的级别来进行学习。之所以说"参考"，是因为该频道对节目难度的划分可能和大家熟悉的等级略有出入，这时候大家要做的就是选择不同级别的内容进行试验，然后根据实际难度选择相应的内容进行学习。粗略地讲，该频道中的主要专题，按照难度降序的排列是：新闻相关内容，6分钟系列，其他内容。当然，"课程"类目已经把具体节目按照难度分级并组合形成了不同级别的综合课程。

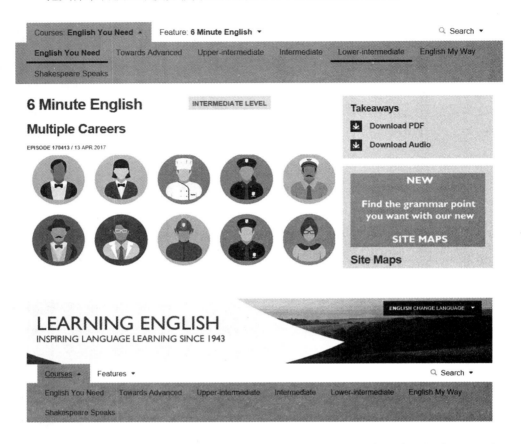

不管大家是学习某个专题，还是学习由某些专题组合而成的综合课程，都要注意选择适合自己英语水平的内容，这样学习起来效率会更高些。使用该频道的中文版也是可以的，因为大家没必要在理清网站构成这件事情上花太多的时间。既然该频道给出了这个选择，就说明学习者可以使用中文浏览各种内容。但我还是希望有能力的学生尽量查看这个网站的英文版内容。

∧ 寻求帮助 ∨

在利用 bbclearningenglish 学习英语的过程中，困难是无法避免的，特别是那些超出大家和学伴能力范畴的问题，会给大家的学习带来各种障碍。我希望大家按照下列顺序解决问题：搜索网络、利用字典查证、参考工具书、向老师求助。这样的操作顺序能够帮助大家培养自学习惯、积累自学经验。这样一来，大家既学习了知识，又提高了学习能力。一箭双雕，何乐而不为呢？

总结

其实，好的英语学习资源有很多，而且也可能是免费的，例如 BBC 的英语学习频道。但是，好的学习资源只是学习成功的条件之一，因此还是提醒英语学习者在追求高效学习之前，首先确保学习的有效性。

思考

（1）你能找到的、正在使用的英语学习资源有哪些？你选择这些资源的原因是什么？如果现有资源不能让你完全满意，你认为它们在哪些方面需要改进？

（2）你是否收集了很多英语学习资源，而且你没有完整地学习过其中任何一种？

学习方法好似药片，有的方法裹着"糖衣"。
确实，有的"药"难以下咽，"治疗"更无从谈起；
再明白事理的人多少也有"糖衣依赖"。
但不是所有的药片都包着糖衣，
我们可能确实需要更多的勇气面对现实，
就像不是所有的学习方法都称心如意。
因为省去"糖衣溶解"过程的学习方法才算高效。

好的学习方法，你看不上 50

本节是本书的最后一节。在整本书中，我和大家讨论了很多英语问题、驳斥了各种与学习相关的谬论，按理说我是所有人中思路最清晰的人，因为整本书都是我一字一句地总结和创作。但此时此刻，也就是我在写这本书最后一节的时候，我变得非常无助。

我在想，如果我退回到学习的初始阶段，就算我拿着这本书、听着半年前上架的同名录播课程，我又能成功避免多少坑、以多快速度完成英语学习的整个过程、达到我现有的英语水平呢？从这个角度讲，我是幸运的。为了让大家理解本书内容，让大家和我一样幸运，此时，我将为大家总结本书内容，为大家梳理本书中的理论、观点和操作方法。我希望以 1:49 的比例浓缩这本书，让大家了解英语学习的全貌和可以切实帮助大家学好英语的方法和途径。勘察"终极大坑"的准备，大家做好了吗？

逻辑

⌃ 逻辑难以捉摸 ⌄

我首先要提出的学习成功要素就是"逻辑"。我已经找不到更多、更贴切的语言来强调逻辑对于学习的重要性了。逻辑很"虚"，因为它看不见、摸不着，但同时逻辑也很"实"，逻辑指导着人们所有的思考和行为，并评定人们的思考和行为，用"事实的结果"给人们打分。但逻辑"虚实结合"的作风让人手足无措、十分被动。需要它的时候找不到，等到结果出来时又为时已晚。很抱歉，这就是"逻辑"。

∧ "细致的逻辑" ∨

其实，大家是可以掌握逻辑的，只不过掌握逻辑需要细心和勇气。我举个例子吧。used to (do)，也就是"过去常常做某事"这个结构，我们在 to 后面使用动词原形是没有问题的，但是从逻辑的角度来讲，"used to 结构表示'过去常常'这一意思的时候，后接动词原形"这个说法是有问题的。为什么？请看下面的例句：

Jack spends more time than he used to playing computer games.

例子中的 used to 就是表示"过去常常"，但是这个词组后面加的却是 playing，而且这句话是正确的。我调整一下语序，大家就能明白为什么例句中要使用 playing 了。

Jack spends more time playing computer games than he used to.

这样调整一下句子，是不是看起来就简单多了？但 used to 表示"过去常常"这一意思的时候，其后是不是可以加 doing 结构呢？这句话中用 play 还是 playing 不是重点。重点是，逻辑是严密的，但为了这层严密，我们要考虑到所有可能的情况，这是很累的，所以很少有人能做到。如果在学习过程中，我们不顾逻辑地记忆 used to do 结构，刚才给出的例句大家是无法说对、写对的。

∧ "勇敢的逻辑" ∨

想要变得有逻辑，除了要有抽丝剥茧的"细心"，还需要"鼓起勇气"，这点更难。如果大家说"要做到口语交流无障碍",而且自己是"零起点"学生,大家应该需要 4000 左右的词汇量,500 左右的话题量和基本的语法知识。如果一个单词掌握到不会遗忘的程度总计需要 15 分钟,每个话题充分准备需要半小时,这两项需要 1250 小时;再加上语法学习、练习 150 小时,整个项目总计需要 1400 小时。如果大家每天集中精力学习 1 小时且全年无休,需要 46 个月,也就是将近 4 年。学习效率提高和不可避免的遗忘正负相抵;然后考虑到中国人聪明,再给学习时间打七五折,也需要三年。所以,"一年零起点到精通"是和逻辑相悖的,但是有多少人有勇气面对这样严密但令人痛苦的逻辑呢?

理论 vs 实践;个例 vs 规律

除了基本逻辑方面的矛盾,大家在学习的道路上还会碰到"理论与实践""个例与规律"这两个矛盾。

︿ 理论与实践 ﹀

我们先说"理论与实践"的关系。我们继续用口语学习作为例子。在这个例子中,主要的适用理论是"输入——输出"关系。由于口语是语言的输出,所以我们要先输入,这是合理的。大家可以自行选择输入的方法,例如背句型、看文章、追剧集等。这些方法虽然都是输入,但各种方法输入的效率有很大的差别。影视剧集等虽然热闹,但各种语言素材的使用是非常具体的,也就是说场景化程度非常高,这就意味着这类输入虽然是现成的,但要碰到合适的场景几乎是"大海捞针",所以这种输入效率极低。

相比之下,背单词非常枯燥,但是单词的能动性高,使用的场景灵活多样,如果在背单词的时候考虑一下自己可能会遇到的场景,用单词进行造句,不仅背下了单词,还同时完成了语句素材积累,这样的输入是不是更高效?研究完输入之后,我们研究"输出"。我重申:任何不多多张口、并在练习之初遭遇困难的口语练习都是无效的。因为，输出也是需要训练的，口齿、思路、表情、反应都是需要练习的；这些练习在刚开始的时候肯定是困难的，因为大家不熟悉，没做过，所以练习都需要经历一个过程，更不用说口语表达实战了。

︿ 个例与规律 ﹀

个例与规律也是饱受争议的问题。由于学习者的自身感受和对其他学习者的了解，都是个性化的，也是十分有限的，因此，大家对于学习规律的理解出现了偏差。你所在班里的学生都是用 A 方法学习，是因为你们都有 A 老师；你认识的人都追随 B 理论，是因为你的朋友中可能没有英语学习真正成功的人。因此，你认为 A 方法、B 理论是成功之道，是没有道理的。作为学习者，大家了解的信息是有限的，这就叫"信息不对称"。由此，大家觉得自己是十分特别的，游走于规律和大数据之外。大家这么想就显得天真了。

回到口语的话题，不管自己说、和同学说、和老外说，都是输出练习，你选哪种都是可以的，因为输出要靠你自己，别人帮你说出的内容不能算在输出练习的数量之内，所以和谁说英语的效率都是一样的，这就是规律，而选谁陪练只是个性化但本质上没有区别的方法。大家和母语人士练习有效果，是因为你和他们练习达到了一定的时长，也就是说，输出数量达到了更高的级别，所以你的口语提高了。但是，你用本书口语章节中提到的方法对着墙说同样长的时间，你说不定会取得更大的进步，这就是规律。然而，大家潜意识里的"原理"却认为"和老外说一句等于我和中国人说两句"，这，就是违背规律。

控制情感

人是情感动物，很难或者无法摆脱情感的束缚，生活中比类例子比比皆是，其实学习也会受大家情绪和心态的影响。为了让自己不受情感的控制，特别是不让自己被负面情绪影响，我们应该了解人的基本心理。懒惰，是人类的天性，是我们脑中预设的参数。因为勤奋就会消耗脑力和体能，所以懒惰可以让我们人类降低能耗，延续生命。

但正是"懒惰"让大家产生了一蹴而就、不劳而获的心理；懒惰的心理在学习中体现为以下这些困惑："有没有更高效的办法背单词""能不能三个月内口语无障碍""我准备考试的时间不够了，有什么救急的办法吗"。这些问题本质上是没错的，我们有必要注重效率，能一天做完的事情为什么花两天呢？但是，在现有人类智力、科技水平的范围之内，如果有的事情就是要花两天时间，而你却要一天做完，这就叫痴人说梦；如果你为了提高效率，非要等到"能把两天的事一天完成方法"出现之后才去做事，你就是守株待兔。不管痴人说梦，还是守株待兔，都是消极的，都是大家没有成功的原因。

我们虽然无法摆脱情感，但是我们可以控制情感，让积极的情感发挥更大的作用、为我所用。如果一个人比你背单词快，经过你反复观察、思考和多次确认之后，你发现他只是比你聪明、他的记忆力更好。这时候，大家会有两种不同的反应：自怨自艾或加倍努力。两种情绪，前者有害，后者有益，不同的选择体现了不同的处事态度，更会带来迥异的结果。总之，情绪无法避免，只有理性面对情绪，才能排除有害情绪，才有可能获取成功。

追求效率

效率是本书中无数次提出的概念，因此，本书以这个概念进行总结是再合适不过的了。由于人生有限，我们如何分配有限的时间，我们在有限的时间内做什么，本质上都是事关生死的选择，这样的说法一点都不夸张。如果大家每天早上醒来，都带着"今天是我生命中最后一天"的心态去工作生活、为人处事，想必大家早就已经登上"人生巅峰"了。

从某种角度说，追求效率很难，因为影响效率的变量太多。我们一般把效率理解成成果和时间的比值。不过，成果扩大、时间缩短是由很多因素决定的，例如天生资质、学习方法、理解能力、专注程度、复习频率、练习强度、外力辅助等。不过，这些起作用的因素性质不同：天生资质相对稳定，高低已分，而练习强度却是可以自行调节的；稍加努力，专注程度是一个可以持续增长的变量，但外力辅助得看运气，说不定因为被别人乱指点而走错方向；让人泄气的是，复习频率和练习强度又是矛盾的……

　　总之，影响效率的因素远远不止时间和成果这两个，效率的公式也远比我们想的更为复杂。这就是谁都敢说自己的方法有效、所有机构的课程都有卖点的原因。可我们转念一想，这么多的变量、这么复杂的效率公式，不正是大家学习的难度，不更是大家自学的难度吗？但是不管多难，你都得继续努力学习吧？至少你现在还想学习吧？

全书总结

　　现在，我对本书做一个总结：《揭秘英语学习 50 "坑"》是对英语学习及教学的总结，更是对学习这个过程的积极探索。本书始于英语学习理念和实践的理念修正，以国人英语学习答疑为主线贯穿课程，终结于开放性的思考。不是不能给大家更多的帮助，只是，一本书的容量毕竟有限、有些问题也尚待挖掘，我无法用十五章、五十节的内容完整传递既普遍又适合个体学员的英语学习心得和指导。

　　不过有一件事让我甚为欣慰：我终于 "抛" 完了这个五十块 "大砖头"。只是，剩下的 "玉" 只能靠大家自己引了。在这里，我衷心希望大家能够 "引玉" 有成；并预祝大家英语学习进步！感谢大家阅读《揭秘英语学习 50 "坑"》！希望大家继续关注华丽学院后续出版物和在线课程！感谢大家对华丽学院和我本人的支持！

反馈

　　笔者再次诚挚邀请各位读者加入本书在线交流 QQ 群（HL-PEL 212995702），与笔者零距离交流本书阅读感受和本书改进的方向。积极踊跃反馈意见的读者，将有机会免费获赠本书同名网络课程。华丽与你不见不散！